浙江省文化研究工程指导委员会

浙江省社科联社科普及课题成果

浙江简史丛书

浙江文化简史

汤　敏　范玉亮　著

ZHEJIANG UNIVERSITY PRESS
浙江大学出版社
· 杭州 ·

本书为浙江文化研究工程项目成果
本书为浙江省社科联社科普及课题成果
本书受浙江省社会科学院资助

浙江文化研究工程成果文库总序

　　有人将文化比作一条来自老祖宗而又流向未来的河,这是说文化的传统,通过纵向传承和横向传递,生生不息地影响和引领着人们的生存与发展;有人说文化是人类的思想、智慧、信仰、情感和生活的载体、方式和方法,这是将文化作为人们代代相传的生活方式的整体。我们说,文化为群体生活提供规范、方式与环境,文化通过传承为社会进步发挥基础作用,文化会促进或制约经济乃至整个社会的发展。文化的力量,已经深深熔铸在民族的生命力、创造力和凝聚力之中。

　　在人类文化演化的进程中,各种文化都在其内部生成众多的元素、层次与类型,由此决定了文化的多样性与复杂性。

　　中国文化的博大精深,来源于其内部生成的多姿多彩;中国文化的历久弥新,取决于其变迁过程中各种元素、层次、类型在内容和结构上通过碰撞、解构、融合而产生的革故鼎新的强大动力。

　　中国土地广袤、疆域辽阔,不同区域间因自然环境、经济环境、社会环境等诸多方面的差异,建构了不同的区域文化。区域文化如同百川归海,共同汇聚成中国文化的大传统,这种大传统如同春风化雨,渗透于各种区域文化之中。在这个过程中,区域文化如同清溪山泉潺潺不息,在中国文化的共同价值取向下,以自己的独特个性支撑着、引领着本地经济社会的发展。

从区域文化入手,对一地文化的历史与现状展开全面、系统、扎实、有序的研究,一方面可以藉此梳理和弘扬当地的历史传统和文化资源,繁荣和丰富当代的先进文化建设活动,规划和指导未来的文化发展蓝图,增强文化软实力,为全面建设小康社会、加快推进社会主义现代化提供思想保证、精神动力、智力支持和舆论力量;另一方面,这也是深入了解中国文化、研究中国文化、发展中国文化、创新中国文化的重要途径之一。如今,区域文化研究日益受到各地重视,成为我国文化研究走向深入的一个重要标志。我们今天实施浙江文化研究工程,其目的和意义也在于此。

千百年来,浙江人民积淀和传承了一个底蕴深厚的文化传统。这种文化传统的独特性,正在于它令人惊叹的富于创造力的智慧和力量。

浙江文化中富于创造力的基因,早早地出现在其历史的源头。在浙江新石器时代最为著名的跨湖桥、河姆渡、马家浜和良渚的考古文化中,浙江先民们都以不同凡响的作为,在中华民族的文明之源留下了创造和进步的印记。

浙江人民在与时俱进的历史轨迹上一路走来,秉承富于创造力的文化传统,这深深地融汇在一代代浙江人民的血液中,体现在浙江人民的行为上,也在浙江历史上众多杰出人物身上得到充分展示。从大禹的因势利导、敬业治水,到勾践的卧薪尝胆、励精图治;从钱氏的保境安民、纳土归宋,到胡则的为官一任、造福一方;从岳飞、于谦的精忠报国、清白一生,到方孝孺、张苍水的刚正不阿、以身殉国;从沈括的博学多识、精研深究,到竺可桢的科学救国、求是一生;无论是陈亮、叶适的经世致用,还是黄宗羲的工商皆本;无论是王充、王阳明的批判、自觉,还是龚自珍、蔡元培的开明、开放，等等，都展示了浙江深厚的文化底蕴，凝聚了浙江人民求真务实的创造精神。

代代相传的文化创造的作为和精神，从观念、态度、行为方式和价值取向上，孕育、形成和发展了渊源有自的浙江地域文化传统和与时俱进的浙江文化精神，她滋育着浙江的生命力、催生着浙江的凝聚力、激发着浙江的创造力、培植着浙江的竞争力，激励着浙江人民永不自满、永不停息，在各个不同的历史时期不断地超越自我、创业奋进。

悠久深厚、意韵丰富的浙江文化传统，是历史赐予我们的宝贵财富，也是我们开拓未来的丰富资源和不竭动力。党的十六大以来推进浙江新发展的实践，使我们越来越深刻地认识到，与国家实施改革开放大政方针相伴随的浙江经济社会持续快速健康发展的深层原因，就在于浙江深厚的文化底蕴和文化传统与当今时代精神的有机结合，就在于发展先进生产力与发展先进文化的有机结合。今后一个时期浙江能否在全面建设小康社会、加快社会主义现代化建设进程中继续走在前列，很大程度上取决于我们对文化力量的深刻认识、对发展先进文化的高度自觉和对加快建设文化大省的工作力度。我们应该看到，文化的力量最终可以转化为物质的力量，文化的软实力最终可以转化为经济的硬实力。文化要素是综合竞争力的核心要素，文化资源是经济社会发展的重要资源，文化素质是领导者和劳动者的首要素质。因此，研究浙江文化的历史与现状，增强文化软实力，为浙江的现代化建设服务，是浙江人民的共同事业，也是浙江各级党委、政府的重要使命和责任。

2005年7月召开的中共浙江省委十一届八次全会，作出《关于加快建设文化大省的决定》，提出要从增强先进文化凝聚力、解放和发展生产力、增强社会公共服务能力入手,大力实施文明素质工程、文化精品工程、文化研究工程、文化保护工程、文化产业促进工程、文化阵地工程、文化传播工程、文化人才工程等"八项工程",实施科教兴国和人才强国战略,加快建设教育、科技、卫生、体育等"四个强省"。作为文化建设"八项工程"之一的文化研究工程,其任务就是系统研究浙江文化的历史成就和当代发展,深入挖掘浙江文化底蕴、研究浙江现象、总结浙江经验、指导浙江未来的发展。

浙江文化研究工程将重点研究"今、古、人、文"四个方面,即围绕浙江当代发展问题研究、浙江历史文化专题研究、浙江名人研究、浙江历史文献整理四大板块,开展系统研究,出版系列丛书。在研究内容上,深入挖掘浙江文化底蕴,系统梳理和分析浙江历史文化的内部结构、变化规律和地域特色,坚持和发展浙江精神;研究浙江文化与其他地域文化的异同,厘清浙江文化在中国文化中的地位和相互影响的关系;围绕浙江生动的当代实践,深入解读浙江现象,总结浙江经验,指导浙江发展。在研究力量上,通过课题组织、出版资助、重点研究基地建设、加强省内外大院名校合作、整合各地各部门力量等途径,形成上下联动、学界互动的整体合力。在成果运用上,注重研究成果的学术价值和应用价值,充分发挥其认识世界、传承文明、创新理论、咨政育人、服务社会的重要作用。

我们希望通过实施浙江文化研究工程,努力用浙江历史教育浙江人民、用浙江文化熏陶浙江人民、用浙江精神鼓舞浙江人民、用浙江经验引领浙江人民,进一步激发浙江人民的无穷智慧和伟大创造能力,推动浙江实现又快又好发展。

今天,我们踏着来自历史的河流,受着一方百姓的期许,理应负起使命,至诚奉献,让我们的文化绵延不绝,让我们的创造生生不息。

2006 年 5 月 30 日于杭州

"浙江简史丛书"前言

地处中国东南沿海的浙江,因钱塘江江流曲折而得名。浙江历史悠久,文化璀璨,自古人杰地灵,人才辈出,素有"丝绸之府、鱼米之乡、文物之邦"和"诗画江南,活力浙江"等盛誉,在中华文明发展史上具有重要地位。"浙江简史丛书"正是这样一套力求全面系统地记述浙江自然、政治、经济、文化和社会等各项事业历史巨变的书籍。

一、"浙江简史丛书"的编写来由及基本情况

千百年来,浙江也曾留下不少记载全省历史、传承区域文明的史志著述文献,仅改革开放以来,就有 12 卷、580 万字的《浙江通史》和上百卷、上亿字的《浙江通志》等一批具有一定厚重度和较大影响的史志著述相继问世。但从省级层面看,还缺乏一套篇幅适当、适合广大读者阅读的科普类地方史读物,相应也缺乏"浙江经济史""浙江社会史"等记述研究浙江某一领域历史与重大变化的史志著述。为此,2020 年底,浙江省及有关部门领导都提出,能否在已基本完成的《浙江通志》基础上,组织编写一套"浙江简史丛书",以多种方式展示浙江历史,同时弥补以往相关

成果的缺憾,并委托浙江省社会科学院和浙江省地方志编纂委员会办公室承担这一任务。浙江省社会科学界联合会还下达了"浙社科联发〔2021〕49号"文,将"浙江简史丛书"正式列为"重大委托课题"(编号:22KPWT05ZD)。浙江省社科院、浙江省财政厅和浙江省地方志编纂委员会办公室等部门都十分重视,很快便落实了编写班子、相关经费等保障条件,并于2021年正式启动了编写工作。

全书编写工作由浙江省地方志编纂委员会办公室原主任潘捷军主持负责。五本书的作者按书序分别是:

《浙江自然简史》作者:颜越虎,浙江省社会科学院(浙江省地方志编纂委员会办公室)研究员;李迎春,浙江省社会科学院(浙江省地方志编纂委员会办公室)助理研究员;李睿,浙江大学地球科学学院副教授。

《浙江政治简史》作者:潘捷军,浙江省社会科学院(浙江省地方志编纂委员会办公室)研究员。

《浙江经济简史》作者:徐剑锋,浙江省社会科学院研究员;毛杰,浙江省社会科学院助理研究员。

《浙江文化简史》作者:汤敏,浙江省社会科学院(浙江省地方志编纂委员会办公室)研究员;范玉亮,杭州电子科技大学讲师。

《浙江社会简史》作者:杨张乔,浙江省社会科学院研究员。

以上作者长期从事相关领域的研究工作,同时大都参与了《浙江通志》相关门类各卷的编纂工作,在这一过程中积累了丰富的经验和大批史料,为完成"浙江简史丛书"的编写工作打下了基础。

2024年,由于浙江省社科联等部门有关领导的高度重视和编辑出版团队全体同志的共同努力,并经规范评审程序,"浙江简史丛书"又被列入"浙江文化研究工程重大项目"("浙社科办〔2024〕40 号",项目编号:24WH20ZD)。各卷分别被列为重点项目。浙江文化研究工程由习近平总书记在浙江工作时亲自倡导设立,是浙江历史上第一次有组织、有计划、大规模地系统梳理历史文脉,深入挖掘文化内涵,重点研究当代发展的重大社科工程。"浙江简史丛书"被列入其中,充分体现了全省各方面对地方史编写价值意义的高度重视及对该项目前期工作的基本肯定。为此,编辑团队又按工程要求和评审专家的修改意见,对各卷书稿进行了认真修改完善。

二、"浙江简史丛书"的主要特点

在认真学习中国地方志指导小组《地方史编写基本规范》等文件和借鉴相关史志著述成果的基础上,经作者团队认真研究和编写,"浙江简史丛书"力求体现以下几个主要特点:

一是定位为既有一定学术色彩,同时又能适应广大读者阅读的社科科普类读物。各卷篇幅一般为二三十万字,同时在语言风格上力求深入浅出,便于普通读者阅读,也与以往的《浙江通史》等史著成果在形式上有所区别。

二是在体例框架上,借鉴了国务院《地方志工作条例》对地方志书的大类划分方法和《中华人民共和国史研究丛书》(六卷)等成果,尝试将全书分为自然、政治、经济、文化和社会共五大类(即五卷)。同时在编写以及装帧设计上,使全书合起来是一个整体,拆开来又各为一卷,在规范、风格基本统一的基础上又各有特点,便于读者各取所需,自行选择。

三是全书总体上力求把握几个特色。一是内容全:即力求通过各卷全景式展示浙江自古至今自然、政治、经济、文化和社会各个领域发展中的重大事件、重要人物和重要特点,既力求不遗漏重大事件、重要人物等要素,又要处理好各卷的交叉关系。二是脉络清:即将编年体、纪事本末体等几种形式有机融为一体,在各卷"横排门类"的基础上,按史序"纵述史实"并力求"纵不断线",同时借鉴《浙江通志》的体例,除个别事实、数据需考虑相互间的逻辑关系对时间下限进行调整外,各卷下限基本统一到 2010 年。三是史实准:通过查找、考订大量的历史文献、档案资料等,做到言而有据,对一些重要史实等视情形进行规范注解,力求客观准确。四是规律明:即力求以马克思主义唯物史观指导编研工作,努力探寻并总结浙江数千年历史发展的总体规律,并通过对一些重要历史阶段、重要史实的记述,注重展现浙江发展不同于其他地域(省份)的独特规律。同时,按"详今明古"等原则,力求彰显新中国成立后特别是改革开放以来的发展变化,突出习近平新时代中国特色社会主义思想对浙江发展的指导引领意义。

三、"浙江简史丛书"的编写出版过程

"浙江简史丛书"从编写到出版的全过程中,先后得到了来自各方面领导、专家的精心指导和大力支持。李志庭、梁敬明、陶水木、袁成毅、袁朝明等专家于 2021 年 3 月参加了篇目论证会,对全书框架给予了充分肯定和具体指导;李志庭、包晓峰、宫云维、陈剩勇、陈微、徐吉军、李建中、梁敬明等专家先后参加了各卷的评审工作,都从各自的专业角度给予了悉心指导。同时,郭华巍、王四清、查志强、俞世裕、何显明、谢利根、陈先春、郑金月、范钧、刘东、蔡青、王三炼、杨金柱等有关领导专家,也通过不

同方式给予了大力指导与支持。

浙江大学出版社袁亚春、陈洁、徐婵、宋旭华等有关领导和各位责任编辑，在这一工作全过程中兢兢业业，严谨认真，从而保证了"浙江简史丛书"按质量和进度要求如期出版，在此一并表示真诚的谢意！

此外，除全书每卷前都附有这篇统一的《"浙江简史丛书"前言》外，各卷都结合本卷实际情况，在开篇附有《导言》，分别介绍本卷特点并说明有关情况。

最后需要说明的是，由于我们水平有限和时间较紧等主客观原因，尤其是按自然、政治、经济、文化和社会五大类分卷编写，实为2015年中宣部和国家新闻出版广电总局发文"将地方史编写纳入地方志工作范畴"（见"新广出办发〔2015〕45号"）后，在全国地方史志系统的创新之举，因而在探索性编写过程中肯定还存在很多不足，恳请广大读者给予批评指正。

目　录

导　言 …………………………………………………………… 1

第一章　史前:曙光初露 ……………………………… 11

第一节　走出洞穴 …………………………………… 12
一、稻作文化 ………………………………………… 12
二、建筑文化 ………………………………………… 13

第二节　初民美术 …………………………………… 14
一、瓶瓶罐罐 ………………………………………… 14
二、双鸟朝阳 ………………………………………… 15
三、玉的国度 ………………………………………… 16

第二章　先秦:生成滋长 ……………………………… 20

第一节　学术新萌 …………………………………… 21
一、天道有常 ………………………………………… 21
二、顺天爱民 ………………………………………… 23

第二节　初试音声 …………………………………… 24
一、越人诗章 ………………………………………… 24
二、越人音舞 ………………………………………… 26

第三节 越器之美 ………………………………………… 28

一、青铜器 ……………………………………………… 28

二、印纹陶 ……………………………………………… 30

三、原始瓷 ……………………………………………… 30

第三章 秦汉六朝:互融互摄 …………………………… 32

第一节 学统初建 ………………………………………… 33

一、"疾虚妄"的理性启蒙 …………………………… 33

二、经学与玄学参差发展 …………………………… 36

三、著史风气渐兴 …………………………………… 41

四、修史热潮 ………………………………………… 44

第二节 清丽与神怪并呈之文学 ……………………… 46

一、山水诗的摇篮 …………………………………… 46

二、诗文渐趋圆熟 …………………………………… 49

三、以幻心写幻境 …………………………………… 52

第三节 书法巅峰与绘画独立 ………………………… 54

一、"天下第一行书"与王门书法 ………………… 54

二、佛像画风中国化 ………………………………… 57

第四章 隋唐五代:渐入佳境 …………………………… 59

第一节 学术发展 ………………………………………… 60

一、以儒事君的杰出政治家陆贽 ………………… 60

二、史家辈出 ………………………………………… 62

第二节 诗家荟萃与传奇新生 ………………………… 65

一、浙人的诗性光芒 ………………………………… 65

二、佛理入诗 ………………………………………… 72

三、一条诗歌铺就的山水古道 …………………… 75

四、幽怪恍惚的唐传奇 ································ 78

第三节　绚烂的艺术世界 ································ 80

一、富丽的绘画艺术 ································ 80

二、尚法又烂漫的书法艺术 ························ 82

三、千峰翠色越窑瓷 ································ 85

四、精湛的佛教造像 ································ 88

第四节　科学技术成就 ································ 89

一、《茶经》问世 ································ 89

二、精确的天文星图 ································ 91

三、建筑工艺技术跃升 ································ 92

四、镂板以浙为先 ································ 93

第五章　两宋：造极于斯 ································ 95

第一节　浙学建构 ································ 96

一、浙江学术史上首个学派诞生 ···················· 96

二、孔氏大宗南迁衢州 ···························· 97

三、经世致用学统形成 ···························· 98

四、融摄心、理，义、利并行 ······················ 100

五、承前启后的明州心学 ·························· 101

六、北山一脉传扬朱熹学说 ························ 103

七、以笔记体著史 ································ 104

八、方志成熟与定型 ······························ 105

第二节　官私两学 ································ 106

一、作为官学典范的南宋太学 ······················ 106

二、书院大发展与讲学活动盛行 ···················· 107

三、注重儿童启蒙教育 ···························· 109

第三节　诗词并美 ································ 110

一、唐诗遗韵 ………………………………………… 110

二、出世与入世 ……………………………………… 111

三、"永嘉四灵"变革诗风 ………………………… 114

四、江湖文化崛起与江湖诗派形成 ……………… 115

五、格律词派的开创、传承与总结 ……………… 117

六、女性词人留馨香 ……………………………… 120

第四节　美术繁兴 …………………………………… 121

一、南宋画院与院画 ……………………………… 121

二、山水画进入全新时期 ………………………… 123

三、书法艺术风神与理论总结 …………………… 124

四、青瓷雅韵 ……………………………………… 126

第五节　出版与藏书 ………………………………… 128

一、印书以杭州为上 ……………………………… 128

二、毕昇发明活字印刷术 ………………………… 129

三、官刻图书质量精良 …………………………… 130

四、私人刻书亦盛 ………………………………… 131

五、官私藏书具规模 ……………………………… 132

第六节　民间艺事 …………………………………… 134

一、瓦子勾栏营造市井繁华 ……………………… 134

二、俗文化滋盛 …………………………………… 135

第七节　科学技术的里程碑时代 …………………… 139

一、《梦溪笔谈》的萃集与开创之功 ……………… 139

二、杨辉三角理论的贡献 ………………………… 140

三、《舆地纪胜》的地理学成就 …………………… 141

第六章　元代：别开生面 ………………………… 144

第一节　学术与教育发展 ………………………… 145

一、北山遗脉 …………………………………………… 145

二、横跨宋、元的深宁学派 …………………………… 146

三、官私教育并行 ……………………………………… 147

第二节　文学尽态极妍 ………………………………… 148

一、文学样式臻于繁盛 ………………………………… 148

二、逸士与遗民文学 …………………………………… 156

第三节　美术新境 ……………………………………… 158

一、赵孟頫及其他书家的成就 ………………………… 158

二、绘画艺术走向巅峰 ………………………………… 160

三、飞来峰造像的高超艺术 …………………………… 161

四、龙泉青瓷流光溢彩 ………………………………… 163

第四节　雕版印刷鼎盛 ………………………………… 165

一、官刻续兴 …………………………………………… 165

二、民间刊刻兴盛 ……………………………………… 166

第七章　明代:重兴革新 ……………………………… 169

第一节　学术流播 ……………………………………… 170

一、大儒主持书院 ……………………………………… 170

二、阳明心学成为主流思想 …………………………… 172

三、蕺山学派渐趋健实 ………………………………… 174

四、史学发展 …………………………………………… 175

五、方志编纂与刊刻蔚然成风 ………………………… 180

第二节　文苑斑斓 ……………………………………… 182

一、主盟明初文坛 ……………………………………… 182

二、文艺解放潮流 ……………………………………… 184

三、小说成就辉煌 ……………………………………… 187

四、声腔竞发 …………………………………………… 189

第三节　美术自成体系 ……………………………… 190

一、开宗立派与不拘成法 ……………………… 190

二、书法的台阁体与个性化 …………………… 195

第四节　人文渊薮 …………………………………… 196

一、套色刻书领先世界 ………………………… 196

二、藏书楼甲天下 ……………………………… 198

三、收藏品鉴活动 ……………………………… 200

四、文人结社活动 ……………………………… 201

第五节　科学技术之光 ……………………………… 203

一、"治黄第一人"潘季驯 …………………… 203

二、王士性的人文地理学 ……………………… 205

三、李之藻的西学启蒙事业 …………………… 206

第八章　清代：盛极而转 …………………………… 208

第一节　传承与开新 ………………………………… 209

一、一代通儒黄宗羲 …………………………… 209

二、学风转向 …………………………………… 210

三、传统学术开掘新意 ………………………… 212

四、章太炎学术的多重递变 …………………… 213

五、王国维揭幕现代社科研究 ………………… 215

六、维新思想与革命思想传播 ………………… 217

第二节　浙东史学成就 ……………………………… 219

一、"布衣修史"万斯同 ……………………… 219

二、"史学大柱"全祖望 ……………………… 221

三、四库馆臣邵晋涵 …………………………… 223

四、"史学殿军"章学诚 ……………………… 224

五、"方志之乡"耀天下 ……………………… 226

第三节　文艺繁荣中孕育转型 …………………………… 228
　　一、诗坛主流浙派诗 ………………………………… 228
　　二、主导词坛的浙派词 ……………………………… 229
　　三、袁枚与性灵派 …………………………………… 231
　　四、俗文学与地方戏 ………………………………… 232
　　五、近代启蒙文学肇始 ……………………………… 238

第四节　美术发展与变革 …………………………………… 239
　　一、从浙派到海派 …………………………………… 239
　　二、书坛变革 ………………………………………… 244
　　三、西泠印社成立与壮大 …………………………… 245

第五节　斯文鼎盛 …………………………………………… 247
　　一、出版从萎缩到复兴 ……………………………… 247
　　二、藏书楼遍及全省 ………………………………… 249
　　三、书院与学校并立 ………………………………… 251
　　四、著名教育家 ……………………………………… 253

第六节　传统科技发展与近代科学产生 ………………… 255
　　一、数学天文研治者众 ……………………………… 255
　　二、农业水利技术达到新高度 ……………………… 257
　　三、近代自然科学研究开展 ………………………… 258

第九章　民国时期：旧统新造 …………………………… 259

第一节　学术思想新陈代谢 ……………………………… 260
　　一、传统学术思想成就 ……………………………… 260
　　二、社会科学完成转型 ……………………………… 262
　　三、马克思主义传播 ………………………………… 265

第二节　教育与科技奠基现代化 ………………………… 267
　　一、教育改革活动 …………………………………… 267

二、近代教育体系形成 ……………………………… 268

三、新式学校创办与发展 …………………………… 270

四、自然科学知识体系初创 ………………………… 275

第三节　文学艺术多元融合 ……………………………… 277

一、文坛独领风骚 …………………………………… 277

二、美术中西融合 …………………………………… 282

三、剧苑盛衰互见 …………………………………… 284

四、银坛初绽芳华 …………………………………… 286

第四节　新闻出版为时代发声 …………………………… 288

一、新闻事业曲折发展 ……………………………… 288

二、图书出版薪火不绝 ……………………………… 294

第十章　中华人民共和国：千文万华 …………………… 300

第一节　全新开局　曲折前行 …………………………… 301

一、竞相启航 ………………………………………… 301

二、艰辛探索 ………………………………………… 312

三、挫折与徘徊 ……………………………………… 320

第二节　春潮涌动　百舸争流 …………………………… 324

一、拨乱反正　扬帆前行 …………………………… 324

二、教育事业　优先发展 …………………………… 327

三、科学进步　日新月异 …………………………… 330

四、文化事业　明显增强 …………………………… 332

五、体育战线　成绩亮眼 …………………………… 342

第三节　发挥人文优势　推动文化繁荣 ………………… 343

一、守正创新　描绘文化大省宏伟蓝图 …………… 343

二、盛世修典　赓续历史文脉 ……………………… 345

三、文化惠民　完善文化服务设施 ………………… 347

四、精品迭出　发展文化产业 ……………………… 350

五、立心铸魂　弘扬红船精神和浙江精神 ………… 352

主要参考文献 ……………………………………… 354

后　记 …………………………………………… 358

导　言

一

　　浙江本是水之名,浙者,水多曲也。浙江文化亦如一江之水,在历史时空中流淌不息,发轫于细小,终至于浩荡。有时静水流深,有时声势煊赫,有时艰难腾挪,有时顺势而行,最终川入大海,汇归浩渺深邃的中华文化海洋中。

　　20 世纪 90 年代以来,浙江文化史研究成果如雨后春笋,层出不穷。其滥觞之作,当为浙江省社会科学院一众科研人员所撰写的《浙江文化史》[①],这部著作将文化史研究定义为广义的历史学研究,对新中国成立以前的浙江文化作了分期,即:形成期、发展期、繁荣期、走向近代和开放,阐述不同时期浙江物质生产与生活、社会制度与风俗习惯、精神活动与思想观念、人物与成就等,同时揭示各个发展阶段的特点。不仅如此,此书还将宏观视野投射于浙江文化生成发展的外部环境与条件,用了大量篇

---

　　①　滕复、徐吉军等编著:《浙江文化史》,浙江人民出版社 1992 年版。

幅作专门论述。采用通史写法,既梳理了浙江文化历史发展的完整脉络,又可见文化与浙江整体历史发展趋势的紧密勾连。

佘德余的《浙江文化简史》①将文化定义为四个维度:物态文化、制度文化、行为文化、心态文化,该书基本上涵括了这四个层次,厘然有序地记叙了浙江的经济与科技文化、学术文化、文学文化、艺术文化、教育文化、宗教文化、民俗文化,对浙江文化的生成环境与浙江文化在海外的传播与影响也有专章进行阐释。

沈善洪、费君清主编的《浙江文化史》②,是同类著作中皇皇大者,以上下两册、114万字的体量,揭示浙江文化源流,论述浙江文化特性,总结浙江文化成就,探索浙江文化精髓。该书文化概念,涵括学术思想、文学艺术、教育、图书、新闻出版、民俗、景观文化等等。

万斌主编的《浙江文化概论》③,对浙江文化内涵与外延都作了拓展。该书共分三编:第一编是通史的写法,梳理了浙江文化从史前时期萌芽直至近代转型的发展轨迹;第二编对浙江文化进行多维度观察,包括学术思想、宗教信仰、思想内涵、审美特色、文化传承、生产方式、民风民俗等方面;第三编总结浙江文化的内涵、价值,并对浙江文化的重塑与创新作出思考。

吴光主编《中国地域文化通览·浙江卷》④,作为一部大型丛书中的浙江卷,该书除了展示浙江文化的地域特色,也注重表现浙江地域文化在中华文化格局中的地位。上编通贯上古至清

---

① 佘德余:《浙江文化简史》,人民出版社 2006 年版。

② 沈善洪、费君清主编:《浙江文化史》,浙江大学出版社 2009 年版。

③ 万斌主编,卢敦基、何勇强副主编:《浙江文化概论》,浙江人民出版社 2010 年版。

④ 吴光主编:《中国地域文化通览·浙江卷》,中华书局 2014 年版。

代，以六章的篇幅记叙思想学术、文学艺术、宗教等方面的成就，下编七章，横写浙江人文地理、物产工艺、风俗传统、藏书刻书等。

金普森、陈剩勇主编的 12 卷本《浙江通史》①，重点记述浙江历史发展的地域特点、浙江文化的丰富内涵、浙江文明的历史成就。每个时期大体都按照自然、政治、经济、文化、社会分类叙写，浙江文化突出事件、重大创造、代表人物在丛书中都有翔实具体的记载。

张伟斌、陈野主编的《浙江人文历史读本》②，共 8 册，以深入浅出、短小精悍、雅俗共赏的短文，系统梳理浙江历史上有鲜明特色、重大意义的历史人文传统，意在构筑公共视野中的历史人文世界。

此外，文化专题史的研究也令人瞩目。《浙江新闻史》《浙江文学史》《浙江藏书史》《浙江出版印刷史》《浙江教育史》《浙江戏曲史》等等，硕果累累，乱花迷眼。

更值得一提的，是 2010 年启动编纂，2022 年全面告竣的《浙江通志》，具有 113 卷、1 亿多字的巨大规模，是近年来浙江单体最大的文化工程，上溯事物发端，下至 2010 年，明古详今、横分纵述、述而不作，极富资料性、权威性，其中文化部类取其狭义，但多达 19 卷，本书的文化概念与记叙的上下限都与《浙江通志》相当，可以说《浙江通志》为本书的写作提供了极大便利。

以上对浙江文化史方面的成果做了一个简略的文献梳理，从中也可知各书对文化的界定并不完全一致，这也反映了文化

---

①　金普森、陈剩勇主编：《浙江通史》，浙江人民出版社 2006 年版。
②　张伟斌主编、陈野执行主编：《浙江历史人文读本》，浙江古籍出版社 2013 年版。

内涵与外延的丰富性与不确定性。总而言之，有物质文化与精神文化两分说，有物质、制度、精神三层次说，有物质、制度、习俗习惯、思想与价值四层次说，有物质、社会关系、精神、艺术、语言符号、风俗习惯六大子系统说，等等。本书的文化概念主要撷取其核心层面，即人类社会实践和意识活动中长期氤氲化育出来的价值观念、审美情趣、思维方式所构成的心态文化层，经由文化专家创作加工，注入丰富个性色彩的种种社会意识形态，如各种哲学、社会科学理论及文学、艺术思潮等等。①

《中华文化史》认为："文化史不仅要研究文化的'外化过程'，即人类'开物成务'，创造各种物化产品，从而改造外部世界，使其不断'人化'的过程，而且要研究文化的'内化过程'，即文化的'主体'——人自身在创造文化的实践中不断被塑造的过程，同时还要研究外化过程与内化过程如何交相渗透，彼此推引，共同促进文化有机整体进步。"②这固然是文化史上乘的写作之道，但是以区区笔力，实难举重若轻，唯有效野人献芹，在有限的篇幅与有限的能力内，汲取前贤时人之珠玉，采撷斯时斯地所出现的有代表性、影响力的人、事、物，借此串联起浙江文化的发展脉络，展现浙江文化的地域特色，描绘浙江文化的灿烂成就，张扬浙江文化的创造精神。

---

① 参见张岱年、方克立主编：《中国文化概论》，北京师范大学出版社 2004 年版，第 3 页；冯天瑜、何晓明、周积明：《中华文化史》，导论，第 18 页，上海人民出版社 2015 年版。

② 冯天瑜、何晓明、周积明：《中华文化史》，导论，第 2 页，上海人民出版社 2015 年版。

二

　　《中华文化史》高度概括了中华民族发生发育的文化生态环境："养育中华古代文化（或曰传统文化）的是一种区别于开放性的海洋环境的半封闭的大陆—海岸型地理环境；是一种不同于工商业经济的家庭手工业与小农业相结合并辅之以周边的游牧经济；是一种与古代希腊、罗马的城邦共和国、元首共和制、军事独裁制，中世纪欧洲和日本的领主封建制以及印度种姓制均相出入的家国同构的宗法—专制社会。"①浙江文化的生态环境当然不能自外于此，这决定了浙江文化在漫长历史中不可能脱离传统农耕文明的范畴。浙江文化既受中华大文化的哺育与沾溉，又有独特的个性色彩与发展路径，对之进行揭示并探索，正是浙江文化史研究的意义所在。

　　浙江东临大海，境内山水相连，风光灵秀。浙江属亚热带季风气候，四季分明，光照充足，降水量充沛。有"七山一水二分田"之说，物产丰富，土地肥沃，交通便利，是人类理想的栖息地。

　　考古发现，迄今 100 万年的长兴七里亭遗址是浙江境内最早的古文化遗址。新石器文化以良渚文化为代表，这是一个高度成熟的史前文明，被誉为实证中华 5000 年文明史的圣地。

　　浙江有文字记载的历史，始于夏禹时期。约在公元前 7 世纪至公元前 6 世纪，於越部族活动于钱塘江东南岸，后逐渐走出山地，迁往平原，生存发展空间不断开拓，文化也随之演进，自成一体。春秋战国时期，越国在争霸过程打破自身的封闭性，来自

---

　　①　冯天瑜、何晓明、周积明：《中华文化史》，第 13 页，上海人民出版社 2015 年版。

楚国的范蠡、文种所主张的思想学说,成为"百家争鸣"里的重要组成部分。

自秦汉至魏晋南北朝再至隋唐,浙江文化步入一条长长的融合之路。这首先得益于人口迁徙,人口迁徙带来了新的发展动力与机遇。山川风物为之一变,古越文化的独异色彩褪去,蜕变为汉文化一统之下的区域性文化。

秦汉时期,文化的发展是渐进且迟缓的,东汉王充则如一道神光降临,照亮了浙江文化天空。永嘉之乱后,大量北方士族涌入南方,他们带来新的文化气象。同时也受浙江自然与人文的启发,谢灵运的山水诗与王羲之的书法,结合了玄谈的飘逸之风与山水的空灵气息,代表着魏晋风度在南方土地上得到了很好的安顿,浙江文化的美学特征也在这一时期基本确立。

隋唐的浙江,依然不处在全国文化中心。星光璀璨的唐诗天空,最灿烂的星辰不属于浙江人。但文化融合的脚步与广度无疑加快加大了,三教互补、多元融合是这一时期浙江文化的突出特点。儒学上虽没有出现重量级的思想家,但佛道顶尖人物,智者大师与司马承祯都是在天台山开宗立派,产生了巨大深远的影响。[①] 五代吴越国,几代钱王都雅好文艺,推崇佛教,他们的文化政策为后世繁华起到极好的铺垫作用。

至宋代,浙江终于奠立了文化中心地位。如果说雄阔健硕、雍容华贵的唐风不是浙江的当行特色,那么到了宋代,极具风致的浙江文化就有了浓郁的时代韵味。思想学术、文学艺术、科学技术高度发达,刻书、藏书、教育繁荣昌盛,它们相互促进相互融合,形成了浙江文化整体兴盛的局面。思想学术崇尚事功,反对

---

① 浙江历史上的佛、道二家思想概况见《浙江社会简史》,本书不再赘述。

空谈心性,文艺审美则表现出尚雅、求精的倾向。在上层文化呈现出精微细腻、理性内省的特点的同时,市民文化亦蓬勃发展,浙江文化风貌可谓色彩斑斓。

元代的浙江,异族统治者的到来,带来了别样的文化色彩。文化艺术境界新开,体裁极为丰富,杭州飞来峰造像群融入了藏传佛教艺术风格。这些都体现了浙江文化含蕴万千的创造活力。

明初,文化专制主义甚嚣尘上。但并未能扼制浙江文化人刚毅不屈的创造精神。随着新的经济因子出现,文化新观念、新形态萌发。学者在书院自由开讲,文人雅士在文学艺术领域里自由创作,市民文艺也盛极一时。"立德、立功、立言"三不朽的王明阳,揭橥"心学"大旗,从者云集,中国大地上出现了一股盛大的启蒙潮流。

清代是封建社会的黄昏,灿烂辉煌但渐趋衰落。明末清初,浙江大儒黄宗羲深刻地洞见了这一趋势,展开了对君主专制制度的批判,创造出极富历史价值与现实意义的思想学说,对清末维新运动产生直接影响。清初文字狱频繁,浙江学者为逃避文网,埋首考据训诂、整理古籍。直至龚自珍喊出"我劝天公重抖擞"的时代之音,掀开了思想史新的一页。自此之后,臻于烂熟的浙江文化开始酝酿强烈的变革思维,学术思想、文学、美术、教育、科技等等纷纷走出继统开新、转型发展的新路子。

民国是浙江大师纷出的时代,文化的天空特别灿烂,为世人所瞩目。这也是一个更广泛的觉醒的时代,知识界以极大的热情投入到科学与民主的探索之中。五四运动、文学革命的狂飙突进中,都活跃着浙江人的身影。突破陈腐思想观念桎梏的浙江文化,生机益然。涤荡了旧世界的尘埃,马克思主义在浙江这片古老的土地上生根发芽。

三

1949 年 10 月 1 日,中华人民共和国成立,浙江文化也迎来了历史性新生与巨变的时代。

1949 年 9 月召开的中国人民政治协商会议通过的《中国人民政治协商会议共同纲领》规定:"中华人民共和国的文化教育为新民主主义的,即民族的、科学的、大众的文化教育。"受此纲领的指引,浙江掀起建设新文化的热潮,真可谓"天翻地覆慨而慷"。在接管、清理、整顿和改造旧文化的同时,新生的文化事业也次第创建,蓬勃发展。

1956—1966 年,是中国共产党领导人民探索社会主义文化建设的十年。在"双百"方针鼓舞下,浙江文化春潮涌动,人们创造性高涨,昆曲《十五贯》大放异彩,演绎了"一出戏救活一个剧种"的神话。但由于"左倾思想路线"的扰动,春天转瞬即逝。

十年"文化大革命"是文化的一场浩劫,在这个荒诞的年代里,浙江文化遭遇了前所未有的破坏,生机几近断绝。

在改革开放的伟大实践中,文化首先破冰前行,导夫先路。浙江文化政策全面拨乱反正,文化界人士冤假错案大量平反,思想空气中的自由浓度日涨,人们掀起了关于真理标准的大讨论,社会出现了"文化热",这些都有助于扫荡"左"的阻碍,焕发新的创造热情,各项文化事业日趋繁荣发展。

进入 21 世纪,浙江文化的现代化特征进一步彰显。以文化大省建设、"八八战略"①为标志的文化顶层设计,领导着浙江文化事业的大发展、大繁荣。从改革开放开始至 2010 年,经过 30 余年的实践,浙江文化取得突破性进展,文化表现形式更加丰富多彩,享受文化成果的人群更加广泛,教育、科学技术、哲学社会科学、文学艺术、新闻出版、广播影视、文化遗产保护、体育事业、公共文化、文化产业等领域都实现了新的飞跃。浙江精神的提炼与讨论、社会主义核心价值观的构建,更提振了社会精气神,注入发展新动能。

四

纵观浙江文化发展历程,我们强烈感受着浙江文化元气淋漓、生生不息的创造精神。正是在这种恒久之力的驱动下,浙江文化历古而常新。它的传统从未断流,却又总是从传统中开出新鲜的花朵。无论处在何种历史阶段,它都能或顺应时代需求,或冲决束缚的罗网,产生创造性的跃升。它至广大极精微,既笃切又高扬,总是勇敢地创新表现方式,探索不同的可能性。它以高度的理性自觉观照现实,也不乏浪漫情怀乃至出世之思;它既表现宏大的家国命题,也关注人们心灵深处的主观感受。平凡的人生因为它成就了意义,哪怕是生活的失意者也能在它这里找到最终安顿之所。它源源不断地为人们输送精神养分,启迪生命智慧,提供发展动力。它既是血脉,也是家园。

----

① "八八战略"即 2003 年 7 月,中共浙江省委书记习近平在省委全会上代表省委,提出浙江面向未来发展要"发挥八个方面的优势"、推进"八个方面的举措"的重大决策部署。"八八战略"第八条为进一步发挥浙江的人文优势,积极推进科教兴省、人才强省,加快建设文化大省。

浙江文化发展离不开独有的自然环境、政治背景、经济条件、社会土壤。它深受地域人文精神浸润,钟灵毓秀、文采风流是它的表征,优雅宽柔、真善美慧是它的底色,义利并重、包容开放是它的内核,崇文重教、注重创新是它不竭的动力,和美与共、以人为本则是它终极的价值关怀。

长久以来,浙江文化不但滋养了一方人民,也丰富了中华文化大家园。在中华文化多元发生的时期,它是"满天星斗"中一颗闪亮的星星。在重要的历史转折期,它曾一再地走在时代前列,指引进步方向,为中华文化发展作出独特且巨大的贡献。

"钱塘江上怒潮来,万里天风动地雷。"我们有理由相信,源远流长的浙江文化,在新的机遇与挑战中,必将砥砺前行,永远走在继承、创新、发展的广阔大道上。

第一章　史前:曙光初露

　　浙江是中华文明的重要发祥地之一。浙江文化于史前孕育、萌芽,从现有考古成果看,史前遗址初步形成了考古学年代序列,为浙江历史开端提供了有力实证。全省境内已发现旧石器时代遗址 94 处,分布范围广泛。长兴七里亭遗址的最早年代迄今 100 万年,是浙江境内最早的古文化遗址。建德乌龟洞遗址首次发现人牙化石,印证 5 万年前已有晚期智人生活在这里。至于新石器时代遗址,更是丰富多元,瑰丽多彩。有距今 11000—7000 年左右的上山文化、跨湖桥文化,距今 7000—5300 年的河姆渡文化、马家浜文化、崧泽文化,距今 5300—4000 年的良渚文化。新石器文化末期,好川文化、钱山漾文化虽不复良渚文化的光芒,但承担着延续浙江文明化进程的使命。百万年人类史,一万年文化史,五千多年文明史。当浙江先民走出洞穴,在混沌初开的大地上劳作、收获、筑屋、生息,精神文化便相伴而生了。

第一节　走出洞穴

一、稻作文化

一万年前,浙江先民们开始陆续走出洞穴,走向旷野。跨出洞穴的第一步,就意味着先民必须学会旷野中生存。从笨拙到熟练,原始人类一步步扩大着生活空间、拓展着生存能力。人类文明就这样缓缓地向前进化着、发展着,这一切都离不开稻谷对先民身心的滋养哺育之功。

浙江是世界万年稻作农业之源。截至目前,最早的人类耕种行为的考古证据均发现在上山文化遗址中。考古发掘在上山遗址出土的红烧土残块中发现了大量炭化稻壳,同时发现了用以疏松土壤的石铲、骨耜,用以收获的石镰、石刀,用以舂谷和碾米的石磨盘和石磨棒,用以盛放食物的陶器。实证了上山文化遗址是迄今已知世界上最早的稻作农业遗存,具备水稻收割、加工和食用的完整证据链。而后的跨湖桥遗址不但发现了少量的稻谷颗粒,也发现了用大型哺乳动物的肩胛骨制作的骨耜,这是当时已经开始人工栽培稻谷的实物证据。

河姆渡文化则是稻作文化发育的一个重要里程碑。在遗址中发现的水稻遗存是当时世界上已知最早的驯化稻。刚出土时稻谷外形完好,色泽金黄,少数稻谷连外壳的隆脉、稃毛以及芒尖都清晰可辨。河姆渡遗址出土的稻谷数量之多、保存之完好,在世界考古史上绝无仅有。可以推断稻米已是当时的主要粮食,农业生产已经成为主要的生产方式。

此后,先民在稻作文化的道路上越走越远,崧泽文化时期还出现了犁耕这一比耜耕更高级的耕种技术。良渚文化时期，犁耕更为普遍，工具更为先进，体现了 5000 多年前中国及东亚史前稻作文化的卓越成就。稻作文化的发育与成熟，成为推动文明不断发育发展的重要物质基础。

二、建筑文化

告别穴居野处的生活方式，先民开始稳定地居住下来，形成聚落。最直接的证据就是在上山文化考古发掘中发现的各类房址，主要包括干栏式房屋、半地穴式房屋和地面式房屋，有了房屋的上山人真正实现了定居的理想，有了村落的模样，人类生活方式向前迈出了一大步。2020 年，考古界泰斗严文明为上山文化遗址题词曰"远古中华第一村"。

河姆渡文化是以干栏式建筑而闻名于世的。干栏式建筑，即干栏巢居，是在木(竹)柱底架上建筑的高出地面的房屋。这种建筑以竹、木为主要建筑材料，主要是两层建筑，下层畜养动物和堆放杂物，上层住人，特别适合炎热且潮湿的自然条件。河姆渡第一期文化的村落布局依山而建，一排排干栏式长房子由西南向东北扩展。居住区内除有鳞次栉比的干栏式木构房屋基址外，还有储藏食物的窖穴、饲养家畜的圈栏。

到了良渚文化时期，建筑形式又有很大发展，城池、宫殿、祭坛、墓葬、居所，组成良渚人自足且完备的生活空间。良渚遗址贯穿良渚文化始终，是良渚文化的中心。遗址以良渚古城为中心向外辐射，既包括这座被称为"中国最早的都城"中各种城市要素的遗存，还包括外围的观象测年的瑶山、汇观山祭坛和显贵大墓复合遗址，以及姚家墩、荀山等大型聚落群。良渚古城，2007 年考古确认略呈圆角长方形，正南北方向，南北长约 1910

米,东西宽约 1770 米,总面积 338 万平方米。城墙内外均有护城河,水路为主要交通方式,共有 8 座水城门。莫角山遗址位于古城中心,宫殿建筑坐落于此。位于莫角山西北部的反山墓地,被誉为"土筑金字塔",是所有良渚文化遗址出土玉器数量最多、种类最丰富、雕琢最精美的一处墓地,堪称王陵。①

以良渚古城为核心的良渚遗址,是早期城市文明的杰出范例,遗址类型丰富,遗址格局完整,揭示了中华文明国家起源的基本特征,为中华 5000 多年文明史提供了最完整、最重要的考古学物证。

第二节 初民美术

一、瓶瓶罐罐

浙江先民所创造的精神文化,许多已经湮灭在历史长河中,有幸留存下来的各种器物,所展示的工艺之精妙、艺术之精神至今依旧震撼人心。"在良渚之后的几千年里,虽然文化的面貌与载体随着时代的发展而不断变化,但是良渚人的文化精神与理念却渗透在了中华文明的血脉之中。"②同样,初民的美术文化与精神,也渗透在浙江文化的血脉中,从未断流。

沈从文有部名作《花花草草瓶瓶罐罐》,是研究古代文物之美的力作。在他笔下,瓶瓶罐罐皆有生命。现今的人们观看考

---

① 《浙江通志》编纂委员会编:《浙江通志·文物志》,浙江人民出版社 2021 年版,第 40 页。

② 刘斌:《寻找失落的文明:良渚古城考古记》,浙江古籍出版社 2022 年版,第 258 页。

古挖掘出来的浙江新石器时期的物品，也会深有感触。那些残损的瓶瓶罐罐，经文物工作者的细心发掘、修复，依然散发出鲜活的气息，流泻着浑朴稚拙的美感。

陶器是史前时代最常见的生活用具，器型丰富，有釜、鼎、灶、鬶、罐、豆、盆、钵等，在技术制作上尚处于较为原始的手工阶段。但原始的人类在产生了朦胧的美感意识之后，便不满足于它们的粗陋无光，开始敷设颜色、百变造型。上山文化彩陶是迄今世界上发现最早的彩陶，孕育于上山文化独特的红色陶系，是上山文化陶器的精华，也是中国彩陶文化的重要源头之一。夹炭黑陶是河姆渡文化具有显著特征的遗物。陶器的表面饰有比较繁密的绳纹和各种花样的刻划纹，也有彩绘。有件陶钵上刻划了一只长吻的猪的形象，造型生动逼真，超越了对动植物形象简单、忠实的模仿，充分反映出农业生产对河姆渡人审美情趣的影响。马家浜文化的陶器多有纹饰，纹饰有弦纹、绳纹、划纹、镂空等，多为红色。成品普遍采用轮制，部分器物用手制或模制。器表多素面或者磨光。良渚陶器的主色调则为黑色。尤其是少数表里皆黑的薄胎黑陶，烧成温度高，烧出来的黑色沉实明亮。最令人叫绝的是一件器型为袋足鬶的温酒器，据说它的三只用来承接酒的袋足，来自对动物乳房的模仿，用它来温酒，容量大，加热又快。良渚人天真谐趣的创造力与想象力，来源于生活，又回归生活。

二、双鸟朝阳

河姆渡遗址出土有一批看起来不具备实用价值的陶塑、雕刻作品，以生活中习见的家畜为原型，虽然手法粗糙，但这不免使人推想，是否河姆渡先民所拥有的游戏和审美天性使然，他们从日常繁重的生计中解放出来,以初民好奇的眼光打量身边的世界,并开掘出最初的审美意趣。

深埋在河姆渡文化遗址底下的,还有不少璜、玦、管、坠、珠、环等玉制饰品,和少量图案精美、构图新颖的彩绘陶片,以及为数众多的骨哨、陶埙、木筒等原始乐器,其中名气最大的是被称为"双鸟朝阳"(或称"双鸟舁日")的连体双鸟象牙雕。它全长16.6厘米,残宽5.9厘米,厚1.2厘米。正面用阴线雕刻出一组图案,图案中间为一组由五个大小不等的同心圆构成的太阳纹,外围周边刻着炽烈蓬勃的火焰纹,似象征太阳光芒。两侧对称刻出双鸟,利喙长尾,昂首奋翼,拱护着中间那轮放射着腾腾烈焰的太阳。这件牙雕刻工精细、线条流畅,显示出极高的工艺水平,它的奇特造型、神秘意味更引发人们无穷的遐想。有人认为它充分表达了河姆渡人祈求光明吉祥、时和岁丰的美好愿望,是河姆渡人对太阳神崇拜的最好的实物见证;也有人认为双鸟异首连体,并且中间刻有太阳,可能表示鸟是空中神秘的动物,是介乎人天之间的神使;或认为它与太阳崇拜无关,它是河姆渡人通过观察鸟类,而对双鸟交感繁殖的感悟,是河姆渡人对生命和生育的原始崇拜。[①] 无论寓意如何,这件让7000年后的当代人兴味无穷地加以品味解读的作品,因其复杂的组合、巧妙的构思、优美的线条和神秘的寓意,堪称河姆渡原始艺术的精品。

三、玉的国度

"谦谦君子,温润如玉。"在中国,玉的文化内涵深厚悠久,它

---

① 唐燮军、王昊哲:《河姆渡人的生活世界及其可能去向》,《宁波大学学报(人文科学版)》2019年第6期。

不仅外表温润美丽，而且象征着美好的精神、君子的品格，曾几何时，它们甚至代表着某种礼仪、威权、信仰。5000多年前的良渚文化，就是一个玉的国度，玉文化登峰造极，有着众多的玉器加工场，众多的玉器匠人，上至王者贵族下至平民，都爱玉用玉、尚玉礼玉。玉，贯穿着良渚先民从生至死的整个人生世界，记录着先民的生活方式和精神图式。它们虽然曾经沉埋地底，但数千年过去了，随着它们不断被发现、发掘、修复、展示，光彩依旧迷人，并以其丰富多彩的用途、流畅优美的器形、神秘复杂的图案、卓越精湛的技艺，默默向人们诉说5000多年前一个原始文明的繁盛与衰亡。

现存的良渚文化玉器，多达两万余件，玉器种类之繁更是令人叹为观止，其中包括珠、管、坠、玦、璜、瑗、镯、环、玲、锥形器等装饰品及琮、钺、璧等大型礼器。玉琮、玉璧和玉钺是良渚文化的"国之重器"，大多采用细腻致密、柔润淡雅的透闪石软玉为原料。它们是使用者的身份标识，也与原始宗教、图腾崇拜、埋葬习俗密切关联，是良渚文化出现以成套的玉礼器为标志的礼仪制度的有力说明。玉琮内圆外方，呈柱状。这种构造源自良渚先民对宇宙空间的想象与理解，与中国古代"天圆地方"理念完全吻合。它已经脱离了实用器具，成为统治者与天地沟通、对话的媒介，是祭祀、神权、等级的象征。玉璧同样作为祭祀礼器，是放置在玉琮上面的，用木棍贯穿圆璧和玉琮的中孔，组合成一套通天地的法器。玉钺则是王权、军事统帅的象征。良渚文化玉器几乎唯一不变的纹饰主题是"神人兽面像"：图案上部是头戴"介"字形羽冠的人的形象，显得孔武有力；下部是凶猛的野兽的面目，双目大且圆，獠牙外露，下肢作蹲踞状，还有飞禽的利爪。"介"字形大羽冠代表"天"，下面的神兽融合了早期龙与猪等动物的特点,可能是多种动物的抽象,其中的圆形大眼是太阳的象征,充分反映出良渚人充满神秘主义、混杂多元的图腾崇拜与精神信仰。

　　良渚文化时期的玉匠已经拥有高超的攻玉技巧,和成熟的审美范式。良渚文化玉器制作采用了多道复杂的工序和高超的手艺,不仅有切、割、挖、凿、划、钻、饰、琢、雕、刻及抛光技术,还发明了带有简单机械原理的器具。良渚文化玉器琢纹的方法大致有三种:阴刻、浅浮雕、透雕。良渚文化玉器纹饰的种类主要有神人兽面纹、兽面纹、神人纹、龙首纹、鸟纹、涡旋纹、龟纹等。主题纹饰是利用琢刻的阴线将兽面、神人面的神态、气势,简练、醒目地刻划出来,充满了创造力和内在精神的统摄力。玉器造型均是端庄对称的,其对称形式有两种:左右对称和辐射对称。这给人安定、规整、庄重、协调的视觉美感。良渚文化玉器纹饰以线条的运用为主,用线条的组合来塑造形象,用线条的变化来创造美。其线型有直线、曲线、折线、弧线等,通过不同的线型疏密、长短、粗细等变化,构成了流畅舒展、细密匀布、具有装饰性的各种形象。这些流畅的线条有着各自的表现力和情感意味,凝集着良渚先民的敏锐感觉和细腻情感。[①]

　　"良渚文明是基于高度发达的湿地稻作农业的玉文明,成组玉礼器作为拥有者身份、等级和地位的标识,成为维系良渚社会政权组织的主要手段和纽带,拉开了中国礼制文明的帷幕。作为中国新石器时代用玉礼仪制度最完善、最先进的良渚玉器,也是中国传统文化'器以藏礼'观念最早的物质载体。良渚文明成

---

　　① 张明月、杨卫华:《良渚文化玉器的文物符号解读》,《中国社会科学报》2021年4月9日第4版。

组玉礼器,是中国前青铜时代中华大地上'器以藏礼'最突出的代表。"①良渚文化后期,由于高端玉料的枯竭等原因,玉的品质越来越差,远远不能与良渚初期相媲美。其艺术表现也逊色于早期,玉料、图案与线条趋于简陋、呆板,失去早期的圆润之美,光彩黯淡,可以解读为良渚文化走向衰亡的征兆。如今,这个玉器琳琅、玉色斑斓、玉声叮当的国度已经踪迹迷离,但是良渚玉器所承载的绚烂珍贵的文化艺术遗产,以及它所象征的文化品格、等级制度、社会观念、天人合一思想等,沉淀在中华民族的文化基因里,得到长久的延续与传承。

---

① 方向明:《良渚遗址考古的新发现》,《浙江日报》2022 年 7 月 12 日第 7 版。

第二章　先秦:生成滋长

　　先秦是浙江文化的生成期。越人以会稽为中心建立国家,由于山川阻隔、习俗不通,越文化在越王无余立国至勾践争霸诸侯长达 1600 年的时间里独立发展,自成"断发文身""南蛮鴃舌"的独特文化肌体,地域色彩十分鲜明。在参与争霸事业的过程中,越国与周边各国日益密切。尤其是与吴国、楚国文化吸收融合态势渐趋深入。春秋战国是中国历史上思想极大解放,学术竞相涌流,门派各呈其妙,思想家大放异彩的时代。越国,也在思想自由、学术争鸣的氛围中,产生了扎根于这块土地的思想学说。越人生活于海陬边地,与中原先发文明地区相隔遥遥,虽然风气未开,文物不盛,但越人既在生活、劳作、战争中有所思所感,又受秀美山川的熏育,动诸心发诸言,感情真挚、辞彩婉丽、节奏流畅的诗歌、音乐由此产生。越人的诗歌、音乐、器物虽然自外于中原,却有着新生的美好气质。

第一节　学术新萌

一、天道有常

"于越之地,三江烟霭袅袅,助长了人们那种飘逸的神思,形成了一种空灵、流动的文化氛围。人们喜谈天说地、怪力乱神,并较早地以自然本体观念去追究、认识天道问题……于越人正是从这种循环的时间观中,体悟到了世界的规律,即一盛一衰,往还有常。这种体悟,应该是深沉的。春秋时范蠡提出新的天道观正是这种观念的哲学的发展。"[①]

范蠡,字少伯,春秋后期楚国宛(今河南南阳,一说内乡西南)人。生卒年月不详,他出身微寒,不为人所知,只有文种知道他虽然微贱佯狂,却有过人的才略,带他一起投奔越王勾践。约公元前 496 年—前 473 年他为越国大夫,辅佐越王勾践复兴越国,打败吴国。他在越 20 余年,天道思想是他治国方略的哲学基础。他说:"天道皇皇,日月以为常,明者以为法,微者则是行。阳至而阴,阴至而阳;日困而还,月盈而匡。""天道盈而不溢,盛而不骄,劳而不矜其功。"[②]天道为阴阳消息,春夏秋冬周而复始,如环之无端。"这种天道变化的规律,虽盈满但不过度,虽盛大却不倨傲,虽劳苦功高又不自伐其功。在范蠡看来,日有升降,月有圆缺,这种盈虚消长的自然规律是其自身本来就有的,是

---

①　滕复、徐吉军编著:《浙江文化史》,浙江人民出版社 1992 年版,第 62 页。

②　曹建国、张玖育注说:《国语·越语下》,河南大学出版社 2008 年版,第 372、368 页。

'恒制',因此也可以叫做'天地之常'、'天节'、'天极'等。"①范蠡的天道观是一个完整的体系,包含了他对天、地、人及三者之间的相互关系的深刻理解。范蠡认为天地生产万物,施而不德,劳而不功。人,居于天地组成的客观世界中,天地之间,人最为贵,但是范蠡认为要完成一项事业,还是要尊重客观规律,按照客观规律办事。时机和客观条件不成熟,千万不要贸然去做,即"时不至,不可强生;事不究,不可强成"②。

孔子带领弟子们奔走于诸侯之门,兜售他的治国理念,栖栖惶惶,席不暇暖,如"丧家之犬"。相比之下,范蠡是非常幸运的。范蠡能够在辅佐越王勾践的时候,将自己的思想主张付诸实践,不但取得事功上的成就,同时也在中国思想史上留下鲜明的印迹。范蠡运用他的哲学理念于人生设计,也是极为成功的,最为后人津津乐道的莫过于他功成身退,经商致富,携美人西施泛舟五湖这样的逸闻了。他与西施的浪漫传说纯属后人演绎,但他确实算得上一个人生赢家。既然天地之道"盈而不溢,盛而不骄,劳而不矜其功",那么作为人臣更应该明了"事了拂衣去,深藏功与名"的道理。他因此保全了性命。而文种没有接受他"鸟尽弓藏、兔死狗烹"的劝告,落得个赐剑自刎的凄凉结局。范蠡微贱时佯狂,治越时露己,灭吴后身退,这一系列"经典操作",都说明他能圆融地将天道理论应用于实践,具有高度的理性自觉。他归隐后,三次经商成巨富,又三散家财,视功名富贵如浮云,为浙江历史留下一个智者仁人的形象。

---

①　蔡德贵:《被忽略的道家———范蠡》,《学习论坛》2005年第3期,第74页。
②　曹建国、张玖育注说:《国语·越语下》,河南大学出版社2008年版,第369页。

二、顺天爱民

文种是越国另一位重量级名臣。"在范蠡随同勾践臣吴三年时，是文种独掌越国国政，为越国度过风雨飘摇时期，发挥中流砥柱的作用；在勾践归来矢志复仇，苦思良策时，又是文种提出极端重要的伐吴'九术'，逐一实施'九术'，大多也是文种想出具体方案并冲在第一线。"[①]

文种，字禽或少禽、子禽，楚国郢人。生年不可考，卒于公元前467年。楚平王时曾任宛令，是当时楚国著名的才士。任宛令时，结识了范蠡，成为密友。他投奔越王勾践后，经过"十年生聚、十年教训"的风风雨雨，成为谋略出众、善于理国的卓越的战略家、思想家。勾践一度并不信任范蠡、文种，冒险进攻，大败于会稽。文种乘机向勾践进献谋略，提出卑辞厚礼、忍辱求和，以麻痹吴国的谋略。文种"守柔曰强"的谋略精神深受后人赞叹。历史证明，它也成为了中国思想宝库中的重要因子。

越国名臣中，范蠡的名气要高于文种，他成功的人生终局也和文种被勾践赐死的凄凉下场形成鲜明对照。但是范蠡在很多方面都对文种甘拜下风。范蠡说："四封之内，百姓之事，时节三乐，不乱民功，不逆天时，五谷睦熟，民乃蕃滋，君臣上下交得其志，蠡不如种也。"[②]文种为了振兴越国，报仇复国，采取发展农业生产、充实国力、强国富民的政策。在此政策的鼓舞下，越国百姓积极开垦田畴，充实粮库。农业的繁荣为商业经济发展开辟了道路。短短时间内，都城会稽就成为对商贾极有吸引力的新

---

① 潘承玉主编：《浙江通志·越文化专志》，浙江人民出版社2021年版，第292页。

② 曹建国、张玖育注说：《国语·越语下》，河南大学出版社2008年版，第369页。

兴城市。文种也提出了他的经济思想,譬如"贵出如粪土,贱取如珠玉",意思是说,在某种商品的价格已经很贵时,要将它看得如粪土一样及时抛售,在某种商品的价格已经很贱时,要将它看得如珠玉一样及时收购。这种灵活的策略是符合商业规律的。

与范蠡一样,在文种治国谋略的背后,有着哲学思想的支撑。无论是"守柔曰强",还是"贵出贱取",都是对立统一、矛盾转化的辩证思维的灵活运用。他并未摆脱传统天命思想的束缚,但他认为天意之中包含着民意。在整个复国报仇灭吴斗争中,他始终以"镇抚国家,亲附百姓"为重,相信越国人民意志的巨大力量。"重政治更重于军事,重谋略更重于拼力量,重人事更重于天地鬼神,重繁殖生息积蓄力量更重于暴露自己的才能、力量和优势……这些都包含有深刻的哲理,丰富了中国人的智慧。"①

第二节　初试音声

一、越人诗章

《弹歌》见于《吴越春秋》,是保存到今天的年代最早的浙江歌谣。全诗仅八个字:"断竹、续竹、飞土、逐肉。"大意是切断竹子,再用绳索连接竹子做成弹弓,装上泥丸或箭头,猎取动物。以简洁有力的语言和铿锵的音调展现古越人制作渔猎工具和追逐猎物的场景,洋溢着活泼欢快的劳动气息。《涂山女歌》也是年代很早的歌谣。相传,大禹治水经过浙江涂山(今绍兴),路遇

---

① 郭齐家:《文种思想研究》,《浙江学刊》1987年第5期。

妻子——涂山氏之女，却不及互致问候就继续南巡。涂山女于是叫侍女到涂山南面等候大禹，侍女作歌曰："候人猗兮。"《吕氏春秋》认定它为南方国风之始。与《弹歌》相比，虽然更简短，却连用两个虚字，别有一番婉转妩媚的风致，更接近诗歌的本质。

　　"如果说《弹歌》《涂山女歌》等是充满地方特点的浙江诗歌的滥觞的话，那么在此以后的春秋战国时期，出现的诗歌作品就比较多了。今日能够见诸史籍的有《越人歌》《越王夫人之歌》《采葛妇歌》《离别相去辞》《河梁歌》等等。这些诗歌都能以其真挚的感情、丰富的内容、优美的形式而动人心弦。"[①]其中，最引人入胜的作品当属《越人歌》，著录于汉代刘向《说苑》。楚国国君的弟弟鄂君子皙泛舟湖上，为他摇橹的是一位越女。舟上钟鼓停歇后，越女拥楫而歌，鄂君听不懂越语，便让人替他翻译，用楚国话翻译出来就是："今夕何夕兮，搴舟中流。今日何日兮，得与王子同舟。蒙羞被好兮，不訾诟耻。心几顽（烦）而不绝兮，得知王子。山有木兮木有枝，心说（悦）君兮君不知。"鄂君闻歌大悦，"行而拥之，举绣被而覆之"。这首打动贵公子的越女棹歌确实富有画面感和音乐性。试想，在一个清风和畅的夜晚，湖上泛着装饰华丽的兰舟。美丽的越家船女，摇着双橹，羞喜交加，唱着歌儿向眼前的贵公子吐露爱慕之情，那么自然率真，又那么大胆热烈。"这首诗的写作艺术特色还在于音节的摇曳纡回，特别是通篇采用续续相生、连跗接萼的手法，使它摇曳无穷，情味愈出"；"它瑰丽的想象，清丽的语言，深挚的情感，都仿佛使人进入了《楚辞》的境界"，因此成为一代绝响楚辞的滥觞。[②]

---

　　①　沈善洪、费君清主编：《浙江文化史》（上册），浙江大学出版社2009年版，第349页。

　　②　滕复、徐吉军编著：《浙江文化史》，浙江人民出版社1990年版，第68—69页。

二、越人音舞

越地有悠久的音乐舞蹈传统。距今 7000 多年的河姆渡文化遗址就出土了许多乐器。属良渚文化的余杭反山遗址出土的一件文物上,绘有一幅巫舞图。图上一位巫师身穿华服,似乎正合着徐疾有致的鼓点,扬袖曼舞,引吭高歌。远古之人好巫术好祭祀,"后世的歌、舞、剧、画、神话、咒语……在远古是完全糅合在这个未分化的巫术礼仪活动的混沌统一体之中的,如火如荼,如醉如狂,虔诚而蛮野,热烈而谨严"①。可以想象,在于越人狂热且经常性的巫术祭祀活动中,音乐舞蹈贯穿全场,营造高潮。据梁代任昉《述异记》记载:越俗祭防风神,奏防风古乐,三人披发而舞。防风氏是湖州德清一带的部落酋长,传说大禹在会稽召集会议,防风氏因为治水迟到,被大禹错杀,后人为纪念他,编了这套祭防风氏乐舞。这又是舞蹈来源于巫术祭祀的一个有力证据。

春秋战国时期,越人的音乐舞蹈水平有了长足发展。那时的诗歌已经具备旋律性,如《候人歌》,连续使用两个虚词,配合着婉转起伏的旋律,闻一多认为这便是音乐的萌芽,因为声音可以拉得特长,在声调上也有相当的变化。《木客歌》《采葛歌》《弹歌》《越王夫人歌》等诗歌都有音乐伴奏。器乐艺术繁盛,出现了多种乐器,材料遍及金、石、皮、木、丝竹、瓷等。器类有编钟、句鑃、錞于、铙、钲、鼓、琴、编磬等。绍兴 306 号战国墓出土的铜屋模型,室内有乐伎俑 4 具、歌伎俑 2 具,分前后两排。前排东一俑应是鼓师,前排中、西两人似作

---

① 李泽厚:《美的历程》,生活·读书·新知三联书店 2009 年版,第 11 页。

演唱状，后排东一俑捧笙，中一俑与西一俑抚琴。"这击鼓、吹笙、抚琴的4名乐伎和2位歌伎，构成了一幅形神兼备的组合演唱场面，显示了吴越音乐的水平。"[①]作为殊方异域的越地，它的音乐舞蹈呈现出鲜明的个性与特色。《吕氏春秋·孝行览遇合篇》记载："客有以吹籁见越王者，羽、角、宫、徵、商不谬，越王不善；为野音，而反善之。"[②]孔子也曾想用礼乐文明教化越王，但未被接纳。可见当时于越音乐与中原雅乐迥异，无怪乎被视作另类的"野音"。

越王勾践出征吴国，得胜还朝，喜用音乐舞蹈助兴。"越王还于吴，置酒文台，群臣为乐。乃命乐作伐吴之曲"[③]，乐师与文种、范蠡通过问答的形式对唱，唱毕，台下群臣大悦而笑。勾践不仅令人作乐，为君臣们战胜敌人后的欢乐助兴，甚至将它作为复国的工具。美女西施，虽艳色天下重，还不足以倾人倾国。授以歌舞技艺、风情媚态之后，才送呈吴王，从此以后，"吴宫夜长宫漏款，帘幕四垂灯焰暖。西施自舞王自管，雪纻翻翻鹤翎散，促节牵繁舞腰懒。舞腰懒，王罢饮，盖覆西施凤花锦"。君王意气在美人歌舞中日日消磨，直至亡国。这从侧面说明了越国舞者舞艺的高超精妙。

---

①　徐建春：《浙江通史》第2卷《先秦卷》，浙江人民出版社2005年版，第276页。

②　（汉）高诱注，（清）毕沅校：《吕氏春秋》，吉林文史出版社2016年版，第223页。

③　张觉：《吴越春秋校证注疏》，岳麓书社2019年版，第409页。

第三节 越器之美

一、青铜器

越国的美术特色与成就，主要体现在器物上。"青铜器、印纹陶和原始青瓷，是三代之时浙江境内最为重要的艺术成就，它们的共同走向，是在越国时期并臻繁盛，成为越国美术创造的主要内容。"[①]

吴越相争，是国力的比拼，也是权谋的角逐，更是战场的厮杀。两国都好勇尚武，所谓"吴王金戈越王剑"，两者都是青铜兵器，独步天下，但越王剑更胜一筹。越王剑是越国青铜工艺与技术的杰出代表。

青铜剑大约出现于殷末周初之际，距今 3000 年。春秋战国时期，青铜剑的制作更是十分精良，青铜兵器的装饰技术获得重大发展。到勾践治国，铸剑技术再次获得空前突破，在列强中居于领先地位。《越绝书》记载："昔者，越王勾践有宝剑五，闻于天下。"[②]《庄子·刻意》亦对越剑赞叹不已："夫有干越之剑者，柙而藏之，不敢用也，宝之至也。"[③]绍兴平水是古代越国的冶铸和军工基地，至今仍留有许多历史遗迹。

越国青铜剑出土有数把。目前保存最为完好的是收藏于浙江博物馆的越王者旨於睗剑。此剑完整无缺，亮泽如新，寒芒泠

---

① 陈野：《浙江绘画史》，杭州出版社 2005 年版，第 29 页。
② （东汉）袁康、吴平著，徐儒宗点校：《越绝书》卷第十一《越绝外传记宝剑第十三》，浙江古籍出版社 2013 年版，第 69 页。
③ 《庄子》，岳麓书社 2016 年版，第 80 页。

冷,虽历 2400 多年的岁月,依然不锈不蚀;剑刃极薄,异常犀利,吹毛可断,加上剑鞘齐全,缠缑完整,为国宝级文物。鸟虫书,是一种变形的装饰用文字,笔画常做盘旋弯曲如鸟虫形,最早即发现于越王勾践剑上,高贵典丽,富有装饰效果。

用尖硬锐利的工具在铜器表面或内壁刻绘出的图像,是春秋晚期至战国绘画艺术和青铜器艺术的独特结合,也是钢铁发明以后在艺术领域衍生的一种比较罕见的新工艺。拥有线刻铜器绘画的器物在越国西施山遗址多有发现。如一件青铜锥画四系盘,高 3.5 厘米、口径 23.1 厘米、底径 18 厘米。薄胎,口微敛,浅腹,斜弧壁,饰两对四只竖钮衔环耳,平底。盘内壁刻锥画线图,远处太阳高照,近景是直立的树枝。刻 19 人,正在举行仪式,头戴羽饰,或击鼓,或舞蹈;多数人在室内,部分站在高台上,陈设有酒坛和放在架上的鼓。盘之内底刻蟠龙纹,"s"形首尾相连,与盘壁之间用锯齿纹隔开,布局有条不紊,构成一幅有声有色的祭祀场面。① 有人总结越国青铜器表面绘画特点说:"刻纹铜器上的纹饰内容较为一致。多与断发纹身、蛇图腾崇拜、鸟田等吴越文化习俗有关","刻纹图像画面主次分明,故事情节分段分层展开,最大限度地利用空间位置,把众多人物、鸟兽及建筑背景描绘得千姿百态,生机盎然","既体现了人们对社会文化及自然环境的深刻认识,也反映出当时生产工艺与艺术表现力的进一步提高"。②

---

① 潘承玉主编:《浙江通志·越文化专志》,浙江人民出版社 2021 年版,第 357 页。

② 王汇文、毛小龙:《从东周刻纹铜器的图像管窥吴越之习俗》,《江西社会科学》2009 年第 5 期。

二、印纹陶

印纹硬陶是南方百越土著民族独具特色的物质文化符号。越国的瓿、瓶等印纹陶器物,以体量巨大为特色。

生产陶瓷大器,对原材料要求不高,但对成型、窑炉高度和温度的掌控则比较严苛。越国在西周就烧造出高 55.4 厘米、口径 27.2 厘米、底径 32 厘米的印纹硬陶瓿,在春秋时期就烧造出高 59.8 厘米、口径 25.2 厘米、底径 24.3 厘米的印纹硬陶坛,在战国时代又烧造出高 62.8 厘米的印纹硬陶瓿和高 48.2 厘米的原始瓷熏。如此众多而精美的大器,不仅表现出越国工匠高超的工艺水平,而且表现出他们宏伟、壮丽的审美气魄。[①]

越国印纹硬陶器上,拍印的花纹种类繁复,有回纹交叉十字纹、斜方格纹、方格十字交叉纹、米筛纹、席纹、"米"字纹、麻布纹等等。从商到春秋前期综合观之,越国几何形印纹陶纹样类别和作风的变化趋势是:由习见的各种浅显纤弱的竹编纹样转变为粗深有力、带有强烈凸浮雕感的几何形或变体兽面纹样,再发展到精巧、细腻和规整的几何形图案。印纹陶工艺演变过程中,越国工匠发明、发展、创新了与器物和谐相融的诸多纹样,将"粗犷、豪放"与"精巧、细腻"有机地融合在一起。

三、原始瓷

原始瓷,就是陶器上带有瓷器的特征,属于陶器向瓷器过渡的阶段。瓷器区别于陶器的一个重要特点是表面施釉,烧成后

---

① 潘承玉主编:《浙江通志·越文化专志》,浙江人民出版社 2021 年版,第 369 页。

多为青绿色,因此原始瓷又称原始青瓷。浙江是原始瓷出土数量最多、最为集中的地区,也是原始瓷从早到晚发展序列最全、最完整的地区。原始瓷是于越族的伟大发明与创造。

春秋晚期至战国中早期,是原始瓷发展的一个高峰。生产规模大为拓展,工艺技术大幅提高,产品质量已接近成熟青瓷,并出现大量仿青铜礼器和乐器,随葬原始瓷礼乐器成为越人墓葬的重要特点。

越国瓷器,胎质较为细腻,器形较为规整。越国时期的原始青瓷器,已改用一次拉坯成型,成型新工艺的出现,促进原始青瓷生产工效和产品质量的提高。装饰手法的丰富多彩,也是越国时期陶瓷工艺的一大特色。原始青瓷器在春秋早期普遍盛行比较单调、枯燥的"S"形堆纹,缺乏艺术感染力。进入越国时期,装饰艺术为之一新,多出弦纹和水波纹、戳印"C"形纹等,从而使原始青瓷器融日用与审美于一体,丰富了原始青瓷的艺术表现力。"有的仿铜礼乐器还塑造出兽头、龙身、瑞鸟等装饰,不少青铜器上的纹饰也被移植应用到了这类原始瓷的礼乐器上,如云雷纹、'C'形纹、蟠螭纹、夔纹和各种铺首衔环等,充分说明此时对青铜礼乐器的仿制,完全达到了惟妙惟肖和神形兼备的艺术效果。"在这些纹饰烘托之下,这类仿铜礼乐器"既体现了青铜器劲健有力的阳刚之美,又不乏泥土细腻温和的柔美之秀",实现了"青铜器刚劲有力的线条所表现出来的狂野、豪放的张力与泥质胎体媚丽柔婉的内蕴"的完美结合。①

---

① 陈元甫:《陈元甫考古文集》,文物出版社 2016 年版,第 271—280 页。转引自潘承玉主编:《浙江通志·越文化专志》,浙江人民出版社 2021 年版,第 378 页。

第三章　秦汉六朝:互融互摄

公元前 222 年,秦军攻占会稽,将吴越合为一郡,统称会稽郡。以此为起点,浙江文化渐渐融入中原文化,古越文化的独特性随之淡化下去。东汉的王充虽生长于越地,但他充分吸收了中原的自然科学和人文科学成果,在此基础上提出自己的学术主张。浙地思想学说虽从整体实力上无法与中原抗衡,但王充的《论衡》犹如低洼之地奇峰突起,足以彪炳史册。东汉以后,浙江尚文气质开启,经史研究渐成气候,学统逐步确立。魏晋南北朝时期,衣冠南渡,深刻改变了浙江的文化形貌。浙地的吴姓与侨姓士族,在史学、经学、玄学上都有出色的表现。玄学清谈之风更是渗透到文化的方方面面。书法、绘画、文学无不呈现出南与北、儒与释与道、玄妙与自然交摄互融的斑斓景象。

第一节　学统初建

一、"疾虚妄"的理性启蒙

东汉是天人感应的儒教神学和谶纬迷信学说大行其道的时代，怪力乱神之说满天飞，集大成者乃是被作为皇帝钦定的"国宪"和经典《白虎通》。为了便于将汉代的政治秩序解释为宇宙秩序的一部分（即"天人感应"学说），"自然界出现的种种偶然现象，都有可能被附会为上天所给予的某种政治暗示，由此往往会促成自然事件与人文事件之间的不恰当类比。由于官方太学系统对于'五经'地位的全面凸显，怀疑经典、独立思考的思维习性自然也便遭到了体制化的压制"①。但在另一方面，东汉又是科学发明大放光彩的时代。重大科技事件层出不穷：蔡伦改进造纸术、张衡发明浑天仪、数学名著《九章算术》广泛传播，当时中国在算学、天文、历法、农业、医学等方面都走在世界前列，东汉初期在思想界也出现了以"实事求是"为导向的实学思潮。冯友兰就说，在中国历史上，汉人最富于科学精神。浙江上虞人王充（27—约97）正是在大量吸收自然科学和人文科学成果的基础上，撰写了《论衡》，以极大的勇气挑战儒家价值体系，批判禁锢人心的神秘主义官方哲学，于弥漫朝野的迷信氛围中，投射出一束理性主义的启蒙之光。

据《后汉书·王充传》："王充字仲任，会稽上虞人也，其先自

---

① 徐英瑾：《基于汉语土壤的启蒙哲学何以可能？——以王充的〈论衡〉》为例》，《复旦学报》（社会科学版）2021年第4期。

魏郡元城徙焉。充少孤,乡里称孝。后到京师,受业太学,师事扶风班彪。好博览而不守章句。家贫无书,常游洛阳市肆,阅所卖书,一见辄能诵忆,遂博通众流百家之言。后归乡里,屏居教授。仕郡为功曹,以数谏争不合去。充好论说,始若诡异,终有理实。以为俗儒守文,多失其真,乃闭门潜思,绝庆吊之礼,户牖墙壁各置刀笔。著《论衡》85篇,20余万言,释物类同异,正时俗嫌疑。"①可知王充出身细族孤门,后北上求学。既受教于当世名宿,又得以广泛阅读经史子书,成长为一位通今博古的学问家。所以王充的思想学说,除了儒、道两家之外,还兼采法家、墨家、阴阳家之说而自成一家之言。王充一生并无显赫的宦绩,只做过几任不显眼的小官。但他在京城打下了坚实广博的学问根底,又养成了独立思考之精神。他辞官后,就闭门谢客,在孤独中思考写作,终于写成了石破天惊、耸动天下的《论衡》一书。

《论衡》一共85篇(实存84篇),20余万字,在那个时代称得上宏篇巨著。有学者将《论衡》一书85篇分为五组。第一组共21篇,主要讨论性命问题。第二组共12篇,主要讨论人才、知识等问题。第三组共18篇,主要讨论经传真伪问题。第四组共18篇,主要讨论天人感应问题。第五组共16篇,主要讨论鬼神、禁忌习俗、祭祀等问题。②"衡"字本义是天平,《论衡》就是评定当时言论的价值的天平,这体现了王充对自家学说的抱负与自信。他说:"是故《论衡》之造也,起众书并失实,虚妄之言胜真美也。"就是要扫荡虚妄的言说,使迷惑的心灵受到启迪,知辨虚实,显露真美。"《诗》三百,一言以蔽之,曰'思无邪'。《论衡》篇以十

---

① (南朝宋)范晔著,(唐)李贤等注:《后汉书》,中华书局1976年版,第1629页。

② 李祥俊:《王充性命论思想体系研究》,《晋阳学刊》2020年第1期。

数,亦一言之,曰'疾虚妄'。"①王充以"疾虚妄"作为《论衡》一书的学术思想宗旨,"王充'疾'的'虚妄'从思想上讲主要是天人感应论、有鬼论等,从学术上讲则主要是以儒家经学为代表的传统著述。'疾虚妄'的实质在于批判各种关于人生境遇的虚妄的外在决定论,而从反面论证他的人性自主、崇尚知识创造的人生价值观"②。

《论衡》一书所涉及领域极为广泛,对天人感应的灾异论、有鬼论、神话传说、神仙方术等均有批判,其中以对天人感应论的批判最具时代特色。王充认为天地运动与万物生成是自然而然的,而人是有目的有意志的,天道无为,人道有为,天人之间不相类。人不能以行感天,天亦不能随行而应人,社会的政治、道德与自然界的灾异无关,所谓"天人感应"的说法只是人们以自己的想法去比拟天的结果。这就彻底否定了天人感应论的立论基础。由于神学化盛行,儒学已然变成了"儒术",掺进了天人感应和谶纬学说,被涂抹上了神秘主义的色彩。所以王充把锋芒对准天人感应论时,就必然要导致对以儒家经学为代表的流行学术系统的批判。他说:"世儒学者,好信师而是古,以为贤圣所言皆无非。"③又说:"世信虚妄之书,以为载于竹帛之上者,皆贤圣所传,无不然之事,故信而是之,讽而读之。"④王充对信师好古的批判与否定,实际上是反对一味从古人言语出发,盲从权威,体现了他求真求实的理性精神。

---

①　(东汉)王充:《论衡校释》(中),中华书局2017年版,第1013—1014页。

②　吴光:《浙江儒学总论:从王充到马一浮——论浙江儒学的思想特色与精神价值》,《浙江社会科学》2020年第6期。

③　(东汉)王充:《论衡校释》(上),中华书局2017年版,第459页。

④　(东汉)王充:《论衡校释》(上),中华书局2017年版,第196页。

对王充其人其书，两千年来毁誉参半，好之者推崇他的天才甚至超越孟子、扬雄、司马迁。攻之者视他为有文无行的名教罪人。《钦定四库全书总目》对此一言以蔽之地说："攻之者众，而好之者终不绝。"无论如何，历史事实证明，王充求真务实的科学理性精神、社会批判思想在中国思想文化发展史上具有启蒙作用，产生了深远影响，王充思想学说具有超越时空的巨大魅力。

二、经学与玄学参差发展

虽然王充的《论衡》彪炳千秋，但是总体而言，两汉时期，浙江学术思想没有显著成就。到了东汉以后，浙江经史研究方渐成气候，学统逐步确立。浙江经史研究既深受中原影响，又保留了独特的个性，有自己的独特价值和创新。"魏晋南北朝时期，士族阶层主导着文化的内容和发展方向。但当时的江南地区却存在着两个在文化上颇具异味，甚至可以说是截然对立的士族群体：侨姓士族与吴姓士族。""侨姓习于谈玄，吴姓精于治经。不论侨姓吴姓，他们都来自中原地区；所不同的是，吴姓南迁时间较早，而侨姓晋室南渡之后才来。他们所宗奉的学术流派虽有不同，却都是儒家文化的一个分支。"①

首先来看吴姓。他们原本也是中原人士，汉代就陆续迁入，势力逐渐坐大，生活习惯、语言也逐渐地方化，后来更以"吴人"自居。吴姓以汉代学风为宗趣，且往往累世传承，出现了很多学术世家，他们对经学中的《易》《礼》研治尤其深入精到。

《易》学之家，首推虞翻家族。虞翻（164—233），字仲翔，三国时吴国人，世居会稽。自高祖至虞翻五世皆治《易》。可见研

---

① 万斌主编：《浙江文化概论》，浙江人民出版社 2010 年版，第 86 页。

究《易》学是虞门家学。虞翻早年为会稽太守王朗功曹,孙策据有江东,也以虞翻为功曹。孙权时,虞翻以谔谔之士,屡上直言,惹恼孙权,多次被贬,最后死于交州。虞翻在当时风化尚未打开的蛮远之地,依然治经、讲学不倦,门徒数百人。

虞翻撰有《易注》九卷,他是继马融、郑玄、荀爽等之后的又一位易学大师,也是推动易学转型的关键人物,其《易注》在易学史上影响很大。他对汉代说《易》诸家都有批评,但是又能吸收、综合各家之说,集汉代易学之大成。虞翻自己曾说:"前人通讲,多玩章句,虽有秘说,于经疏阔。臣生遇乱世,长于军旅,习经于桴鼓之间,讲论于戎马之上,蒙先师之说,依经立注……所览诸家解不离流俗,义有不当实,辄悉改定,以就起正。"①所谓"虽有秘说,于经疏阔",大抵是不满前人以阴阳灾异附会易说,视谶纬为秘说,又囿于章句,无所发挥。虞翻注《易》虽亦取前人章句,但其所言之谶纬、灾异则多不取,而是依经立注,阐明经文本身的含义,体现了踏实的学风。虞翻说自己生长于乱世,习经于戎马生涯,可见他做学问有着很强的入世精神,解《易》并不仅仅为了学术研究,还有现实目的和抱负。当三国鼎立之时,天下无序,他在作《易》注时,非常向往周公之政,要求统治者"居宽行仁,德博而化","可见在他的易学体系中,隐含着人文义理的倾向,反映了一定的社会政治理念"②。

虞翻《易注》一出,就受到时人的推重。名士孔融就嘉许说:"闻延陵之理《乐》,睹吾子之治《易》,乃知东南之美者,非徒会稽之竹箭也。又观象云物,察应寒温,原其祸福,与神合契,可谓探

---

① (晋)陈寿撰、(南朝宋)裴松之注:《三国志·吴书第十二》,天津古籍出版社2009年版,第759页。

② 李阿慧:《从汉魏学术之变论虞翻易学渊源》,《国际儒学论丛》2019年第2期。

赜穷通者也。"①从中可见,虞翻的努力推高了浙江的学术知名度。清代,易学研究大盛,而虞翻易学被视为汉易之正宗,影响更大,流传更广。

《礼》学在浙江也有极高的地位,这种研究风气与当时的世风有着密切关系。东晋南北朝时,北方礼崩乐坏,礼失求诸南,重孝道的淳朴风气在南方得到很好的保留和传扬,吴姓儒学之家以礼法标榜门风,也热衷于在《礼》学上下功夫,"浙江境域,名列《南史》卷七一《儒林传》的14位儒学家中,明确记载通《礼》或著有《礼》学著作的就有12位"②。代表性家族是会稽的贺家。

贺循(260—319),字彦先。祖先庆普,在西汉时传授《礼》,即世人所称的"庆氏学"。贺循的族高祖贺纯,学识渊博享有盛名,避汉安帝刘祜之父清河孝王刘庆之讳,改为贺姓。时人对贺循评价很高,说他"体识清远,言行以礼"③。贺循是一位谦谦君子,言行举动,必以礼让,才鉴清远,德行高迈。但是在任上又很有作为。他任武康县令时,取消了地方很多不合礼法的陋俗;在会稽内史任上,开凿了运河;他对东晋建立起了重要的支持作用,又对朝廷礼仪多有补助,却不接受朝廷的封赏。

贺循尤精丧礼,著有《丧服谱》《丧服要记》等。贺循礼学体系博大精深,内容丰富。贺循勤于礼学,又博采众家之长,故能度越前人而自成一家。贺循崇尚礼教,故常借礼来宣扬教化,端正家风,规范行为。比如贺循认为丧服五服的功能在于"正名"

---

① (晋)陈寿撰,(南朝宋)裴松之注:《三国志·吴书第十二》,天津古籍出版社2009年版,第757页。

② 王志邦:《浙江通史》第3卷《秦汉六朝卷》,浙江人民出版社2005年版,第475页。

③ (南朝宋)刘义庆著,(南朝梁)刘孝标注,余嘉锡笺疏:《世说新语笺疏》,中华书局2011年版,第86页。

"尊统"。名不正则统不正，统不正则心不专，心不专则礼不敬。在重情时代，贺循亦带有时代气息。贺循常以情说礼，做到情礼并重，使枯燥的礼义贴合人情，更容易被遵循。[①] 贺循的后人贺玚、贺革、贺琛都精于三礼，可见会稽贺氏家族礼学文脉深长。

再看侨姓。从东汉末黄巾起义以来，社会平静之日少，动荡之时多。战争、权力斗争、疾疫交相煎迫，人命无常，人生苦短，哪怕是上层贵族，也往往不能得享天年。永嘉之乱，更给了士族沉重打击。在这样一个混乱的时代，思想却得到了极大的解放。"埋没了一百多年的王充《论衡》被重视和流行，标志着理性的一次重新发现。一种真正思辨的、理性的'纯'哲学产生了；一种真正抒情的、感性的'纯'文艺产生了。这二者构成中国思想史上的一个飞跃。"[②] 有晋之世，玄风独振，晋室南渡后，玄风随着衣冠士族的到来落地南方，南方学术文化得以繁荣。"纯"的哲学、"纯"的文艺，交融而成玄言诗赋。

当此之时，王、谢二姓为侨姓首领。王羲之家族不仅以书法艺术光耀于世，在思想文化和风度做派上也引领潮流。王羲之《兰亭集序》既是一件书法神品，也是"纯"的哲学、"纯"的文艺相交相融的杰出代表。"永和九年，岁在癸丑，暮春之初，会于会稽山阴之兰亭，修禊事也。"修禊，就是在水边洗手濯足，以拔除不祥。是日，天朗气清，惠风和畅。崇山峻岭，茂林修竹，清流激湍，映带左右。王羲之与谢安等 42 位高士，列坐水边，畅叙幽情，游目骋怀。盛酒的羽觞从曲水顺流而下，流到谁的面前，那人就得即席赋诗，不然罚酒三杯。共得诗 37 首，结为《兰亭集》。

---

① 参见吴从祥：《传统与时代的交融——论贺循礼学特征》，《荆楚理工学院学报》2015 年第 2 期。

② 李泽厚：《美的历程》，生活·读书·新知三联书店 2009 年版，第 90 页。

王羲之当场挥毫作序,这就是书、文并臻双美极致的《兰亭集序》。周遭美好的自然景物、朋友之间的相契相得,使王羲之迸发出前所未有的创作激情。他仰观宇宙之大,俯察品类之盛,虽庆幸这一切能暂得于己,却深沉彻知"修短随化,终期于尽"的宿命。"每览昔人兴感之由,若合一契,未尝不临文嗟悼,不能喻之于怀。固知一死生为虚诞,齐彭殇为妄作。"春天的胜景,雅集的盛况,对宇宙与自然真谛的省察,引发了王羲之对人生短促的慨叹,对《庄子》生死齐一的否定。"在表面看来似乎是如此颓废、悲观、消极的感叹中,深藏着的恰恰是它的反面,是对人生、生命、命运、生活的强烈的欲求和留恋。"①这是人的主体意识和自我精神的觉醒,是对自然、宇宙、生命的哲学思考。它所契合的是"在现实人生之中,特别是在情感之中去达到对无限的体验,这就使玄学与美学内在地连结在一起,成为魏晋美学的精魂"这一要义②。

兰亭雅集是东晋初年玄学家的一次聚会和集体创作活动,兰亭文人中的多数成员,既是当时的玄学家和清谈家,又是玄言诗人的代表。他们所创作的诗赋,或直接以玄言入诗,在诗歌中阐发老庄义理,或借山水以体玄,即通过自然景物的观照来体悟玄理。王羲之《兰亭诗》所言"悠悠大象运,轮转无停际",传达出一种宇宙无限、运动永恒的道理。而同属兰亭文人之列的孙绰,其《秋日诗》云:"萧瑟仲秋月,飂戾风云高。山居感时变,远客兴长谣。疏林积凉风,虚岫结凝霄。湛露洒庭林,密叶辞荣条。抚菌悲先落,攀松羡后凋。垂纶在林野,交情远市朝。澹然古怀

---

① 李泽厚:《美的历程》,生活·读书·新知三联书店 2009 年版,第 92 页。
② 张岱年、方克立主编:《中国文化概论》,北京师范大学出版社 2009 年版,第 72 页。

心，濠上岂伊遥。"以细腻传神的笔触描写了秋季山林中自然物候的变化，又将其与高远的哲思结合起来，达到了形象与意境的完美统一。[①]

正如孙绰《游天台山赋》中说："浑万象以冥观，兀体同于自然。"江左侨姓的哲学玄思、士人风神，与浙江山水既冥合又超越，从而使这一时期的浙江文化呈现出脱俗、纯粹、洒脱的别样风貌。

三、著史风气渐兴

东汉时期，浙江治史之风渐炽。文化底蕴深厚的会稽郡，诞生了两部记载地方历史的著作：袁康、吴平辑录的《越绝书》和赵晔的《吴越春秋》，内容都是叙述春秋末年吴越争霸的史实。

《越绝书》全书一共 15 卷。杂记春秋战国时期吴越两国的史实，上溯夏禹，下迄两汉，旁及诸侯列国，特别注重伍子胥、子贡、范蠡、文种、计倪等历史人物的活动，勾勒了一幅吴越交兵争霸的历史图卷，对这一历史时期吴越地区的政治、经济、军事、天文、地理、历法、语言等多有所涉及。所以许多人将之视为"地志之祖"。"绝"是记录、记载的意思。《越绝》与晋之《乘》、楚之《梼杌》、鲁之《春秋》同为一类，是越国史记的专名。它既保留了越人史记本色，又体现了越国故地人们维护当地传统的乡土感情。[②]《越绝书》是在郡国之书编纂成风的历史背景下撰成的。东汉建立后，各地响应光武帝的提倡，纷纷出炉以表彰乡里之胜

---

① 李林昊：《从金谷园会到兰亭雅集：文人集团的政治转向与性质之辨》，《内蒙古大学学报（哲学社科版）》2022 年第 4 期。

② 王志邦：《浙江通史》第 3 卷《秦汉六朝卷》，浙江人民出版社 2005 年版，第 156 页。

为目的的地方性史籍。会稽在当时虽不是名邦富郡，但在春秋争霸的舞台上也曾有过耀眼表现，越国不但消灭了称霸一时的吴国，甚至势力染指北方。这一赫赫功绩足以名载青史了。激于乡邦自信，会稽人士亦投入到记述本地历史的潮流之中。据学者研究，《越绝书》不是一人一时所作，而是出于众人之手。该书编辑成册者自隐其名而称"吴、越贤者所作"。明代杨慎从隐语中发现是"袁康、吴平"两人。这一说法认同者众。

《越绝书》的叙事体例，既不同于以记载人物为中心的纪传体，也不同于编年体。其书往往给人以"纵横蔓衍"、芜杂松散之感，但实际上一直贯穿着吴越兴替这一主线。《越绝书》一方面阐扬复仇主义伦理观、君臣伦理观，书写着吴越两国剑与书、恩与仇的交锋与转换，一方面又通过"中""和""仁""义""礼""信"等关键词表现出儒家价值向度，初步实现了对越地思想文化资源的选择、取舍、加工、改造和整合，体现了越人以儒家伦理本位为价值依归，主动靠近华夏主流价值观、认同中原华夏文化的认识与努力。①

《吴越春秋》是稍晚于《越绝书》的一部记述吴、越两国历史的编年体史书，成书背景和《越绝书》相似。作者赵晔（？—约83），字长君，山阴（今绍兴）人。赵晔是个很有个性的人。少为县吏，奉命迎接督邮，他感到非常耻辱，就丢弃了迎接督邮的车马逃走了。他来到犍为资中（今四川资阳），找到经师杜抚传习《韩诗》，彻底得到了杜抚的真传。他在资中待了二十年，既不回家，也不给家里捎信，家里人都以为他死了，为他举行了葬礼。

---

① 参见李学功：《论〈越绝书〉的文化整合意识》，《浙江社会科学》2008 年第 10 期。

后来杜抚死了他才回家。州刺史要任命他为从事，被他拒绝了。他回乡后专心著述，终老于斯。他是越国故地之人，去古未远，对于吴越故事访求甚是方便，因此《吴越春秋》搜求资料极为广博。

《吴越春秋》原12卷，经后世刊削、改定为10卷。它不仅有严格统一的体例，而且叙事首尾完整。前五卷记吴国历史，后五卷记越国历史，每卷记事基本上按照年代顺序排列，所以是一部名副其实的编年体史书，但是又没有拘泥于《春秋》《左传》那种正统编年体的逐年记事方式，而是有所突破，将编年、纪传、纪事本末融为一体，这在中国古代史书中是极为罕见的。勾吴部分抓住了寿梦、王僚、阖闾、夫差几个君王的几件大事，做了重点记述。而于越部分则几乎把重点全部放在勾践一人身上，用四个篇章集中记载四个关键性的历史事件。

《吴越春秋》记述了春秋末年吴越争霸的风云历史，昭示了两国盛衰起伏的内在原因，具有很高的文学和文化价值。前文述及赵晔淡泊仕途、卓尔不群的个性，以及他传习《韩诗》的经历，《吴越春秋》也烙下了作者独特的个人印记，是一部有着较为浓烈的个人感情色彩、洋溢着诗性之美的史书。在叙述吴越两国争霸历史时，作者凭借个人情感倾向来取舍材料、刻画人物，故其名虽为史，实则借史以抒写怀抱。在文中，对于那些动人心灵的人物，作者总是反复铺陈其事迹，甚至加以想象虚构，以此来突出人物性格，传达自己内心的好恶。[①] 文中借逸闻轶事的铺陈来突出人物性格、传达作者情感最鲜明的例子要数勾践了，

---

① 参见吕华亮：《情感热烈诗韵浓郁——〈吴越春秋〉诗性特征剖析》，《淮北师范大学学报》（哲学社会科学版）2013年第4期。

《吴越春秋》下部分用四卷的内容详细铺叙了勾践忍辱负重、兴越复仇的历史,他既是耍弄阴谋术的阴谋家,也是刻苦淬厉、发愤图强的实践家,又是伪善诡诈、罪戮功臣的统治者,立体地刻画了勾践的多面人生。《四库全书总目》说:"晔所述虽稍伤曼衍,而词颇丰蔚",在对该书的体例提出批评之余,也肯定了它的文学价值。很多研究者也认为它接近小说家言,叙事富于故事性。它记载了许多民间传说和神话故事,对后世小说和戏曲都有深远的影响。

四、修史热潮

魏晋南北朝是个思想自由、学术多元化的时代,史学摆脱经学的附庸地位,获得充分的发展空间,成为一门独立学科。同时因为其与生俱来的经世情怀和独特的资政属性而受到统治者的关注和提倡。朝廷重视修史,官方修史机构趋于完备,史官地位提高,设立专职史官,不再兼管天文历法;史部著作数目骤增。而官修盛行,并没有抑制私人修史的热情。在思想开放多元,宦途祸福无常的时代,通古今之变,究天人之际,成就名山事业成为许多士人的人生目标。官私修史并行不悖,使得这一时期史学空前繁盛,史家辈出、史书众多、诸体皆备。魏晋南北朝时期,吴兴、会稽等郡土著人士以及流寓于此的北方人士著史成绩斐然。"当时,这里的名士们在关注自身所处区域历史记述的同时,关注整个华夏历史的记述,编撰国史遂成为六朝吴会士人的一大文化特色。现在被称为正史的"二十四史",记载魏晋南北朝的有 11 部,其中《宋书》《梁书》《陈书》三部为吴兴人所著,也足见这一地区在中国史学史上的地位。"①东晋以还，浙江可称述的重要史学家有虞预、谢沉、干宝、沈约、吴均等。

虞预（约285—340），字叔宁，余姚人。他是经学家虞翻的后人，但没有踵武先代研究《易》经的传统，而是成为一名史学家。这也从侧面说明史学已成为当世显学，修史之业足以扬名立万、光宗耀祖。他最重要的史著是《晋书》。他的《晋书》部分抄录了王隐《晋书》未定稿，但增补了部分史料，且叙事与史论都能钩稽融会、断以己意。不过由于叙事颇多讹误、且对统治者多虚美，而逐渐被世人淡忘，原书40余卷，今仅存辑本一卷。谢沉（290—342），字行思，山阴人，有史才，为著作郎，撰《晋书》30余卷。干宝（？—336），字令升。汝南郡新蔡（今属河南）人，后迁居浙江海宁盐官。东晋元帝时，干宝为著作郎，著《晋纪》，其书简略，直而能婉，咸称良史。他敢于秉笔直书，揭露西晋腐败的朝政。《晋纪·总论》认为西晋败亡的原因是主上失权，政事所托非人，而苟且之政多。他根据人事考察历史，论评历史，从传统天意史观转向对人事的分析与考察，在中国史学史上具有重要的进步意义。

沈约（443—513），字休文，吴兴武康（今德清）人。梁时，沈约奉诏修撰宋史，历经一年多时间撰成《宋书》100卷，被列为正史之一，是现存全面系统记载刘裕建立的宋朝史实的唯一史书。其书夹叙夹议，皆大可观。吴均（469—520），字庠，吴兴故鄣（今安吉）人。撰《齐春秋》30卷，书成上奏，梁武帝认为其书不实，下令焚毁，还免了吴均奉朝请的职位。但他不久又召见吴均，令他

---

①　王志邦：《浙江通史》第3卷《秦汉六朝卷》，浙江人民出版社2005年版，第514页。

撰修《通史》,未及完成,吴均就去世了。

除了有关正史的修纂外,史注、史论、传记、谱牒、方志及各种汇编类史书也有很大的发展。伴随着佛、道二教的盛行,有关佛、道经典和僧、道事迹的记录大量出现,成为当时史学的一个分支。"受玄学的影响而形成的品评人物的风气,使魏晋士人热衷于通过编纂地志以颂扬风土人物、称道先贤耆旧、反映民情习俗,故兼及地理与人物、物产与风俗的方志体史书的形成也与玄学有关,可备为谈资。"①当然,浙江境内山水开发、社会发展、人物繁兴,也是地方志大量编纂的促成因素。比如谢灵运的《山居赋》,是一部以韵文形式书写的山志,备述他的始宁墅"铜陵之奥""金谷之丽",对自然环境、动植物种类、经济地理作了综合性描写,体例完整、结构紧凑。以地记、人物传记、山水志为主要内容的地方志蔚为大观,成为这一时期浙江史学发展的特色。

第二节　清丽与神怪并呈之文学

一、山水诗的摇篮

西晋永嘉四年(310),匈奴人攻破洛阳,俘虏怀帝,史称"永嘉之乱"。晋室迁于江左,大量北方人口为避战乱从中原迁往长江中下游,史称"衣冠南渡"。一时之间,中原衣冠之盛,萃集越中,高士文人,云随影从。贺循、孔愉、王羲之、谢安、孙绰、戴逵、谢灵运、孔稚圭、支道林等,或为士族精英或是高僧名道,都有着极高的文学艺术才华。在他们推动下,浙江文学呈现出清丽与

---

① 　庞天佑:《玄学与魏晋史学》,《中州学刊》1999 年第 2 期。

神怪并呈的斑斓面貌。

山水乃人性之所适。山水诗文在这片土地诞生，无疑是因为人长期被压抑的灵性受到自然美景的触动，文人墨客一方面向山水中寻求心灵的沉潜与释放，另一方面则师法自然、模山范水。浙江成为山水诗的摇篮。

谢灵运（385—433），南朝宋人，生于会稽，幼时寄养在钱塘道教首领杜明师处十多年，故名客儿，后世称谢客。他的祖父谢玄是名相谢安的侄子，是以少胜多经典战役"淝水之战"的统帅。《世说新语·言语》载：谢安问诸子侄："子弟亦何预人事，而正欲使其佳？"诸人无以对。车骑（即谢玄）答曰："譬如芝兰玉树，欲使其生于庭阶耳。"①谢灵运就是这样一个生于谢家门庭的"芝兰玉树"。十五岁时，谢灵运回到建康，此后数年，居乌衣巷，与从叔谢混、从兄谢瞻等人以文章义理相处，即后世称道的"乌衣之游"。二十岁，袭爵康乐公。

自从谢灵运踏上仕途后，他的一生都在"仕"与"隐"中徘徊纠结。三度出仕，以为能在政治上大展宏图，实现个人抱负。但由于他恃才傲物，性格偏激，再加上宋文帝只不过想利用他的才华和家世笼络门阀贵族，他的政治理想不断幻灭，只能在山水间寻求寄托。谢灵运出身高门大家、天资高纵、博学多才，却在四十四岁盛年时死于刀斧之下，从个人命运来说，他本来有一手好牌却被打烂了，但他留下的绝美诗篇与《山居赋》等绝世文章，却流传至今，唐代大诗人李白、杜甫、王维、孟浩然、韦应物、柳宗元等都是他的旷代知己，心摩手追，情不能已。其间的反差令人唏嘘不已。

---

①　（南朝宋）刘义庆著，（南朝梁）刘孝标注，余嘉锡笺疏：《世说新语笺疏》，中华书局2011年版，第129页。

　　谢灵运存世诗歌有一百来首,约一半以山水为题或涉及山水。他是中国文学史上第一个大力刻画山水、大量创作山水诗的诗人。谢灵运山水诗的产出主要集中在永嘉太守任内(一年半,包括上任途中)、始宁归隐(两次归隐,约六年半)、临川内史任内(一年半)近十年间。其代表作有《过始宁墅》《寓春渚》《登池上楼》《游南亭》《游赤石进帆海》等。无论在任上,还是在会稽始宁,他都热衷于呼朋唤众游山玩水,没有路自己开,没有桥自己搭,还发明了便于爬山的"谢公屐",建造了富丽恢廓的园林。如前所说,他对自己的政治才干有自信,有恢复父祖当年在政坛上的荣耀的渴望,但是现实让他失望,他只能把整个生命最华彩的部分用来游戏山水,敷设词章。

　　"正因为谢灵运将巡山游水、进而模山范水作为寄托情趣、抒发心灵的渠道和手段,所以他笔下的山水诗才会显得那么清澈明净,自然可爱,且物我相融,浑然一体;所以读他的山水即如读他的心灵,读他的喜怒哀乐,读他的忧郁与挣扎、孤独与淡定、愤懑与抗争。"[1]他的名作《登池上楼》中的"池塘生春草,园柳变鸣禽"是千古名句,写初春时节,不知不觉池塘已经长满了春草,园中柳条上的鸣禽也变了种类、换了声音。体现了他对自然的体察入微。其他如"云日相辉映,空水共澄鲜""白花皜阳林,紫蘼晔春流""苹萍泛沉深,菰蒲冒清浅""山桃发红萼,野蕨渐紫苞",有的如清水芙蓉一般清新可爱,有的则精心雕琢,穷力追新。谢灵运"对自然物细致入微的观察和对自然物之间关系的体会,即白居易说的'细不遗草树',这种写法是全新的,与之前东晋人对山水美以笼统概括为主的表现方式迥异","在谢这儿,

---

① 子规:《谢灵运和他的山水诗》(上),《文史杂志》2016 年第 3 期,第 51 页。

山水自然是山水自然本身，而不再一律受到人的主体感受的强力裹挟"①。

浙江山川华滋丰茂，使"自由的心灵找到了一种最适宜表现于他自己的艺术……心手相应，登峰造极"②。谢灵运以生命融入自然的姿势，全力以赴创作了一组山水绝唱，开创了一代诗风。《宋书·谢灵运传》说谢隐居始宁期间，每有一诗至都邑，大家纷纷传抄，远近钦慕，名动京师。正因为他道出了人人心中有口中无的山川之美，激发了南朝士人的山水意识，产生了深远的影响。以谢灵运为中心，中国古典诗歌翻开了新篇章。这就是谢灵运山水诗的意义所在。

二、诗文渐趋圆熟

谢灵运是山水诗鼻祖，但他的山水诗仍有较浓的玄学旨趣。南北朝时期，诗歌进一步摆脱玄学尾巴，更趋向圆润自然，技法娴熟。南朝齐永明年间（483—493），沈约与同道王融、谢朓的创作，讲究音韵美，世呼为"永明体"。沈约是永明体的主要倡导者，他撰写的《四声谱》为中国诗歌的声律化发展作出重要贡献。

中国古人认为诗歌声音和谐，能沟通神人。在很长的历史时期中，诗皆弦歌之。晋室南渡之后，激发了南方文士学习洛阳语音的需要。北来士子亦多接触吴语。在不同语言的学习中，更易注意到语音差异，促成辨音能力的提升。另一重要背景，是汉末以来佛教在中土日益流行，佛教徒转读经典，重视经声之美

---

① 彭燕：《谢灵运山水诗的客观性审美特质及意义》，《杜甫研究学刊》2020 年第 2 期。

② 宗白华：《论〈世说新语〉和晋人的美》，《艺境》，北京大学出版社 1987 年版，第 129 页。

的启示,引发了文士在讽诵本土诗书时对"音辞辩丽""音韵清辩"的追求。永明体诗人关于声律审美的理论主张集中表现在沈约《宋书·谢灵运传论》中一段文学史叙说中。此史论表现出宽广的审美视角,从情、声、辞三个层面考察自生民以迄谢灵运的文学史演进,在凸显理想的文学审美维度的基础上提出今后创作发展的重心。永明体诗人的目标,在于运用语言文字固有的声韵调,创作出具有生民歌咏般"音律调韵""各适物宜"的诗篇。在讽诵文章中实现口吻与听觉之美,在音乐之外建立起立足文字本身声音特质的声韵之美的规范,实现诗篇"自然"之声律美。声律论不仅促成永明体新诗,使之发展成近体律诗;而且促成古、近体诗不同的审美类型。[1]

沈约被称为"一代辞宗"、文坛领袖,他是声律论的创立者,同时也是运用声律理论积极创作的实践者。他的诗歌流传下来的共有 185 首,其中五言诗 15 首,他的五言诗在当时最有盛名。他出任东阳太守时期,写了不少优美的山水诗,对仗工整,音律考究。齐武帝永明十一年(493),萧齐皇族争夺皇位的斗争十分激烈、频繁与残酷。沈约也被逐出京城,外放东阳(今属金华)。在东阳任职期间,沈约过着安定而又平静的生活,经常流连山水。《泛永康江》诗曰:"长枝萌紫叶,清源泛绿苔。山光浮水至,春色犯寒来。临眺信永矣,望美暧悠哉。寄言幽闺妾,罗袖勿空裁。"此诗前四句写山光春色、紫叶绿苔,格律严整、清新自然、流美婉转。沈约在东阳任职期间,曾在东阳的东南角、面临婺江的地方建造了著名的玄畅楼,楼高数丈。沈约多次登台赋诗,并在

---

① 参见李晓红:《永明声律审美的继古与新变——兼及谢灵运文学史地位之失落》,《中山大学学报》(社会科学版)2016 年第 5 期。

此作有著名的《八咏诗》，诗云："登楼望秋月，会圃临春风。岁暮
愍衰草，霜来悲落桐。夕行闻夜鹤，晨征听晓鸿。解佩去朝市，
被褐守山东。"以此五言诗分别为题，依次形成八咏。此八首诗
文采生动华丽，情思丰富细腻，时号绝唱。后人干脆改玄畅楼为
"八咏楼"，一直沿用至今。

　　吴均诗今存 144 首，其中乐府 37 首。吴均诗文清拔有古
气，被称作"吴均体"。"清拔有古气"谓其没有当时绮丽工巧的
文风，而显得清峻脱俗。比如他的"山际见来烟，竹中窥落日。
鸟向檐上飞，云从窗里出"，就是十足的汉魏古风，轻巧自然，朗
朗上口。吴均诗在思想感情和风格上还有厚重深沉的一面，多
关注社会现实，很多作品表达了身为寒士却向往报国立功的高
志，以及理想不能实现的失落、不平之感。但吴均并非百无一用
的书生，他到过前线，对战争有真实的体验。他的《边城将》四首
之一云："闻君报一餐，远送出平野。玉标丹霞剑，金络艳光马。
高旗入汉飞，长鞭历地写。曙星海中出，晓月山头下。岁晏坐论
功，自有思臣者。"用简洁、有力、高亮的笔触写出边塞的辽阔苍
茫、边将的赫赫声威，体现了戍边将士的壮烈情怀，开出唐代边
塞诗的先声。

　　吴均最为人熟知的是他的散文体书札《与朱元思书》。这封
写给友人的信并没有完整保留下来，但留下来的一百多个字，每
个字都那么精致优雅，既营造了富阳至桐庐，一百许里，"风烟俱
净，天山共色。从流飘荡，任意东西。水皆缥碧，千丈见底，奇山
异水，天下独绝"的两岸风光，又以鱼、鸟、蝉、猿、树等自然之物
再现了一个生机勃勃的世界，更以寒树竞上、山石争高来隐喻一
个独立向上的心灵。"鸢飞戾天者，望峰息心；经纶世务者，窥谷
忘反"，直接道出对官场的厌倦，对归隐的向往。吴均在山水自

然面前实现了从视觉观照至精神观照的心灵之旅,实现了自在之物与自由心灵的意契神合,真是"风烟俱净""任意东西",纯净又自由。

三、以幻心写幻境

鲁迅《中国小说史略》说:"中国本信巫,秦汉以来,神仙之说盛行,汉末又大倡巫风,而鬼道愈炽;会小乘佛教亦入中土,渐见流传。凡此,皆张皇鬼神,称道灵异,故自晋迄隋,特多鬼神志怪之书。"①指出魏晋南北朝志怪小说兴盛的原因,是受了民间巫风、道教及佛教的影响。浙地自古巫风巫术盛行,又受两汉以来谶纬迷信、佛道二教的影响,浙地人的精神乃至现实世界里本就有灵神鬼怪的一席之地。

鲁迅同书又说:"其书有出于文人者,有出于教徒者。文人之作,虽非如释道二家,意在自神其教,然亦非有意为小说,盖当时以为幽明虽殊途,而人鬼乃皆实有,故其叙述异事,与记载人间常事,自视固无诚妄之别矣。"②早期的志怪作品多带有巫鬼或民间色彩,都有浓厚的原始神话或宗教思想孑遗。但是到了魏晋南北朝,这是一个思想解放、勇于探索的时代,文人名士对于传统的幽明世界进行重新检视与反思,以幻心写幻境,创作了一批精彩的志怪小说。如曹丕、葛洪、张华、刘义庆、陶渊明、干宝、吴均、颜之推等,身份各异,但都属于文人阵营,他们都加入志怪小说的创作队伍中。他们"对幽明世界的讨论是立足于现实人生的,其中透露出来的不仅是道教与佛教等宗教因素的影响,涉

---

① 鲁迅:《中国小说史略》,中国言实出版社 2020 年版,第 30 页。
② 鲁迅:《中国小说史略》,中国言实出版社 2020 年版,第 30 页。

及的也不仅是小说层面的内容，更展现出当时人们对幽明、人鬼世界以及对自然、人生的重新认识与思考，积淀着深厚的文化内涵。"①他们的创作使志怪小说真正成为一种文学体裁，为中国小说史开出一个幻彩迷离的异度空间。

现存"志怪"小说中价值最高，对后世影响最大的一种是干宝的《搜神记》，干宝的自身经历就有着神异色彩。他父亲的宠婢和亲哥哥都曾经死后复生，他们都在死去的一段时间里经历了鬼神界魔幻之旅。干宝自幼博览群书，是个博雅通达人士，且喜好阴阳术数，在《周易》研究方面造诣很深。他生长于浙地，对这个地区自古以来盛行的巫风巫术以及民间流行的谶纬迷信、灵异事件、祥瑞灾异传说等都有耳闻目染，便有心加以收录。《搜神记》今存 20 卷，名篇很多，诸如《干将莫邪》《韩凭妻》《董永卖身》《李寄斩蛇》《紫玉》《东海孝妇》等，对后世小说、戏剧影响很大。内容大体包括神仙术士法术、各路精灵鬼怪、动物与人的恩怨情仇、历史传说等，思想倾向于宣扬因果报应、惩恶扬善，以资教化。但干宝毕竟是文人、史学家，《搜神记》与其他文人创作的志怪小说一样，饱含文人的审美情趣，笔下的鬼神不再止于劝善惩恶、因果报应，形象更为饱满灵动。《搜神记》有一则描述孔子及弟子与精怪较量的故事。孔子是儒家先圣，但干宝引以为志怪题材，赋予孔子博物通神之能力。干宝对孔子的书写与重视劝善惩恶的民间故事或宗教故事迥然不同，体现了文人独特的观照视角与叙事方式，亦反映了当时文人学者已从经学束缚中解脱出来的思想背景。此则故事文采斐然，情节富含雅趣，堪

---

①　袁济喜：《六朝名士与幽明世界》，《学术研究》2019 年第 9 期。

称短篇小说精品。①

吴均的《续齐谐记》是东阳无疑《齐谐记》的续书,但无论内容还是形式都摆脱了志怪小说早年的民间色彩。"齐谐"书名出于《庄子·逍遥游》:"齐谐者,志怪者也。"《续齐谐记》通行本为一卷17条,其中6条叙述民间时俗的来历和传说:祭蚕神节、上巳节、端午节、七夕牛女相会节、作眼明袋节和重阳节,这些节日大部分都传承了下来。《续齐谐记》文笔绮丽,情节浪漫,故事更复杂,叙事更精致,这些都符合吴均的文人身份。《续齐谐记》中最著名的故事是《阳羡书生》,尤为奇诡。它取材于佛经中梵志吐壶的故事,但吴均进行了有意识的改写,完全中国化了。不过幻中出幻、一多互摄、重重无尽的构思,还是明显地看出其创作理念深受佛经中华严境界的影响。吴均的《续齐谐记》以其清拔清丽的文风、超凡脱俗的情韵,成为六朝志怪小说的翘楚。

第三节　书法巅峰与绘画独立

一、"天下第一行书"与王门书法

东晋是个门阀政治时期,高门阀阅的势力堪与皇室平起平坐,"王与马共天下"之句,就是这种政治现象的真实再现,"王"就是指以琅琊王姓家族为代表的高门。难得的是,虽然高官辈出、权倾天下,王家还是一个清华贵重、以学问传承标榜门第的文化世家。其家学又以书法艺术最为世所瞩目,成就最大的是

---

① 任敬文:《试论魏晋南北朝志怪小说的文人化书写》,《天中学刊》2021年第3期。

王羲之、王献之父子。

王羲之(303—361)，字逸少，琅琊临沂(今山东临沂)人，官至右军将军、会稽内史，世称王右军、"书圣"。王羲之淡泊仕途，素无廊庙之志，后来隐居于会稽金庭。他学习书法转益多师，集众家之美。他的书法由父亲王旷、叔父王廙启蒙。早年师从卫夫人，后来北上游历，接触到李斯、曹喜、蔡邕、张昶等人的作品，他加以融会贯通，冶于一炉，备精诸体，在隶、行、草、楷体上都有极深的造诣，一变汉魏朴质实用的古体，创造了妍美流便的今体。他的书法代表着魏晋南北朝书法的最高成就，后人以"翩若惊鸿、婉若游龙""龙跳天门，虎卧凤阙""天质自然，丰神盖代""详察古今、精研篆隶、尽善尽美"等譬喻言辞来形容它赞美它。王羲之真迹一无所存，传世的都是摹本，有《快雪时晴帖》《丧乱帖》《奉橘帖》《平安帖》等，《兰亭集序》是他一生中的巅峰之作。此帖为草稿，28行，324字。其中有20多个"之"字，写法各不相同。笔势委婉含蓄，遒媚劲健，章法布局完美。《兰亭集序》写于兰亭雅集上，在欢会之情与春日之美交织而成的微醺状态下，王羲之一挥而就这一旷世杰作。据说后来他想再写一遍，但此情此景不在，饶是本人，也难再现巅峰状态。《兰亭集序》深受后世尊崇，可惜真迹随唐太宗李世民殉葬，后人心追手摩，有欧阳询、虞世南、褚遂良等人的摹本，更坐实了其"天下第一行书"的地位。

王羲之有七个儿子，大多得到王羲之书法真传，第七子王献之，能得其父之源，超越诸兄，书法成就直追王羲之，被誉为"小圣"，与其父并称"二王"。王献之(344—386)，字子敬，晋简文帝司马昱的女婿、晋安帝司马德宗的岳父。他虽身份尊贵，性格却从容散淡，有一则轶事说王徽之和王献之曾经同坐在一个房间里,前面忽然起火了。王徽之急忙逃避,连木屐也来不及穿;王献之却神色安详,慢悠悠地叫来随从,搀扶着再走出去。但是在锤炼书艺方面,他却是超乎常人地勤奋,留下"十八口大缸"的故事。

王献之学书和他的父亲一样,不局限于学一门一体,而是穷通各家。所以能在"兼众家之长,集诸体之美"的基础上,卓然成家。他对自己的书法相当自负,谢安问他与乃父王羲之相比如何,答曰"故当不同"。谢安又说外面的人可不这样认为,答曰"人那得知"。传世的有《洛神赋十三行》《中秋帖》《鸭头丸帖》,神韵飞动、神纵自如。他的狂草,运笔如火箸画灰,连属无始无终,即所谓一笔书。唐朝张怀瓘《书议》说他才高识远,行草之外另开一门。所谓另开一门,就是非行非草、亦行亦草,突破书体之间的限制,觉得怎么好就怎么写,怎么顺手怎么来的"破体",追求的是法无定法的自由烂漫之境。正因如此,后世说王献之草书胜过其父,王羲之凝静内敛,王献之纵逸外拓。

王门余泽,递世绵延。南朝齐王僧虔、隋代智永都传承了王氏家范,在书法史上留下声名,打破了"君子之泽,五世而斩"的论断。非但家学绵延,"二王"的书法成就,千秋万代传芳播芬,惠泽后人良多。《兰亭集序》在精神与审美领域里,也有着教科书一般的典范意义,它突破前代书法的实用主义,追求艺术创新与趣味,体现了书法美的自觉,展示了"魏晋时代士人的人生价值判断和认知追求","书法作品的内容与其艺术表现共同构成的文化史意义和所体现的士人文化人格价值"①,在中国文化史

---

① 宁稼雨:《王羲之的文化价值仅仅在于"书圣"吗?》,《文史知识》2021年第8期。

与中国士人心灵史上产生了深远的影响。

二、佛像画风中国化

曹不兴，亦名弗兴，生卒年不详，三国时吴国吴兴（今湖州）人，被称为"画佛之祖"。曹不兴没有画迹流传，也未留下有关言论和著述，却是中国绘画发展关键时期的重要人物。曹不兴所处的时代是中国绘画由普通的民间手艺变成文人艺术的过渡期。

曹不兴是孙权的御用画师，以高超、写实的画艺和画风受到世人赞誉，留下"落墨为蝇"的传说。他笔法精细，肖形技巧高超。唐代张彦远《历代名画记》记曹不兴画，在 50 尺的素绢上作画，所画人物的头面、手足、肩背、前胸等都很精准，不失尺度。当时，"绘画由相对原始的朴素阶段到追求'存形'的阶段，曹不兴状物手法与细微的描绘，正适应了人们对这一发展的要求。因而相对来讲处于依附地位或装饰地位的'古画'，在他手上开始全面走向了自身的独立发展进程"。①

东汉以还，佛教西来，佛教艺术随之而来。三国时，西域僧人康僧会等人携印度佛像范本远游至吴，曹不兴摹写不已。曹不兴学会佛像后，或绘卷轴以供礼拜，或图寺壁以助庄严，所作大佛像有的高达 5 丈，气魄恢宏，庄严妙相。于是曹不兴被誉为"佛像之祖"。"虽然曹不兴的画均已失传，但他的画风被卫协所传承，后来又传顾恺之、陆探微、张僧繇等人，其佛像画风绵延不绝，风行百代。"②

---

① 祝唯庸：《毛延寿、曹不兴：中国绘画的曙光》，《中国民族博览》2020 年第 7 期。

② 马文君：《佛教绘画在中国》，《中国民族报》2016 年 7 月 19 日。

如果说三国曹不兴还是带有依附属性的画工，到了东晋，戴逵则把绘事导向完全独立的境界。戴逵（326—396），字安道，谯郡铚县（今安徽濉溪临涣）人。曾较长时间寓居湖州的戴山，后迁居会稽剡县。

戴逵才华横溢，善属文，能鼓琴，工画。他气质高华恬淡，面对朝廷的屡次征召，无一应命，终身不仕，《晋书》列其于隐逸传中。但他并未与世隔绝，尤喜游燕，多与高门风流者交游，士人之间的交游，有助于艺事的交流探讨、审美情趣的相互发明。戴逵疏而不隔的隐逸方式，既使他获得从事艺术活动的独立的物理与心灵时空，又符合当时士族社会的文化趣味、价值观念，故称"通隐"。

戴逵的佛教雕像作品出神入化，其和墨、点采、刻形、镂法，都极尽精微巧妙，纤毫不爽。世人争相仿效，并把外来佛像的形体修改定格为宽额、浓眉、长眼、垂耳、笑脸、大肚的公认形象。所以说，戴逵是佛像雕塑艺术中国化过程中，做出贡献的代表人物。据唐人张彦远《历代名画录》记载，戴逵的人物画、肖像画有《阿谷处女图》《孔子弟子图》《渔父图》《尚子平白画》《孙绰高士像》。戴逵不仅人物画成就高超，而且"山水极妙"。南朝时，山水画成为独立的画科。戴逵算是山水画先驱式人物，所画山水，情景交融，情韵连绵。山水画名作有《南都赋图》《吴中溪山邑居图》等，兼擅人物、山水的戴逵可谓当时绘画艺术的集大成者。他的儿子戴勃也精于画艺，被人认为有乃父之风。可惜他们的作品都未能传世。

世家大族子弟博学多艺，许多人虽不以绘事鸣世，但雅好丹青者甚众，诸如王羲之叔父王廙，于人物、禽兽、风俗、宗教壁画方面都享有盛誉。王羲之、王献之父子丹青亦妙，谢家子弟也多有擅画者。从一个侧面说明了浙地簪缨诗礼之家对书画艺术的重视。

第四章　隋唐五代:渐入佳境

　　公元 581 年,隋文帝杨坚受禅让于北周,建立隋朝。589 年,隋文帝南下灭陈朝,统一中国,结束了自西晋末年以来中国长达 300 年的分裂局面。隋代国祚短暂,立国不过十余年,便被唐取而代之。由是,中国步入空前强盛时期。"浙江"之名作为行政区的名称正式出现。唐代文化宏盛、开阔、健朗。浙江文化虽不居于核心地位,但在儒释道合流方面引领全国,天台山既是天台宗创始之地,也是道教首领司马承桢修真之所。唐诗光耀千古,浙江虽未能出现最上流的诗人诗作,但在文学艺术领域亦有独领风骚之处。浙江山水与曾经的魏晋风流对唐代大诗人有着极大的吸引力,他们仗剑飘零、且行且歌,在浙江大地留下一条诗意之路。五代,中国又陷入分裂割据。主浙的吴越国钱氏三世五王,对外奉事中原、以熄干戈,对内发展农桑,大兴佛教,人民富足安乐。很多中原流落士人寓居浙江,文化艺术持续发展,文献典籍得以保存,为宋代浙江文化走向巅峰奠定了坚实的基础。

第一节　学术发展

一、以儒事君的杰出政治家陆贽

隋唐两代,统治者为树立政治权威,对儒学给予了足够重视,儒学与佛、道二教既纷争又融合。这一时期,浙江思想学术界,佛、道二教大放异彩,儒学虽不能与它们分庭抗礼,但也有长足进展。《隋书》儒林传浙江籍 2 人,《新唐书》儒林传浙江籍 10 人,占全部 68 人的 14.7%。[①]

陆贽(754—805),字敬舆,苏州嘉兴(即今浙江嘉兴)人。18 岁登进士第,德宗时历官中书舍人、兵部侍郎、中书侍郎、中书门下同平章事等,后被贬为忠州别驾。顺宗即位,召还,诏令未至而身先卒。陆贽通晓儒学,品行高洁,特立不群,对唐朝廷有再造之功。唐德宗建中四年(783)十月,京城发生兵变。德宗逃出长安,逃到奉天。接着朱泚称帝,围攻奉天。"朱泚之乱"使唐王朝又陷入生死存亡之地。危机时刻,陆贽展现了过人的政治智慧。在祸患颠沛之际,他为德宗从容纲理政务,每天写数百道诏书,敷陈剖判,下笔如神,当时名流无不推崇有加。陆贽代德宗操刀,写下著名的罪己诏《奉天改元大赦制》书,在赦书中,德宗坦陈国家变乱,"罪实在予,永言愧悼"。为此,宣布改元大赦,对所有参与叛乱的人概行赦免,今后一切待之如初。诏书情词恳切,深自痛责。颁布后武人悍卒,无不感愧,叛军的数名首领都

---

① 参见李志庭:《浙江通史》第 4 卷《隋唐五代卷》,浙江人民出版社 2005 年版,第 218—220 页。

主动除去王号，上表谢罪。叛军气焰顿减，大势已去，唐朝廷转危为安。陆贽善于预见，措施得宜，力挽危局，真堪称乱世能臣，救时内相。

钱穆曾说，唐代无大思想家，但有大政治家。陆贽无疑是唐代最杰出的政治家之一。"平定'朱泚之乱'，实际上就是陆贽以其政治智慧不断消解德宗权力的过程。这一过程，充分体现了儒学事君以直的理念，既体现了这一理念的崇高性，也体现了这一理念实现的可能性及其艰难性。千难万难之事，陆贽凭借其对儒学的坚定信仰及其卓越的政治才能，竟然做到了。"陆贽留给后人的是他的一系列政论，但他不是书生纸上论政，这一系列政论，议论明澈，不落空言，"既是针对时局的需要而发，又及时指导了时局的演变。这些政论不是空头文章，而是经过当时的实践检验，行之有效的议论。在这些政论文章中，陆贽对儒家治国理论的学说作了精当、全面的阐释、丰富和发展"。[①]

在政治思想方面，陆贽提出"天所听视，皆因于人""天命由人"，断然否定"听天由命"的消极思想。陆贽这种反天命、重人事的哲学思想，是对先秦儒道的回归，构成其政治思想的理论基础。在这一基础上，陆贽进一步阐发了"民为邦本，本固邦宁"的传统儒家思想，提出"立国之本，在乎得众"。他希望统治者能察知民情，体贴民意，顺应民心。他将民本论一以贯之到经济思想中，认为"财之所生，必因人力"。又说："以人为本，以财为末，人安则财赡，本固则邦宁。""立国而不先养人，国固不立矣。"他在土地问题、财政税制问题、货币问题、贸易问题上，都有独到见

---

① 党康伊：《儒家治国理政学说的一次成功实践——读〈陆贽集〉》，《书屋》2020年第5期。

解。陆贽的观点言论,直陈时弊,不仅在当时允称时杰,在现今也有一定借鉴意义。[1]

陆贽在政治、经济领域中所阐发的一系列政论,以及它所收到的成效,显示儒家治国理政学说的履践实力。所以《新唐书·陆贽传》赞曰"可为后世法"。一部《资治通鉴》,司马光引用陆贽的奏疏多达39篇,长的数千言,几乎囊括了《陆宣公集》的全部内容。像这样连篇累牍地记录一个人的政治主张,在《资治通鉴》中是罕见的,可见陆贽政论"资治"作用之大。苏轼同样崇拜有加,他说,"文人之盛,莫如近世,然私所敬慕者,独陆宣公一人"[2],如果当年德宗能尽用其言,可恢复贞观之治盛况。

然而,贞观之治毕竟没有重现。叛乱平定后,陆贽为朋党所排挤,失去德宗的信任。虽居功厥伟,却久久未能提拔为宰相,仅转为中书舍人。但他意在不负恩奖,悉心报国,以天下为己任。他的治国主张,德宗并未多加采纳。又因遭户部侍郎裴延龄等人排挤,贞元十一年(795),贬为忠州别驾。他到忠州后,为避嫌谤,闭关静处,不再著述。生命最后十年,他选择沉默,但没有放弃儒者仁心,因当地瘴疫流行,他抄撮《陆氏集验方》50卷,以资济世。在唐代帝国走向没落之际,陆贽正大之心与卓越之才,未能得到充分发挥。陆贽的悲剧,不仅是个人的悲剧,也是时代的悲剧。

二、史家辈出

隋唐五代,浙江史家辈出,出现了几部重要的史著。

---

[1]　参见李志庭:《浙江通史》第4卷《隋唐五代卷》,第222—223页。
[2]　顾之川点校:《苏轼文集》(上),岳麓书社2000年版,第663页。

姚察(533—606)，字伯审，吴兴武康(今属德清)人，历仕梁、陈、隋三朝。入隋后迁居京兆，授秘书丞。为官清廉，自奉简朴。姚察之子姚思廉(557—637)，本名简，以字行。先后仕陈、隋、唐三朝。亦如其父一般，勤学寡欲，不事营生。父子俩都以读书著作为乐，学兼儒史，博学多闻，他们共同修撰的《陈书》《梁书》兼具史识与文采，历来为人所爱重。据说日本明历三年(1657)，江户发生大火，德川初期著名儒学家林罗山仓促逃难时，只带了一本未读完的《梁书》。

梁末，姚察开始撰史，但直至去世，尚未成书，姚思廉克绍箕裘，完成其父一生修史职志。唐贞观十年(636)，即姚思廉去世前一年，《梁书》《陈书》始告竣，此时离姚察梁末开始撰史，已过八十年。

姚氏父子有着高超的讲述历史故事的技巧，能将纷繁复杂的历史事件，抽丝剥茧、曲折尽意地表述出来。在语言风格上更是独树一帜。六朝乃至唐初所修史书，大多沾染了骈俪文习气，华丽典重。梁陈二书突出骈俪重围，不事重藻，追求质朴、清新、爽利的文风，融叙事、抒情、议论于一体。赵翼虽对梁陈二书的体例与内容颇有微词，但对此二书的行文风格大为倾倒，他在《廿二史札记》说："《梁书》虽全据国史，行文则自出炉锤，直欲远追班、马。盖六朝争尚骈俪，即序事之文，亦多四字为句，罕有用散文单行者。《梁书》则多以古文行之。如《韦睿传》叙合肥等处之功，《昌义之传》叙钟离之战，《康绚传》叙淮堰之作，皆劲气锐笔，曲折明畅，一洗六朝芜冗之习。《南史》虽称简净，然不能增损一字也。至诸传论，亦皆以散文行之……世但知六朝之后，古文自唐韩昌黎始,而岂知姚察父子已振于陈末唐初也哉。"①认为率先揭橥古风改革大旗的,不是韩愈,实乃姚察父子。

许敬宗(592—672),字延族,杭州新城(今杭州富阳新登)人。贞观年间(627—649),许敬宗除著作郎,兼修国史。后任礼部尚书、中书令,仕途畅达。但其人在政坛上长袖善舞,陷害忠良,颇遭清议,《新唐书》更将他列入"奸臣"传之首。

许敬宗长期监修国史,择其要者,有《隋书》85卷、《晋书》130卷、《高祖实录》20卷、《贞观实录》20卷、《图经》7卷、《许敬宗文集》80卷……可谓著作等身,成就斐然。许敬宗修史成绩虽可圈可点,但其才优行薄,政治上惯于见风使舵,也决定了他在著史时不可能秉持良知正见,而是往往根据统治者的喜好,随意歪曲事实、篡改历史。② 许敬宗修史虽有如此劣迹,但其贡献也是有目共睹的,是中国史学史上一个绕不开的人物。

钱俨(936—1003),字诚允,吴越国文穆王钱元瓘第十四子。他生长于文化氛围浓厚的王室中,又勤奋好学,不辍图籍,博涉多闻,文辞敏达,有著作多部。他所著的《吴越备史》条理清晰,结构严谨。以编年体为体裁,记载钱镠以下三世五王事迹,是研究五代十国历史的重要文献。它提供了关于五代十国时期两浙地区社会经济的重要史料,如其中对钱镠兴修捍海塘和营建杭州城的记载,常被后代史家引用。钱俨是宗室成员,近水楼台,有机会获得丰富的文献资料,《吴越备史》所记载的人物和事件,能补五代十国史料之不足。对于钱俨来说,《吴越备史》既是国史,也是家史。钱俨著史,基于吴越钱氏立场,但毕竟吴越国已

① (清)赵翼撰,曹光甫校点:《廿二史札记》卷九,上海古籍出版社2011年版,第171页。

② 牛致功:《许敬宗对唐代史学的功过》,《史学月刊》1987年第3期。

经亡国,钱氏也入朝为臣,这使他不得不站在中原王朝的正统立场上追述家国历史。书中既流露出缅怀故国的情怀,又津津乐道于中原王朝对钱氏的恩宠,正是这种矛盾心理的体现。[①]

第二节　诗家荟萃与传奇新生

一、浙人的诗性光芒

唐诗是中国文化王冠上最耀眼的宝石之一。唐诗的发展经历了初唐、盛唐、中唐、晚唐四个阶段,无论哪一阶段,浙江都有诗人奉献出精美的篇什。

初唐时期,南朝浮艳文风仍余音绕梁,阻碍了诗歌艺术的健康发展,有一批诗人顺应时代需求,立志革新诗风。在这新旧交替的时期,浙江诗人虞世南、骆宾王成为一时俊杰,为诗坛注入新风。

虞世南(558—638),字伯施,越州余姚(今慈溪)人。官至秘书监永兴公,人称"虞永兴"。他是唐初名臣,唐太宗作诗,常令他唱和。他的诗主要是乐府,尤其以五言古风为最佳,慷慨激昂,气息刚健,对唐代五言古风有开创之功。他的名作《蝉》:"垂绥饮清露,流响出疏桐。居高声自远,非是藉秋风。"此为咏物诗,借描写蝉的形体、习性和声音,寄托诗人高洁清远的品行志趣,历来咏蝉诗无出其右者。

骆宾王(约626—684后),字观光,义乌人。他与王勃、杨炯、卢照邻合称"初唐四杰"。他反对武则天专权,所作《为徐敬

业讨武曌檄》，其称于时人之口，就连武则天读至"一抔之土未干，六尺之孤安在"之句时，都被他的才华所折服。徐敬业起兵失败后，他不知所踪，有人说他隐居杭州灵隐寺，续宋之问诗"楼观沧海日，门对浙江潮"，为诗史留下一联佳句、一则轶事。

骆宾王擅长七言歌行，他入京后所作的《帝京篇》，着力铺陈了帝都长安的恢弘壮阔、繁华靡丽，笔力万钧，又舒畅流动。诗中夹杂着对富家奢侈之风的讥讽，抒发了牢骚忧愤之情，达到艺术性与思想性的高度统一，是对诗体的一大开拓，在当时被誉为绝唱。《畴昔篇》《艳情代郭氏答卢照邻》《代女道士王灵妃赠道士李荣》等也都是一时名篇。

盛唐时期的浙江诗人，最知名的是丘为、贺知章、沈千运。

丘为（约703—798），嘉兴人。天宝二年（743）登进士第，累官至太子右庶子。他侍奉继母极尽孝道，感得灵芝生其堂下。他和继母都非常长寿，80多岁时，继母尚健在。他自己则享年96岁。他的长寿大概和天性平和纯良有关，他在当时的诗坛也颇有人缘，著名诗人王维、刘长卿都与他为友，互有酬唱。他的诗亦如其人，平淡天真，脱略机心。《寻西山隐者不遇》，写自己寻隐者不值，却在隐者的幽雅静谧又生机盎然的居住环境里，深悟禅理，结句"兴尽方下山，何必待之子"，颇具"雪夜访戴"的晋人高趣。他擅长写田园诗，《题农父庐舍》诗云："东风何时至，已绿湖上山。湖上春已早，田家日不闲。沟塍流水处，耒耜平芜间。薄暮饭牛罢，归来还闭关。"写出春至农家的喜悦，虽出语平淡，却洋溢着浓浓的生活气息。

贺知章（659—744），字季真，号四明狂客，越州永兴（今杭州萧山）人。武则天证圣元年（695）进士，官至秘书监。晚岁梦见自己游览天帝之居，数日方醒，于是请为道士，回乡养老。唐玄宗赐他千秋观,又赐镜湖剡川一曲。还乡不久,他就去世了。他和丘为一样,都有人缘,又高寿。但和丘为平和温厚的性格不同,他生性旷达豪放,喜谈笑,爱纵酒,无论在朝在野的人都对他很倾慕,叫他"风流贺知章"。贺知章逢醉就写诗,皆极可观。但大约以他放旷的个性,对自己的作品不加留意保存,《全唐诗》仅收录了19首。《咏柳》构思新颖,清新隽永,是极出色的咏物诗。《回乡偶书》以浅易的语言写还乡后深沉的内心感怀,白发苍苍却乡音无改的老年诗人形象与儿童天真的发问两相对照,轻而易举地拨动了每个游子的乡思,足称不朽。

沈千运(713—756),吴兴(今湖州)人。天宝中,数应举不第,只好归隐以耕稼自适,号沈四山人。他的《山中作》"栖隐非别事,所愿离风尘。不辞城邑游,礼乐拘束人。迩来归山林,庶事皆吾身。何者为形骸,谁是智与仁。寂寞了闲事,而后知天真。咳唾矜崇华,迂俯相屈伸。如何巢与由,天子不知臣",就是人生经历的写照,用无所雕饰的纯粹语言,抒写淡泊天真的情怀,却难掩有志难伸的孤愤。元结将他与另外六位诗人的作品辑为《箧中集》,虽然代属盛唐,却"门径迥殊",没有盛唐诗中那种慷慨豪雄的调子,大多为"欢寡愁杀之语",他们是最先感受到衰败景象到来的一群人,冷眼看盛世,走向写实。

中唐以后,北方因"安史之乱"而残破,经济中心逐渐南移,浙江文化顺势崛起。优秀诗人有钱起、顾况、孟郊等人,各有建树。"他们在诗史上显得重要,主要是由于他们往往不是一个人单枪匹马地从事诗歌创作,而是各自一个诗派的代表人物,他们的创作思想和艺术实践对别的诗人能产生相当大的影响。"①可见,从中唐以后,浙江诗坛流派出现了,声势壮阔了,个性凸显了。

钱起(722?—780),字仲文,吴兴(今湖州)人。唐天宝十年(751)进士。初为秘书省校书郎、蓝田县尉,后任考功郎中、翰林学士等,故世称"钱考功"。他是"大历十才子"之一,也是其中杰出者,被誉为"大历十才子之冠"。唐玄宗天宝十年,钱起进京参加省试,他的试帖诗拔得头筹,结尾两句"曲终人不见,江上数峰青",是神来之笔,向称"绝唱"。诗以《湘灵鼓瑟》为题,曲终后湘江神女踪影杳然,但余音袅袅留于山水之间,引人阵阵惆怅之感。朱光潜说两句诗是"诗美的极致"。他在《说"曲终人不见江上数峰青"——答夏丏尊先生》一文中说:"它在我心里往返起伏也足有廿多年了,许多迷梦都醒了过来,只有它还是那么清新可爱","我爱这两句诗,多少是因为它对于我启示了一种哲学的意蕴,'曲终人不见'所表现的是消逝,'江上数峰青'所表现的是永恒。可爱的乐声和奏乐者虽然消逝了,而青山却巍然如旧,永远可以让我们把心情寄托在它上面"②。

作为大历诗风的代表人物,钱起等人"不再像盛唐诗人那样充满兼济理想,真正的兴趣也不在政事……他们的诗主要写日常生活细事,自然风物和羁旅愁思,抒发寂寞清冷的孤独情怀,表现超然物外的隐逸风调"③。所以钱起的作品里还有很多像《归雁》这样表现寂寞孤独冷的诗句:"潇湘何事等闲回,水碧沙

---

① 沈善洪、费君清主编:《浙江文化史》(上册),浙江大学出版社 2009 年版,第 357—358 页。

② 朱光潜:《谈读书》,译林出版社 2020 年版,第 65、66 页。

③ 袁行沛:《中国文学史》,高等教育出版社 2014 年版,第 323 页。

明两岸苔。二十五弦弹夜月，不胜清怨却飞来。"这种情调有着特定时代的生存体验，逐渐发展成为元和诗坛重要的艺术倾向，并蔓延至宋代。钱起在后世很有影响力，宋代"永嘉四灵"和一部分江湖诗人都程度不同地从他的诗歌题材和艺术风格上汲取了营养。

顾况（约725—约814），字逋翁，号华阳真逸（隐），苏州海盐县（今浙江海盐）人。至德二年（757），进士及第。贞元年间，得到宰相李泌引荐，入为著作郎。因作诗嘲讽权贵，贬为饶州司户。晚年隐居茅山，炼金拜斗，得享高寿遐龄。

顾况诗歌个性明显，兼具"俗"和"怪"，呈现出一种"意在尘外，怪生笔端"的诡谲境界。从俗的方面讲，顾况很乐于表现生活乐趣，善于小处着眼，从生活琐事中挖掘日常之美。"钑镂银盘盛炒虾，镜湖莼菜乱如麻""便抛印绶从归隐，吴渚香莼漫吐春""鲈鱼消宦况，鸥鸟识归心"，都致力于描绘江南物事之美，将莼菜、鲈鱼、河虾、鸥鸟等富有江南特色的风物尽收笔下，体现出鲜明的地域特色。从怪的方面讲，时人评价顾况"偏于逸歌长句，骏发踔厉，往往若穿天心，出月胁，意外以惊人语，非寻常所能及，最为快也"，准确概括了顾况在语言和想象力上的非同寻常之处。《唐才子传·顾况传》云："善为歌诗，性诙谐，不修检操，工画山水。"[1]顾况诙谐的天性使他的诗不像大历诗歌那样痛苦压抑，而是经常借助诡谲的想象，刻画诸如"大雷劈山珠喷玉"的瀑布、"鬼神之妙欲收响，阴风切切四面来"的琵琶声，使诗歌语言充满上天入地、出神入鬼的趣味[2]。

---

[1] （元）辛文房：《唐才子传》卷八，中国书店2018年版，第300页。

[2] 李寅生、胡艳菊：《顾况诗歌的"俗"与"奇"》，《怀化学院学报》2018年第4期。

　　孟郊(751—814),字东野,湖州武康(今德清)人。孟郊两试进士不第,46岁时才中进士,曾任溧阳县尉。由于不能施展抱负,遂放迹林泉间,徘徊赋诗,以至公务多废。他的一生经常陷于贫病交迫的境地,最后暴卒以终。

　　金代诗论家元好问说孟郊是被苦吟束缚住的"高天厚地一诗囚",他与贾岛齐名,并称"郊寒岛瘦"。因为人生坎坷,孟郊诗确实时时发出悲鸣,如"食荠肠亦苦,强歌声无欢""冷露滴梦破,峭风梳骨寒""秋至老更贫,破屋无门扉"。看得出,诗人是被现实生活困住了,吃的、住的、用的,凡此种种都令他愁绝。但现实生活的不如意,不妨碍他深刻精微地体现亲人间的脉脉深情。他的《游子吟》:"慈母手中线,游子身上衣。临行密密缝,意恐迟迟归。谁言寸草心,报得三春晖",言极淡情极深,在20世纪曾名列最能打动人心的古诗第一名。但孟郊绝非一味"苦"与"寒",他的诗歌面相是丰富的。他的诗中自有一腔浩然正气,"天地入胸臆,吁嗟生风雷。文章得其微,物象由我裁",这是何等豪迈的胸襟。他透过个人的命运看到更广阔的社会生活,写了许多为劳动人民申诉不平,讽刺贵族统治者的现实主义作品。如反映藩镇割据之恶、战争之苦的《征妇怨》《感怀》《杀气不在边》《伤春》等,关心民生疾苦、痛斥贫富不均的《织妇辞》《寒地百姓吟》等。① 所以闻一多说他终身苦吟,为写实诗歌继续向前发展开出一条新路。

　　诗歌史上习惯将唐敬宗宝历元年(825)或唐文宗大和元年(827)以后的一段文学史称为晚唐时期。此时期,能诗者很多,杜牧、李商隐等凭借卓然超群的诗才引领风骚,成就了唐诗最后的辉

---

　　① 参见吴晶、郑绩等:《诗文渊薮》,浙江古籍出版社2013年版,第54—58页。

煌,浙地诗人方干、罗隐等,便是唐诗天空中那一抹绚丽的晚霞。

方干(809—888),字雄飞,号玄英,睦州青溪(今淳安)人。唐宝历中,参加科举考试不第。以诗拜谒杭州刺史姚合。初次见面,因其容貌丑陋,姚合看不起他,待读过方干诗稿后,为其才华所动,满心欢喜,一连款待数日。

方干也是苦吟派,为诗刻苦求新,自称"吟成五个字,用破一生心",足可匹敌孟郊的"两句三年得,一吟双泪流"。方干擅长律诗,清润小巧,且多警句。其诗有的反映社会动乱,同情人民疾苦;有的抒发怀才不遇,求名未遂的感怀。在晚唐趋向靡丽的诗风中,能独标一格,为世人所推崇。

罗隐(833—910),原名横,字昭谏,杭州新城(今杭州富阳新登)人。罗隐自大中十三年(859)底至京师应进士试开始的十二三年里,总共参加了十多次进士试,全部铩羽而归,史称"十上不第"。直到晚年才峰回路转,得到吴越国王钱镠的重用,历任节度判官、著作佐郎、钱塘令等职位。罗隐留存在世的诗歌约500首,主要是近体诗,以七律为主。

曲折坎坷的身世、风雨飘摇的时代,养成了罗隐愤世嫉俗的个性,作诗多嘲讽之意,就连"荒祠木偶",也不能逃过他射出的讽刺之箭。当然,他的锋芒更多指向当政者。他的《感弄猴人赐朱绂》:"十二三年就试期,五湖烟月奈何违。何如买取胡孙弄,一笑君王便着绯。"这是讥讽唐僖宗在逃亡四川的路上,赏赐一个随行耍猴人五品绯袍的故事。自己满腹才华,屡屡落第,功名富贵不如一个耍猴人来得快,真是满纸荒唐言,一把辛酸泪。他的《西施》诗云:"家国兴亡自有时,吴人何苦怨西施。西施若能倾吴国,越国亡来又是谁。"可见他作诗不肯从人之后,而是有独特犀利的见解,不但颠覆了"红颜祸水"的老调,且暗讽李唐江山覆亡之相已显,很有现实感。他的诗"基于对时代由失望痛苦到近乎绝望的心情。哀莫大于心死,诗人在对时代失去最后一点信心与希望的时候,诗境便再也难有大的开拓,唐诗也就自然降下了帷幕"①。从这个意义来说,罗隐可谓唐诗的殿军式人物。

罗隐还是写作小品文的高手。他的散文集《谗书》以大量的篇幅,揭露唐末封建政治的衰败,鞭挞统治者的昏庸,犀利泼辣,短小精悍,独具一格。鲁迅在《小品文的危机》一文中就说"罗隐的《谗书》,几乎全部是抗争和愤激之谈"②。在唐末诗风衰落之际,罗隐富含哲理性和斗争性的小品文绽放出独特的光彩与锋芒。

二、佛理入诗

唐五代时期出了许多诗僧,与佛家教理学说的兴盛是分不开的。他们以佛理入诗,用诗歌表现禅机理趣,为诗歌史增添了新鲜的思想元素和别样的宗教意趣。在浙江,最为知名的诗僧当为皎然、寒山、贯休。

皎然(约720－约793),俗姓谢,字清昼,长兴人。他科考落第后,渐渐看淡红尘,遁入空门。皎然在文学、佛学、茶学等方面颇有造诣。与颜真卿、灵澈、陆羽等和诗,现存470首诗。他与陆羽是忘年交,《寻陆鸿渐不遇》是他最为人所熟知的作品:"移家虽带郭,野径入桑麻。近种篱边菊,秋来未著花。扣门无犬吠,欲去问西家。报道山中去,归时每日斜。"此诗清空如画,不加雕饰,但一个超尘绝俗的隐士形象已宛然在前。

---

① 袁行霈:《中国文学史》,高等教育出版社2014年版,第452页。
② 鲁迅:《南腔北调集》,鲁迅全集出版社1937年版,第163页。

皎然最出色的成就还不在于他的诗歌创作，而在于他的诗歌理论。他的《诗式》共5卷，是我国出现较早且较完备的一部探讨诗歌艺术的著作，在中国诗学史上有重要影响。他的诗论主张自然和人工结合，自然地抒发感情，反对刻意追求形式，为文造情。他的"取境"论，创造性地提出了具有中国特色的美学范畴——意境，为后代的"意境论"打下基础，具有划时代意义。皎然所说的"境"，综合改造了佛学中"尘境"与"真境"的含义，创造性地运用到诗歌创作中，对诗学理论作出重大贡献。①

寒山（725？—830？），姓氏不详，长安（今陕西西安）人，寒山身世与皎然有相似之处，也是落第后落发为僧。因后来长期隐居于浙江天台寒石山寒岩而自号之。著名的《杳杳寒山道》，描述的就是诗人自己的隐居环境："杳杳寒山道，落落冷涧滨。啾啾常有鸟，寂寂更无人。淅淅风吹面，纷纷雪积身。朝朝不见日，岁岁不知春。"此诗句句用叠字，很有音韵之美，意境清冷，很符合一个抛弃红尘，一心隐居修道的僧人的冷淡情怀。

但寒山并非一味地冷，而是有着温热的济世情怀。所以他写了许多劝世诗，多采用"非诗化的表达"，以便妇孺能晓。如他的《君看》一诗："君看叶里花，能得几时好？今日畏人攀，明日待谁扫。可怜娇艳情，年多转成老。将世比于花，红颜岂长保。"用明白如话的诗句，以常见的花开易谢的事象比喻人生短暂无常，劝勉世人不要热衷名利，应该以无常之身去修持长久之道。

后人都道寒山诗不拘格律，直写胸臆，或俗或雅，涉笔成趣，是唐诗中雅俗跨界的典型代表。这应该与他在长期隐居生涯中，体悟禅机、通达无碍的活泼精神是分不开的。"吾心似秋月，碧潭清

① 王嘉良主编：《浙江文学史》，杭州出版社2008年版，第102页。

皎洁。无物堪比伦,教我如何说。"一尘不染的心能映照世间万物,虽想要用语言来形容这无形无相的心,却一时忘言了。

寒山对自己的诗怀着超然豁达的态度,随手写在岩间树上,后人搜集,得到300多首。宋代以后,寒山诗被众多文坛名流所喜爱,民国时期,又受到胡适等人的推崇。日本俳句圣手松尾芭蕉、美国现代派诗人群"垮掉的一代",也成为寒山诗的异域知音。

贯休(832—913),俗姓姜,名德隐,兰溪人。活动于晚唐五代之间。他本出生于儒素之家,七岁即出家。贯休行迹超迈,落落不拘小节,性喜游历,足迹遍及吴越、江西、荆楚之地,唐天复中入蜀地,献诗当时已称帝的王建,受到礼遇,后圆寂于此。

贯休的诗数量可观,风格独特。他的诗歌创作,不仅体现出僧人特有的佛教思想,同时还受到儒家思想的影响。诗风以豪放奇崛见长,诗歌语言句式上具有口语化、散文化的特点。

贯休生当晚唐五代军阀割据的乱世,再加上他一生游历甚广,见识丰富,所以他的诗歌亦表现了丰富、广阔的社会内容,对当时的政治动乱、军阀纷争、政权更替、民间疾苦等重大现实问题都有反映。"尝闻养蚕妇,未晓上桑树。下树畏蚕饥,儿啼亦不顾。一春膏血尽,岂止应王赋。如何酷吏酷,尽为搜将去。"以充满同情的笔调写蚕妇的悲惨遭遇,对酷吏之酷的摩画却又如此笔力千钧,诗将悲天悯人的佛家情怀与解民于倒悬的儒家胸怀融为一体了。

贯休虽童真出家,但终不能忘情于现实社会。他四处游历的一个重要目的是用诗干谒显贵,希望能实现清明政治的理想抱负。此种经历中,最为人津津乐道的轶事,是他曾投诗吴越王钱镠,其中有"满堂花醉三千客,一剑霜寒十四州"之句。钱镠下谕改"十四州"为"四十州"，方可相见。贯休说："州亦难添，诗亦难改。然闲云孤鹤，何天而不可飞。"贯休干谒的目的当然是能被统治者重用，但他宁可失去机会，也不愿屈从，体现了一代诗僧的自傲与自信。

三、一条诗歌铺就的山水古道

唐人精神面貌雄阔健朗，胸怀天下，壮游之风于是大盛。仗剑去国，游历四方，是当时很多人的志向。当然，社会环境相对安定，经济发展，交通便利，有力助推了诗人们浪漫的游历方式。诗人游踪所至，发而为诗，留下处处风景、人文、诗歌交织而成的地理人文景观，今世称为唐诗之路。其中最具山水人文特质的当为浙东唐诗之路。据专家考证，走过浙东唐诗之路的，有大唐诗坛"双子星"李白、杜甫，"初唐四杰"中的卢照邻、骆宾王，"饮中八仙"中的贺知章、崔宗之，"中唐三俊"的元稹、李绅、李德裕，"晚唐三罗"的罗隐、罗邺、罗虬以及崔颢、王维、贾岛、杜牧、刘长卿等400多位杰出诗人。他们穿越浙东七州（越州、明州、台州、温州、处州、婺州、衢州），撒下一连串闪光的诗句，串起一条闪光的诗路。

浙东山水魅力何在？能令诗人们怦然心动的当然首先是景物之殊丽。有学者总结说，浙东山水有四个独特之处，一曰幽而不冷，二曰偏而不僻，三曰山不高而有名，四曰水不深而灵秀。[①]此说甚是。浙东虽无高山大河，但山水玲珑可爱、潇洒出尘，使人观而忘倦、洒然忘疲。虽幽深寂静，却并不与世隔绝，稍加经

---

① 胡正武：《浙东唐诗之路与隐逸文化》，中国社会科学出版社2006年版，第34—42页。

营,即可以达到"结庐在人境,而无车马喧"的效果。唐权德舆在《送灵澈上人庐山回归沃洲序》中说:"况会稽山水,自古绝胜,东晋逸民,多遗身世于此。"①六朝名士发现了山水自然之美,在山水中寻求自由超脱之精神,从而催生了中国历史上最早的山水诗。"这种深厚的山水情结与超脱精神影响了唐代诗人的审美态度与创作观念"②,在新的时代又结出丰美的山水诗章。"山色湖光并在东,扁舟归去有樵风。""灵汜桥前百里镜,石帆山掩五云溪。""丹垩树多风浩浩,碧溪苔浅水潺潺。可知刘阮逢人处,行尽深山又是山。""轻舟去何疾,已到云林境。起坐鱼鸟间,动摇山水影。岩中响自答,溪里言弥静。事事令人幽,停桡向馀景。"无需再多举例,这读之齿颊留香的诗句既是浙地山水的诗意呈现,也是诗人自我精神的投射与映照。

数百年前,"王谢"诸人便在浙东山水间结构经营、仰观俯察,魏晋流风遗韵也是吸引诗人们集体穿州越府,前来寻觅前代胜迹的重要原因。山水与词章,连接起两代人的精神世界。"遥闻会稽美,且度耶溪水。万壑与千岩,峥嵘镜湖里",李白的诗句是对东晋顾恺之的遥相呼应吧。《世说新语》记载:"顾长康从会稽还,人问山川之美,顾云:'千岩竞秀,万壑争流,草木蒙笼其上,若云兴霞蔚。'"③李白从何闻知"会稽美",当然是顾恺之此说数百年来宣之人口,百代流芳。魏晋士人"目送飞鸿,手挥五弦。俯仰自得,游心太玄"的卓异风神,也在浙东唐诗之路上被重拾。

---

① 王筱云、韦凤娟等:《中国古典文学名著分类集成七 散文卷一》,百花文艺出版社1994年版,第279页。

② 马路路:《唐诗之路镜湖客籍诗人行迹与诗作考述——兼论唐人镜湖诗创作动因》,《玉林师范学院学报(哲学社会科学)》2022年第2期。

③ (南朝宋)刘义庆著,(南朝梁)刘孝标注,余嘉锡笺疏:《世说新语笺疏》,中华书局2011年版,第127页。

孟浩然《自洛之越》即抒发了自己的心路历程："遑遑三十载，书剑两无成。山水寻吴越，风尘厌洛京。扁舟泛湖海，长揖谢公卿。且乐杯中物，谁论世上名。"膏粱满目的东都洛阳令他生厌，吴越清越的山水才能洗去多年风尘。不如学习王谢诸公，寄情山水与诗酒，何必去追逐世间浮名呢。白居易亦深慕谢安隐居东山时，畜妓纵游的故事，在《题谢公东山障子》中写道："唯有风流谢安石，拂衣携妓入东山。"当然，白居易所向往的绝不仅仅是前代人的酒色风流，更是谢安"既与人同乐，亦不得不与人同忧"的大家风范。

在诗人笔下，山水更添颜色，魏晋风流也得以延续、传扬。正是因为唐代诗人与魏晋士人、浙东山水在精神上的同质性，他们才能相互成全相互吸引。诗人们也受益于这条路上的风景人情，写下了生命中最华彩的诗篇。杜甫忆昔年轻时在江南一带的漫游经历，镜湖之畔，采莲女子的姿容美得似乎使湖水都变得无比清凉："越女天下白，鉴湖五月凉。"有学者说"这或许是杜甫一千多篇诗作中描写女性之美最好的两句"，"杜甫对越女的赞美是真诚的，也是纯洁的。在唐代诗歌中，能够与越女抗衡的是李白笔下的胡姬"①。而李白，于天宝年间，在极度的政治失意之中，写下了亦梦亦真、辉煌壮丽的《梦游天姥吟留别》。在诗中，他处处向有着相似命运与才情的谢灵运致敬："谢公宿处今尚在，渌水荡漾清猿啼。脚着谢公屐，身登青云梯。"更借天姥山一吐与当朝权贵决裂的决绝态度："安能摧眉折腰事权贵，使我不得开心颜"；又向天姥山表明情愿自我放逐于青山绿水间的心

---

① 向以鲜：《盛世侧影——杜甫评传》，四川大学出版社2021年12月版，第24页。

迹:"且放白鹿青崖间,须行即骑访名山。"《梦游天姥吟留别》,既代表着李白人生姿态的巅峰境界,也象征着中国文人追求精神自由的理想境界。天姥山,或者说,浙东山水,就在这首旷世杰作的"推波助澜"下,登上了魏晋六朝以来的新的文化高度。

四、幽怪恍惚的唐传奇

在唐代,出现了一种新的文学形式——传奇,可与唐诗并称一代之奇。唐传奇是文言短篇小说,内容上多是传述奇闻轶事。传奇的出现有着内在的动因。元代虞集认为,唐文人于经籍道学少有见解,好为文辞,闲暇时无所用心,想象幽怪遇合、才情恍惚之事,诗章酬答,相为娱玩,未必真有其事。可见,有唐之世,儒术不振,佛道日隆,六朝流行的志怪小说类型满足不了才子们泛滥的才情,他们"作意好奇""尽幻设语",借用佛道意境,着意构造虚幻曲折的故事,把玩华美富丽的辞藻,从中投射自己的人生理想,影射社会现实。从外在催化因素看,唐代社会生产力的发展造成城市经济繁荣,市民阶层壮大,对通俗文化娱乐提出要求,促进了俗文学的发展。浙地也产生了多部优秀的传奇作品。

沈既济(约750—约800),德清人,历官左拾遗、史馆修撰、吏部员外郎。著传奇小说《枕中记》《任氏传》。

《枕中记》的故事大意是:卢生热衷功名,但求之不得,垂头丧气。一天,旅途中经过邯郸,在客店里遇见了得神仙术的道士吕翁,卢生自叹贫困,吕翁便拿出一个瓷枕头让他枕上。卢生倚枕而卧,一入梦乡便娶了美丽温柔、出身清河崔氏的妻子,登进士第,出将入相。虽然其间经历了几番宦海沉浮,但最后得享荣华富贵,他的5个孩子也高官厚禄,一门富贵。他八十而卒,气尽醒来,左右环顾,一切如故,吕翁仍坐在旁边,店主人蒸的黄粱饭还没蒸熟。原来荣华富贵不过倏忽一梦耳，卢生于是彻悟"宠辱之道，穷达之运，得丧之理，死生之情，尽知之矣"，稽首再拜吕翁而去。卢生一梦而悟的故事明显受佛道人生梦幻不实的观点的影响，笔法逼真细腻，批判锋芒冷峻，对醉心功名利禄的读书人无异一贴清凉剂。

《任氏传》则以爱情为主题，刻画了一个美丽深情、忠贞不二，最后为爱殉身的狐妖形象。在中国小说史上，《任氏传》在使异类人性化、人情化方面取得开创性的成就，最早较完整地叙述狐女美好形象、人狐真情故事，开启了后世中赋予狐女美好形象的风气，对蒲松龄的《聊斋志异》有直接影响。

沈亚之（781—832），字下贤，吴兴（今湖州）人。元和十年（815）进士。他出身湖州沈氏文学世家，是沈既济的族人，出入韩愈之门，富有才藻，颇有诗名，工为情语。沈亚之一生最出色的成就是写作了《湘中怨解》《异梦录》《秦梦记》等传奇。它们拥有同一主题，都是写人神相爱，以华艳之笔，叙恍惚之情，颇能表现作者的"窈窕之思"。《秦梦记》直接代入作者本人，写自己在梦中穿越到秦国，秦穆公将女儿弄玉嫁给他，礼遇甚厚。后来弄玉突然无病而终，沈亚之十分哀伤，为她作了深情优美的挽歌和墓志铭，秦穆公派车把他送出函谷关。沈亚之就在这时惊醒了，发现自己仍躺在旅社的卧榻上。这篇传奇以作者本人为主人公，且描述梦醒之后追寻所历，竟然与地志相符，给人以亦幻亦真之感，增加了作品的魅力。

晚唐时期重要的传奇作家为杜光庭（850—933），字宾圣，缙云人。博学有识，参加进士考试未中，入天台山为道士。他潜心研究道学，成为一代宗师。诗文闻名朝野，《虬髯客传》是传奇中的名篇。《虬髯客传》成功塑造了"风尘三侠"李靖、红拂、虬髯客的形象,见识过人、身怀奇策的布衣李靖,勇于叛离权臣、私奔英雄的歌姬红拂,豪爽慷慨、一诺千金的虬髯客,无不个性鲜明,生气勃勃。《虬髯客传》渲染了隋末纷争,英雄竞逐的时代氛围,谱写了一曲慷慨激昂又不乏儿女情调的乱世英豪之歌。

第三节 绚烂的艺术世界

一、富丽的绘画艺术

"浙江绘画至唐朝,随着孙位、陈闳等人作品的流传,让我们从上古绘画艺术那古朴、稚拙、程序多于情趣、文字记载胜于实物欣赏的局面中走出来,进入一个富丽、细致和意蕴丰富的艺术世界,这不能不说是浙江绘画发展到唐时所表现出来的一个意义重大的进步。"[1]

陈闳,生卒年不详,约活跃于玄宗、肃宗时期,会稽(今绍兴)人。善写人物肖像、仕女,并工鞍马。因画艺精绝,受人举荐入京,为皇家作画。他为唐玄宗、唐肃宗描绘御容,还奉诏描画唐玄宗狩猎野猪、麋鹿、野兔,驾鹰,按乐起舞等游乐场面。笔力遒润,风采英逸,可以说他的画作不但是皇宫生活也是开元盛世的生动见证。陈闳善画佛道寺观壁画。《唐朝名画录》说他在道观内所画诸仙及道士形象,一一工妙。传为陈闳作品的《八公图》,描绘北魏明元帝拓跋嗣即位时(409),崔宏、长孙嵩、奚斤等八人共听朝政的故事。各人多作拱手直立,神态稳重谦恭。现卷首

---

① 吴光主编:《中国地域文化通览·浙江卷》,中华书局 2014 年版,第 145—146 页。

二人已失去。此画用线细而劲挺，用色绚烂华丽，体现了陈闳笔力遒劲滋润的风格特点。

孙位，后改名遇，原籍会稽（今绍兴），故又号会稽山人，生卒年不详。唐僖宗广明元年（880），黄巢入长安，他自长安入蜀，居成都。他的作品，据《宣和画谱》，共有 26 件，擅画人物、鬼神、松石、墨竹以及宗教人物。所作皆笔精墨妙，雄壮奔放，情高格逸。绘画史上将他的绘画定位为"逸品"。

宋黄休复《益州名画录》中记载孙位："性情疏野，襟抱超然。虽好饮酒，未尝沉酩。禅僧道士，常与往还。豪贵相请，礼有少慢，纵赠千金，难留一笔，唯好事者时得其画焉。"①孙位这种疏淡狂傲、蔑视权贵，喜饮酒、乐与方外人接交的性情，可视作魏晋风度遥远的遗响。他为魏晋士人写真，留下了名作《高逸图》，也是他唯一留存于世的作品。《高逸图》，据后人考证，所绘者是魏晋"竹林七贤"，但仅存"四贤"。这四人应为山涛、王戎、刘伶、阮籍。"在技法上，画风工致精巧，人物刻画细致，尤重眼神刻画，有传神之效；线条细劲流畅，继承了顾恺之'劲紧连绵如吐丝'的行云流水风格，但更加多变、丰富、成熟。既画出了这些魏晋名流的'高逸风度'，又画出了清高自傲、放荡不羁、嗜酒如命等不同个性。"②《高逸图》表现了孙位极高的人物画水平和线条表现力，同时，从画中山石、树木等的布置也能窥见孙位山水画功力。至此，国画中的山水画技巧已趋于成熟，开启五代画风。

诗人顾况也以画鸣世，善画泼墨山水，笔法秀润，狂逸有致。顾况性格豪放不羁，他创作巨幅作品时要事先营造热闹欢快的

---

① （宋）黄休复撰，王中旭校注：《益州名画录》，山西教育出版社 2018 年版，第 1 页。

② 陈野、吴晶、蒋中崎：《五色影音》，浙江古籍出版社 2013 年版，第 36 页。

场面。先将几十幅画绢拼在一起，因为画墨和各种颜料的用量极大，所以用极大的容器来盛装。又请了上百人的鼓乐队和啦啦队来助阵。他本人则饮酒半酣，绕画绢狂走十余匝后，舀起墨汁和其他颜料随意泼到画布上，然后拿出一条长的绢布，一头放在刚刚泼过色彩的画布上，一人坐在绢布上面压住，画家自己拽住绢布的另一头来回拖动。随着画布上的颜料在拖动的过程中被抹开，顾况便拿起画笔在一摊摊大块色彩上勾勒，以笔墨随势开决为峰峦岛屿溪流树木，成品狂逸有致。

五代时期，由于中原长期战乱，绘画重心南移。吴越国主钱氏一门都好风雅，招揽了不少艺术家来到越地，画坛遂称繁荣。

当时最为著名的书画家是贯休，兼擅诗书画。他画的罗汉，冠绝一时。传世的《十六罗汉图》，状貌古野，绝俗超群，笔法坚劲，造型夸张，胡貌梵相，曲尽其态，令人叹为观止。

二、尚法又烂漫的书法艺术

唐代的书法奠定了楷书之尚法、草书之烂漫。会稽山阴智永为隋代楷书家的代表人物。余姚虞世南与钱塘褚遂良位列初唐四大书家。

智永和尚，生卒年不详，南朝、隋朝人，本名王法极，字智永，会稽山阴（今绍兴）人，书圣王羲之七世孙，第五子王徽之后代，在山阴永欣寺为僧，潜心书法与佛学，盖一座小楼专供练字，发誓"书不成，不下此楼"。在楼上临书20年，笔头写秃了就丢进大篮子里。日积月累，竟积攒下十大篮子。他在门前挖了一个深坑，将这些秃笔掩埋其中，上砌坟冢，名之曰"退笔冢"。精研书艺二三十年，智永名气越来越大，来求墨宝者络绎不绝，将他的门槛都踏平了，只好用铁皮包门槛，人称"铁门槛"。

智永妙传家法，真草兼备，绰有祖风，人谓"半得右军之肉"。他所传"永字八法"，为后代楷书立下典范。相传他临写千字文800本，江东各寺各施1本，现存世4本。他的千字文，秀润圆劲，优入神品，"为天下法书第一"。

虞世南是智永和尚的弟子，得王氏家法。他的真书体笔方圆，外柔内刚，笔致圆融遒丽。唐张怀瓘在《书断·妙品》中，同举虞世南与欧阳询："虞则内含刚柔，欧则外露筋骨，君子藏器，以虞为优。"①所谓"君子藏器"，是中国文化所崇尚的一种行为方式，讲究的是低调含蓄，即深藏不露、大智若愚。做到这一点，方是君子气度。引用到书法艺术中，则强调中锋用笔，结体沉稳，刚柔相济，温润圆秀，予人平和清雅之感。② 代表作有《孔子庙堂碑》《破邪论序》《汝南公主墓志》等。虞世南深受唐太宗敬重，曾诏曰："世南一人，有出世之才，遂兼五绝，一曰忠谠，二曰友悌，三曰博文，四曰词藻，五曰书翰。"

唐太宗欣赏的书法家还有褚遂良。虞世南去世后，唐太宗很伤感，说以后没人一起谈论书法了。魏征于是向他推荐褚遂良。褚遂良善于鉴别王羲之书法的真伪，使得无人再敢拿赝品向太宗邀功，因此深得信任。

褚遂良（596—658），字登善，钱唐（今杭州）人。任秘书郎、吏部尚书等，封河南郡公，世称"褚河南"。褚遂良的书法，初学虞世南，后取法王羲之，深得逸少三昧，明润清远。张怀瓘评其

---

① （唐）张怀瓘著，石连坤评注：《书断》，浙江人民美术出版社2012年版，第179页。

② 陈野、吴晶、蒋中崎：《五色影音》，浙江古籍出版社2013年版，第25页。

楷书书风:"若瑶台青琐,窅映春林,美人婵娟,不任罗绮。"[1]可见有着一种天然媚好。褚遂良是极富创新精神的书法家,能汲取众家之长,不蹈前辙,最终推动了唐代尚法书风的形成,为唐代乃至后世书法的延续和创新提供了借鉴。无怪乎有人称他为"唐之广大教化主"。颜真卿、徐浩等人,都是在褚遂良笔法变革的基础上,加以创新发展,形成各自风格。

褚遂良传世墨迹有《孟法师碑》《房玄龄碑》《雁塔圣教序碑》等。《雁塔圣教序碑》最为有名,永徽四年(653)立于长安慈恩寺大雁塔。碑分二石,前石刻《大唐三藏圣教序》,唐太宗撰,后石刻《大唐皇帝述三藏圣教序》,唐高宗作太子时撰。字体瘦劲,时兼行草,间用分隶,丰神意足,成为一时风尚。

盛唐浙江书家以徐浩为佳。

徐浩(703—782),字季海,会稽(今绍兴)人。唐代大臣、书法家,宰相张九龄外甥。官至彭王傅,赠太子少师,封会稽郡公,世称"徐会稽"。徐浩亦对二王书迹卓有研究,搜集天下逸书,收获二王书迹200余卷。其祖师道、其父峤之,均为书家,徐浩的书法出自家学,远绍二王,晚年时摆脱前人藩篱,自成一家。曾书四十二幅屏,八体皆备,草隶相参,皆为精绝。识者评曰:"怒猊抉石,渴骥奔泉。"但也有人认为徐浩久处中书艺府,制诰书册,虽精于法度,毕竟稍欠韵致。徐浩的代表作有《大证禅师碑》《不空和尚碑》等。

五代书法,不能不说的是钱镠一系的书法成就。钱镠虽出身行伍,文化修养却很高,其家族则彬彬然文化世家。他"善草

---

① (唐)张怀瓘著,石连坤评注:《书断》,浙江人民美术出版社2012年版,第181页。

隶,称神品","工画墨竹"。钱镠之后,其弟钱铧、子钱传瑛、孙钱
弘俶等,都擅长书画。钱镠、钱弘俶《批牍合卷》,卷分为两段。
前段为钱镠给崇吴禅院僧嗣宽的牒文,书于五代后梁龙德二年
(922)十二月,行楷书,用笔圆润,柔中带刚。后段为宝庆禅院僧
崇定上奏表文,有钱弘俶的批字和花押,结体严密,质朴敦厚,书
于北宋太平兴国二年(977)闰七月。

三、千峰翠色越窑瓷

　　浙江是青瓷的发源地。从商周时期德清东苕溪流域原始青
瓷出现,再经历漫长的彩陶史,直至东汉时期上虞曹娥江流域成
熟瓷器成型,历经三国、西晋的发展,再到唐、五代时期,慈溪、余
姚上林湖一带越窑青瓷终于登场,技术不断成熟,审美意趣臻于
至善,赋予了青瓷诗一般的意境,将青瓷艺术推上中国制瓷史的
高峰。

　　越窑是中国最古老的陶瓷窑口之一。"越窑"一词,出现于
唐代。唐代著名诗人陆龟蒙在《秘色越器》中以"九秋风露越窑
开,夺得千峰翠色来。好向中宵承沆瀣,共嵇中散斗遗杯"的诗
句,描写越窑瓷器的釉色如青山翠色一般美好。此诗也被后人
断定为"越窑"二字见诸文字之始。

　　唐代越窑青瓷作坊集中在上虞、余姚、宁波等地,早期产品
较为粗糙、器型简单。中晚唐之际,越窑青瓷胎质细腻致密,胎
壁较薄,表面光泽,釉质腴润光亮,以千峰翠色一般晶莹青翠的
色调使此前历代青瓷都黯然失色。安史之乱后,北方地区贡赋
不入,朝廷贡赋仰赖于江南。越窑成为越州的地方贡物,这对越
窑工艺的提高,名声的扩大有着重要影响。越窑日渐走向成熟,
并展现出不同凡响的色彩和质感之美。进入五代,吴越国统治

者为保一隅江山,持"善事中国"的国策,用大量的越窑青瓷向中原朝廷进贡,在上虞窑寺前一带,"置官窑三十六所",所出量大质精。

唐代国力强盛,各类手工业蓬勃发展,瓷业生产出现遍地开花、相互争艳的局面,形成了"南青北白"的瓷业格局。饮茶文化盛行,品茶赏器成为一时风尚。茶圣陆羽久居湖州,他在经典茶书《茶经·茶之器》中品评茶器,说:"碗,越州上,鼎州次,婺州次;岳州上,寿州、洪州次。或者以邢州处越州上,殊为不然。"对越窑青瓷推崇备至。他还对比了当时"南青北白"之称的越窑青瓷与邢窑白瓷,评价说:"若邢瓷类银,越瓷类玉,邢不如越一也。若邢瓷类雪,则越瓷类冰,邢不如越二也。邢瓷白而茶色丹,越瓷青而茶色绿,邢不如越三也。"[①]玉也好,冰也罢,都是形容越窑青瓷的质地色相之清透晶莹、素净雅致。确实,唐代越窑瓷器始终秉承着以简为美、大气浑圆的审美思想。在釉色上,多是青釉素色,不施粉黛。在纹饰上,大多使用刻划花作为装饰效果,呈现出自然流畅、简洁秀雅的视觉效果,与青翠澄澈的釉色相得益彰。

秘色瓷是越窑中的精品,对于瓷器之"秘"一直众说纷纭。或云秘色瓷得名于上引陆龟蒙的《秘色越器》诗,似应指颜色稀见,是当时赞誉越窑瓷器釉色之美而演变成越窑釉色的专有名称;又云秘色瓷器为供奉之物,不得臣下用,故曰秘色,则是凸显此物之神秘高贵。法门寺塔地宫瓷器出土,秋色瓷的神秘面纱为世人揭开。1988 年发掘的陕西扶风法门寺塔地宫,瘗埋于唐咸通十五年(874),出土了 13 件越窑瓷器,同时出土的石刻碑文

---

① (唐)陆羽:《茶经》,中国工人出版社 2003 年版,第 10 页。

"衣物账"，对这批唐代越窑青瓷是这样记载的："瓷秘色，碗七口，内二银棱瓷秘色盘子，碟子共六枚。"账物相符，印证了出土文物就是受到史学界、古瓷界长期关注的秘色瓷。这13件越窑碗、盘，内底釉面光洁，造型精巧端庄，胎壁薄而均匀，除两件釉色泛黄之外，其余均为匀净幽雅的湖绿色，淡雅而柔和，轻薄而莹润，如冰似玉，给人以恬静温柔之感。秘色瓷代表了越窑最高的工艺水平，湖绿色或者说青绿色，则被后世的研究者公认为秘色瓷的正色。

晚唐五代诗人徐夤写过一首题为《贡余秘色茶盏》的诗，诗云："捩翠融青瑞色新，陶成先得贡吾君。功剜明月染春水，轻旋薄冰盛绿云。古镜破苔当席上，嫩荷涵露别江濆。中山竹叶醅初发，多病那堪中十分。"诗人所咏之物是他偶得的一只秘色茶盏，看诗题应该是进贡所余的。虽然这只茶盏没入上贡者的法眼，却让诗人珍爱异常，不吝辞藻从各个角度进行描写和赞美。该诗以诗意的方式让读者见识了一只秘色瓷器的诞生过程，它融合了匠师们高超的技艺，东方独有的审美趣味，亦是对自然之美、时代风尚和人生情趣的深入体察。

越窑青瓷是自然界中的黏土、火、金属矿物质以及人类的创造力、探索精神、审美活动结合的产物，兼具物质美和精神美的双重属性。它们是帝王贵族的日用雅器、文人雅士的案上清供，是地方供奉宫廷、表达忠心的贡物，是行销世界各地、展示中华风物之美的代表。自然万物、能工巧匠、帝王贵族、文人雅士，合力创造了源远流长的青瓷文化，它所承载的技术文明、器用风格、审美范式，体现了浙江人乃至中国人独有的精神追求、民族气质，韵味悠长。

四、精湛的佛教造像

石窟又称石窟寺,是一种重要的佛教建筑。自佛教从印度传入中国,从新疆到敦煌,从云冈到龙门,一路留下诸多气势恢弘、精美绝伦的石窟造像。石窟造像活动从东汉发展到北魏,直至唐代,达到高潮,晚唐以降,北方大规模开窟造像活动渐渐衰落。南方的吴越国造像活动则继之勃兴,成为佛教雕塑的一个重要区域。虽不及北方石窟之恢弘雄伟,但也有相当规模,既承继晚唐余韵,又结合自身文化特质、审美趣味以及自然条件,具备独特风神。佛像造型丰满,谦和慈蔼,衣纹流畅,雕工精湛,宗教趣味与北方相比有所淡化,流露出某种世俗化倾向,具有典型的南方艺术特征。

浙江早期的石窟造像有依山开凿的新昌大佛寺的石弥勒大佛、绍兴柯岩造像和羊山造像,应为南朝、隋唐时期作品。到了五代,随着南方佛教信仰风靡朝野,吴越国石窟造像艺术独步一时。

钱氏诸王崇尚释氏,厚礼僧人,佛教浸浸然有成为国教之势。吴越国境内梵宇耸立、梵呗萦绕、龙象骈集,海内都会,以杭州佛寺之多为最。据《咸淳临安志》所列寺院统计,钱氏统治时期,杭州共有寺院486座,东南佛国之谓诚然不虚。除了在西湖边大兴寺院,建造佛塔,还在各处山上利用自然洞窟或依天然岩势顺势开窟造像,湖上群山从此有了诸佛庄严、菩萨慈悲、力士怒目的宗教景观。

现存的吴越国石刻造像,绝大多数分布于西湖周边,摩崖窟龛与塔幢造像是其中的两大门类。在西湖造像中,以烟霞洞、慈云岭、天龙寺三处最著名。

慈云岭造像是当时最为精湛的一组。后晋天福七年(942),

忠献王钱弘佐在此建资贤寺，并在石壁上凿石造像，像共两龛。主龛造像为西方三圣，本尊阿弥陀佛居中，左右分别为观世音和大势至菩萨像。面相温和，仪态端严，皆坐式，全跏趺坐于莲花座上。三尊坐像旁为菩萨立像，璎珞富丽，帛带飘飘，安详肃穆；再旁为金刚力士，戴盔穿甲，体态雄伟。上部浮雕飞天和迦陵频伽。主龛北侧为地藏龛。居中是地藏菩萨像，面相圆润，深沉恬静，充分体现了地藏菩萨"安忍不动犹如大地，静虑深密犹如秘藏"的宗教内涵。两旁立着供养人像，脸型丰腴，仪态谦恭诚敬。

烟霞洞的造像在当时规模最大，为后周广顺年间（951—953）忠懿王钱弘俶筑建。洞内造像主要是十六罗汉。这十六罗汉各依天然岩势顺理雕凿，容相奇特，或盘膝禅坐，或脚下伏虎，或手执经卷，或双手结印，神态各异，栩栩如生。

天龙寺为北宋乾德三年（965）钱弘俶所建，位于玉皇山南麓。造像坐北朝南，共三龛。东龛内为阿弥陀佛像，全跏趺坐于莲花上。禅定深思，安详自在。中龛弥勒居中，端坐须弥座，容止慈祥。弥勒两侧为世亲、无著菩萨，作恭立状。西龛立观音像，发型高耸，脸型饱满，神情柔美，体态娴静。

吴越国石窟造像，风格上袭晚唐，下启两宋，并具有自己的鲜明特点，既是佛教精神的凝聚，也是当时当地文化精神的展现，是我国艺术宝库中不可多得的珍品。

第四节 科学技术成就

一、《茶经》问世

中国是世界上第一大产茶国，茶为国饮，茶在中国人的物质世界与精神世界中占有重要地位。中国历史上第一部茶书——《茶经》，就诞生于唐代的浙江，为陆羽所著。

陆羽(733—804)，名疾，字鸿渐、季疵，号桑苎翁、竟陵子，复州竟陵(今湖北天门)人。身世坎坷，为孤儿，为僧人，为戏子。偶因一次官宴上献技，受到竟陵太守李齐物赏识，得以读书改变命运。

陆羽于名利之事极为淡泊，喜欢读书，更痴迷于茶之道。饮茶行为始于汉朝蜀地，但一直未能广泛流行，北方甚至将仿效南人喝茶的人讥为逐臭之夫。直到陆羽凭着一部《茶经》启迪了国人对茶这片绿叶的绵绵不绝的钟爱之情。

早在天宝末年，陆羽随竟陵太守崔国辅游历义阳、巴山、川陕时，就已经开始对茶着意寻访考察。他前后实地考察 32 个州，采茶品水、访问笔录，开始茶事研究。"安史之乱"后，陆羽浪迹江南，最后在盛产茶叶、风光旖旎的湖州结束了他的漂泊生涯。在此后 30 余年中，他结庐于苕溪之滨，闭关著书，与名僧高士谈宴永日。除了与同道同好者倾心相交唱和，遍历"赏春茗""弄春泉"等风情雅韵，更广泛搜集茶资料，历时 5 年写成《茶经》初稿。以后 5 年又增补修订，这才正式定稿，完成世界上第一部研究茶的专著《茶经》。

《茶经》全书共 3 卷，7000 多字。分为 10 个部分，计有源、具、造、器、煮、饮、事、出、略、图，书中提出的人、茶、水、火、器的融合之道，对后世产生了深远影响。《茶经》的问世，开创中华茶文化的先河，为茶文化体系形成并走向世界奠定了基础。陆羽因此被后世尊称为茶祖、茶圣。薄薄一部《茶经》，具有文学、美学、文化学、社会学、农学等多重价值。仅从农学角度来看，《茶经》不仅总结了前代饮茶的习俗，还分析了茶树的植物形态与历史源流，将茶树种植、茶叶采摘、茶饼烤制、茶叶烹煮和饮用等一系列流程做了详细且科学的介绍。书中有关茶的科学性记述可谓博大精深。①

二、精确的天文星图

20世纪50年代以来,临安发掘了多处吴越国钱氏家族墓,墓室有大量精美的彩绘壁画,尤其天文星图令人惊叹。康陵的墓主为钱元瓘皇后马氏,顶部石板正中刻有一幅星象图,上有贴金装饰。钱元瓘墓,后室顶部发现石刻星象图,刻于盖顶阴面正中,星象图上有贴金装饰。吴汉月墓后室盖顶阴面中间偏后为石刻星象图,中心小圆直径42.6厘米,外缘次第刻三个同心圆,最大直径为180厘米。三座墓中的星象图内容均为紫薇垣和二十八宿。钱宽墓后室顶部绘天文图一幅,内容为二十八宿和北斗,群星上有贴金装饰,其间用土红色线条连接。水邱氏墓后室顶部的石灰层表面也绘有星象图一幅。同时期其他政权的墓葬中也多有星象图,但准确度均不高。相比之下,钱氏家族墓的石刻星象图可称为真正意义上的天文图。不但写实手法极为罕见,而且加工细致,星象位置相当准确。图上有贴金装饰的做法应意在模仿群星闪耀的景象。天文图作为缩微的宇宙,具有标识时空的作用,吴越墓葬中极为写实的天象图更是以一种精密的方式演绎着乾坤宇宙的运行。再结合墓室所绘的十二生肖与四神的特殊含义,可知三者的组合构成了基本宇宙时空的模型,是古代"盖天说"的延续,代表着宇宙的时序。而被天象图、十二生肖、四神所环绕的墓主正好位于宇宙的中心,象征着他们尊贵的地位。吴越天文星图比世界公认的古石刻星图——苏州天文

① 宋宇:《略论陆羽〈茶经〉的科学性》,《农业考古》2016年第2期。

图(1247)早 300 多年,是研究古天文学的极为珍贵的考古资料,具有很高的科学价值与史料价值。[①]

三、建筑工艺技术跃升

吴越国也是建筑技术取得飞跃性发展的时期,境内宫室连绵,塔幢林立。吴越诸王都是虔诚的佛教徒,在浙地广造佛塔。佛塔作为一种宗教性的高层建筑,它的广泛建造以及高超技艺显示了吴越国建筑所达到的成就。很多吴越国佛塔,在中国建筑技术史上具有典型意义。如临安功臣塔建于钱镠在位时期,是迄今所存吴越国最早的佛塔。它是一方形砖木混合结构的筒状楼阁式塔,其构造在继承唐塔形制的基础上有新的发展,起到承前启后的作用。再往后,大约到吴越国中期,出现了平面八边形的楼阁式塔,其典型实例即是义乌双林寺铁塔。到了吴越国末期,砖木混合结构的八边形楼阁式塔到了完全成熟的阶段,成为当时塔的主流。与此同时,一种六边形的楼阁式塔也开始出现,其典型实例是黄岩灵石寺塔。这种形制的塔,到北宋中期成为主流。[②]

在这一建筑热潮中,吴越国境内涌现出了许多能工巧匠,但多不留名,唯有喻皓在文人士大夫笔下留下痕迹。喻皓,生卒年不详,活动于五代末、北宋初,是一名身份不高的木匠。他在长期的匠作生涯中,在木结构建造技术方面积累了丰富的经验,尤其擅长建筑多层的宝塔和楼阁。沈括的《梦溪笔谈》有《梵天寺木塔》笔记一则,生动记录了他的巧思奇技。欧阳修称赞他是宋

---

① 参见郑以墨:《五代吴越国墓葬制度研究》,《东南文化》2010 年第 4 期;伊世同:《最古的石刻星图——杭州吴越墓石刻星图评介》,《考古》1975 年第 3 期。

② 何勇强:《吴越国的科技成就》(上),《今日临安》2019 年 8 月 30 日第三版。

代木工第一人。喻皓有《木经》三卷行世，可惜今已无存，只在沈括《梦溪笔谈》卷 18 中有片断记载，昆山片玉，弥足珍贵。但夏鼐认为，喻皓《木经》可能像《鲁班经》一样是一部无名氏的著作。后来民间传说把它归到喻皓名下而已。不管它的作者是谁，这部书仍是中国建筑学史上一部非常重要的技术著作。[①]

四、镂板以浙为先

王国维在《两浙古刊本考》序开端即云："镂板之兴，远在唐世。其初见于纪载者，吴、蜀也，而吾浙为尤先。元微之作《白氏长庆集序》，自注曰：'扬、越间多摹勒乐天及予杂诗，卖于市肆之中。'夫刻石亦可云'摹勒'，而作书鬻卖，自非镂版不可。则唐之中叶，吾浙已有刊板矣。"[②]由此可以认定，浙江是历史上最早正式刊印书籍的省份之一。唐末五代吴越国佛教文化的兴盛，成为印刷技术趋于发达的契机。

为了弘扬佛教，钱王刊刻大量佛经，以资流布，有的藏于寺庙，有的藏于佛塔，客观上促进了雕版印刷技术的运用与提高。1917 年，湖州天宁寺经幢拆毁，发现《一切如来心秘密全身舍利宝箧印陀罗尼经》数卷，卷首刊字四行："天下都元帅吴越国王钱俶印《宝箧印卷》八万四千卷，在宝塔内供奉。显德三年丙辰岁记。"这是浙江发现的最早有纪年的雕版印刷品。吴越国所刻佛经，至今尚有实物传世的还有 1971 年在绍兴城关塔基粗木简内发现的《宝箧印经》一卷；1924 年雷峰塔倾圮时，于砖塔孔中发现的《一切如来心秘密全身舍利宝箧印陀罗尼经》，都是钱弘俶所

---

① 夏鼐：《梦溪笔谈中的喻皓木经》，《考古》1982 年第 1 期。
② 王国维：《王国维全集》第 7 卷，浙江教育出版社 2010 年版，第 3 页。

造。以上出土诸经,刻印年份各不相同。可知钱弘俶刻印佛经数量之多,频度之繁。

被钱王尊为国师的永明延寿和尚(904—975)也曾大量印施经咒与图像,他亲手印过《弥陀塔图》14万本,《二十四应观音像》为钱弘俶赐钱千贯,用绢素印2万本,画观音二十四种应现。除了国王、高僧之外,普通信众也有个人出资,大量刊印佛经。

吴越国雕印佛经数量巨大,遍施寰宇,而且雕刻精细,印刷清晰,显示了极高的雕版印刷水平,不仅促进了佛教文化的繁荣,也是后来北宋时杭州成为全国出版中心的先声。

第五章　两宋:造极于斯

北宋,浙江境内政治环境稳定而宽松。宋室南渡后,以临安为行在,浙江成为南宋的政治中心,更促进了文化的有序发展。优越的自然环境,稳定的政治氛围,雄厚的经济基础,为宋代浙江文化繁荣昌盛奠定了坚实的基础。一方面,文化世俗化特征鲜明,市民的审美趣味得到极大的发扬,民间艺术绚丽多彩。另一方面,儒学、哲学、史学、诗词、美术、数学、地理学成就斐然,刊刻、藏书、教育繁荣昌盛。浙江雅俗文化都获得了全面的提升与进步,蓬勃发展、包罗万象。浙江文人学者以超迈前贤的文化担当和品格修养,创造性发展了极富雅韵深致又不乏民间活力的宋文化。陈寅恪先生说:"华夏民族之文化,历数千载之演化,造极于赵宋之世。"①登峰造极的两宋文化版图中,浙江人写下了分量至为厚重的一笔。

---

①　陈寅恪:《金明馆丛稿二编》,上海古籍出版社 1980 年版,第 245 页。

第一节　浙学建构

一、浙江学术史上首个学派诞生

宋学的奠基人是号称"宋初三先生"的胡瑗、孙复、石介，其中孙复、石介二人的学术活动主要在北方，而胡瑗主要在湖州讲学，故其学术活动及影响主要在浙江，是宋代浙江学术思想发展的先行者。他所开创的安定湖学，是浙江学术史上第一个可以称为学派的学术群体。

胡瑗（993－1059），字翼之，泰州如皋（今江苏如皋）人。因祖籍陕西安定堡，故称安定先生。自幼聪颖好学，志向远大，长大后游学于泰山栖真观，潜心研习儒家经典，奠定了坚实的学术基础。庆历二年（1042），胡瑗应湖州知州滕宗谅邀请，担任当地州学教授，将新儒学运动的清风带到湖州，开创"苏湖教法"，开启分科教学的先河。他任教的 10 年间，出现"四方之士云集受业"的繁盛局面，其中浙江籍士人众多，推动了湖州乃至整个浙江学术的发展。

胡瑗的教育思想主要有三点：一是明体达用。胡瑗反对取士只重词赋的传统，曾对学生刘彝言道："国家累朝取士，不以体用为本，而尚声律浮华之词，是以风俗偷薄。"提出以圣人之道授诸生，培养德才兼备，大可经邦治世，小有一技之长的实用人才，这是胡瑗教育思想的核心。[①] 二是重视学校教育。他曾指出：

---

① 参见徐建平、陈钟石：《胡瑗 北宋大儒一代宗师》，苏州大学出版社 2012 年版，第 42 页。

"致天下之治者在人才,成天下之才者在教化,教化之所本者在学校。"主张建立"敦尚行实"的学校,在学校中应重德行、礼教、修志,根据弟子的潜能、兴趣及个性特长施行分科教学,激发弟子学习动力。[①] 三是强调实践教学,提倡理论与实践的结合,在课堂授课的同时,通过讨论、愉悦、游历等方法增加学识,开拓视野。

二、孔氏大宗南迁衢州

建炎初,金兵分三路南侵,宋高宗被迫率僚属仓皇南奔,孔子第四十八世宗子、衍圣公孔端友也率族人从跸渡江。金兵北撤后,高宗驻跸临安(今杭州),孔端友等人上疏叙家门旧典及离祖丧家之苦,请求赐家安居,高宗念孔门之历史悠久以及奉诏南渡之功,于是赐家衢州。与此同时,金政权为加强对中原地区的统治,册封孔端友同父异母的弟弟孔端操,袭封"衍圣公",以主持曲阜孔庙祭祀。孔子世家南北分宗自此开始。孔氏大宗南渡后,在衢祭祀先师,修建家庙,诗礼相承,慢慢地以衢州为中心,先后在浙、闽、苏、皖、赣、鄂等地衍生出众多支脉,世世代代在江南生息、发展。孔氏南宗作为孔氏家族的重要组成部分,在南渡后的数百年里,形成了自己独特的家庙和文化[②]。此外,孔氏南宗族人忠君爱国、礼义庶民,倡经导读、化育民风,孕育了内涵深厚、特色鲜明的南孔文化。南宗不仅名贤辈出,且前后相望,于儒学的传播殊多贡献。南宋期间,除授高官显爵者外,南宗族人兼任或专司学官、山长者不乏其人,诸如孔莘夫、孔元龙、孔应得

---

① 参见赵欣欣、宋祥:《胡瑗教育思想管窥》,《古籍整理研究学刊》2019 年第 6 期。
② 吴佩林、蒲凤莲:《三十年来的孔氏南宗研究》,《浙江档案》2020 年第 2 期。

等。据《衢州孔氏南宗家庙》一书,仅南宋一朝,孔氏南宗便有36人担任过各级学官,身影遍及浙江、安徽、江西、江苏多地。

衢州作为都城临安的辅郡,以其得天独厚的地理位置,又是东南未遭兵灾的中心地带,使得宋室宗亲、达官名宦、世家望族、理家硕儒纷至沓来,衢州逐渐成为儒学文化在江南传播的中心,对周边婺学、闽学以及永嘉学派等产生了深远影响,使南方的崇儒之风日盛①。

三、经世致用学统形成

地处浙南的永嘉(今属温州)是个人杰地灵的地方。北宋时期,永嘉就已涌现出许多鸿儒硕学,从"皇祐三先生"②到"永嘉九先生"③,一脉相承又开拓创新,使浙江伊洛之学别具特色,显得更为博杂和多元,从而奠定了永嘉学派的学术规模,也使浙江学术顺应了理学发展的潮流,从而完成了浙江学术在两宋之际的转变。

南宋以降,浙江学术思想蔚然大观,形成经世致用的学术传统,与程朱理学分庭抗礼,为理学主导的南宋注入一股清流,形成浙东事功学派,或称"浙学"。这个学术流派又分永嘉、永康、金华三个分派,其中永嘉学派有深厚的学术传统,学脉传承绵延不绝,至南宋已是浙江学术的代表。

永嘉事功学派的代表人物是薛季宣、陈傅良和叶适。薛季

---

① 沈冬梅、范立舟:《浙江通史》(宋代卷),浙江人民出版社 2005 年版,第331—332 页。

② "皇祐三先生",指的是宋仁宗皇祐前后,活动在浙江永嘉的王开祖、林石和丁昌期。

③ "皇祐三先生"开创的永嘉事功学派,发展到元丰间,又出现周行己、许景衡、刘安节、刘安上、蒋元中、沈躬行、戴述、赵霄、张辉九位学者,时号"永嘉九先生"或"元丰九先生"。

宣（1134—1173），字士龙，号艮斋，世称艮斋先生，永嘉人，师从程颐弟子袁溉，研习伊洛之学，不仅研习六经，更精通田赋、兵制、水利、地理、农学等，注重名物典制，主张"以经制言事功"和"步步着实"，强调经史并重、经世致用，是永嘉学术由性理之学转向事功之学的关键人物①，被视为浙东事功学派中永嘉学派的真正开创者。

陈傅良（1137—1203），字君举，号止斋，世称止斋先生，瑞安人。师承郑伯雄（周行己弟子）、薛季宣，得伯雄之儒雅，承季宣之实用，强调"王者之学，经世为重"，提倡经世致用，同时又不排斥正统理学。在政治上，主张宽民力、救民穷、收民心，具有强烈的民本思想，是永嘉学脉承前启后的人物。

永嘉学派的集大成者叶适（1150—1223），字正则，自号水心居士，世称水心先生，永嘉（今属温州）人。曾任太学博士、国子司业、兵部侍郎等职，主张功利之学，反对空谈性命，对朱熹学说提出批评。

叶适的思想有四方面：一是崇尚功利，反对空谈道德性命。强调社会实践，认为只有接触实际，才能获得真知。二是工商立国，批评"重本抑末"政策，认为抑末重本，非正论也，由此提出"农商一体"的观点；三是主张抗金，但不轻举妄动，而是持慎重态度，秉持"备成而后动，守定而后战"的战略思想；四是对三冗问题提出解决方案，主张从胥吏着手，解决冗官问题，裁撤冗兵，精简军队，以田养兵，节省军费。经过叶适的发展，永嘉事功学派成为与朱熹理学、陆九渊心学并驾齐驱的思想。

---

① 参见姜海军：《宋代浙东学派经学思想研究》，齐鲁书社 2017 年版，第 74 页。

四、融摄心、理，义、利并行

南宋浙东事功学派，除永嘉学派外，另有金华学派和永康学派。金华学派的代表人物吕祖谦（1137－1181），字伯恭，婺州（今金华）人，祖籍东莱，世称小东莱先生。出身显赫的士大夫世家，家学渊源深厚，又师从林之奇、胡宪、汪应辰、杨时、张九成诸家，与陆九渊、朱熹、张栻等往来密切，汲众家之所长，学术思想呈现博杂特征。① 涵融理、心二学，竭力淡化二者分歧。他奉行思孟学派，以二程为宗，既认同朱熹观点，认为世界的本原是理；又支持陆九渊观点，强调心的作用；认为"心外有道非心也，道外有心非道也"②。

吕祖谦倡导经史融合，开辟了历史哲学的研究领域，这是吕祖谦学术的重大特色和贡献③，不但推进了天理的研究境域，而且使历史学从史料批判转变为历史哲学批评，使历史研究得以深化。加上反对空谈心性，主张明理躬行，学以致用的观念，吕祖谦学术在当时声名鹊起，世称"婺学"，对理学的发展作出重要贡献。

永康学派的代表人物是陈亮。陈亮（1143—1194），字同甫，号龙川，世称龙川先生，永康人。陈亮学无师承，潜心著述和讲学，创永康学派，针对颓废不振的时风，提倡"各务其实"的功利主义。在政治上，强调实政、实德对时政的影响，反对空谈，认为

---

① 参见姜海军：《宋代浙东学派经学思想研究》，齐鲁书社 2017 年版，第 149－153 页。

② （宋）吕祖谦：《左氏博议》卷 10《齐桓公辞郑太子华》，《景印文渊阁四库全书》，台湾商务印书馆 1986 年版，第 152 册，第 404 页。

③ 参见董平：《论吕祖谦的历史哲学》，《中国哲学史》2005 年第 2 期，第 99－104 页。

人应投身天下大事，为社会办实事，并身体力行，因反对和议，力主抗金，曾三度入狱。

陈亮对道的认知与朱熹不同，朱熹提出道是抽象的存在，而陈亮则认为道即现实，它离不开具体事物，人道不可分离，天、地、人构成宇宙统一体，人不立则天地无以独运，道也就不存在。道必须通过实践来呈现，故道在天地间，如赫日当空，处处光明，人人皆可认识道。

关于义利观和王霸论，陈亮与朱熹也有分歧。朱熹贵义贱利、颂王贬霸，陈亮主张"义利双行、王霸并用"，认为霸道源自王道，王道又需霸道来体现，故王霸并用。基于此论，陈亮又提出义要体现在利上，义利并行缺一不可。[①] 此外，关于"成人之道"问题，朱熹强调安坐不动，独善其身，作道德自我完善的君子；而陈亮针锋相对，指出要志在天下，做大有为的英雄豪杰，这样的人才能大智大勇，才德双行。

五、承前启后的明州心学

南宋学术思想中，朱熹理学、陆九渊心学和浙东事功学派呈三足鼎立格局，其中浙江学术以浙东事功学派影响最大，但自南宋中叶以来，陆九渊心学传入浙江，成为浙江学术中蔚然大观的新思想，其代表人物则是有"甬上四先生"之称的杨简、袁燮、舒璘、沈焕，他们都是明州（今宁波）人，师从陆九渊学习心学，又转承多师，融合他家思想，从而形成独具特色的明州心学，在宋明心学发展史上具有承前启后的重要作用。

杨简（1141—1226），字敬仲，慈溪人，世称慈湖先生。杨简

---

① 参见万斌主编：《浙江文化概论》，浙江人民出版社 2010 年版，第 186 页。

对其师陆九渊"理独立于心"的观点不以为然,他认为正心则理见,顺理则事行,将"心"理解为"明鉴",主张"心之精神是为圣",心外无理,亦无道,既强调"心"无思无为、寂然不动的状态,又表明了"心"至善至圣的特性,这是杨简心学宗旨的基本内容①。

袁燮(1144—1224),字和叔,鄞县人。袁燮对陆九渊、杨简极为推崇,秉承象山心学,但又有所修正,袁燮认为"学者但慕高远,不觉古今,最为害事",故在论"心"与"理"关系时,更多地将其与现实联系在一起,沿着政治伦理的方向,将象山心学运用于社会,得出政治的哲学结论。②袁燮将"心"视为最高的伦理标准,从而确立了"心"至高无上的本体地位。

舒璘(1136—1199),字符质,一字符宾,奉化人,世称广平先生。舒璘虽也师法象山心学,但他对"理"极为推崇,认为"理"在"心"之上,亘古不变,并将心即理的说教,成功运用于日常生活,自觉践履心学理论。舒璘的思想渊源博杂,效法朱熹、吕祖谦、张栻和陆九渊思想,明显具有理心兼容的倾向。

沈焕(1139—1191),字叔晦,定海人,曾师从陆九渊之兄陆九龄,为象山心学传承者。沈焕努力践行"为己之学",在"存心养性"方面用力颇深,他的思想同样具有"平实"特征,对各家学说持开放态度,不仅对朱熹极为推崇,表现为调和朱陆思想的特征,而且对吕祖谦非常仰慕,秉承其极辨古今、周览博考的学风。

"甬上四先生"的心学各具特色,但究其根源,皆师法陆九渊兄弟,是象山心学的传承与践行者。

---

① 参见赵灿鹏:《"心之精神是谓圣":杨慈湖心学宗旨疏解》,《孔子研究》2013年第2期。

② 参见崔大华:《南宋陆学》,中国社会科学出版社1984年版。

六、北山一脉传扬朱熹学说

南宋后期，朱熹理学思想传入浙江，代表人物是有"北山四先生"之称的何基、王柏、金履祥、许谦四人。除金履祥是兰溪人外，其余三人皆金华人，故又有"金华四先生"之称，他们秉承朱熹理学，一脉相传，推动了朱熹思想在浙江的传承与发展。

何基（1188—1268），字子恭，号北山，师从朱熹高徒黄榦，得朱熹思想的嫡传。何基服膺朱子理学，终生讲习不辍，弟子王柏说他"平时不著述，惟研究考亭（朱子）之遗书，兀兀穷年而不知老之已至"①。可见其重践行而不喜著书。何基以宣扬道统为己任，对朱子遗书、道统论、天道论、心性论和实践观皆有发扬，倡导知行合一、学修并重，故为后人推崇，有"北山如良玉温润"之称。

王柏（1197—1274），字会之，又字仲会，自号长啸，更号鲁斋，精通义理之学，对朱熹理本论、心性论和格物致知的方法论等思想，皆有传承；又深研考据之学，在名物、训诂、声律等领域，著述颇丰。他注重立志居敬，强调读书穷理，直承朱熹体用观。后人评价王柏为学规模大，析理明澈。

金履祥（1232—1303），字吉父，号次农，自号桐阳叔子。他秉承其师王柏思想，对朱熹理本论、心性论和格物致知的方法论，予以继承和发扬，强调持敬存养的功夫论。金履祥明确将主观意识作为认识的对象；重视诗书六艺，将理学扩展入史学，后

---

① （宋）何基著，（清）胡凤丹辑：《何北山先生遗集》卷4《何北山先生行状》，《续修四库全书》，上海古籍出版社2002年版，第1320册，第87页。

人评价说:"金文安公尤为明体达用之儒,浙学之中兴也。"①足见其学术贡献。

许谦(1269—1337),字益之,金履祥高徒,世称白云先生。许谦学识渊博,举凡天文、地理、典章、制度、食货、刑法、文学、音韵、医经、术数以及佛道,无不通晓。在理学方面,他对理本论、心性论、中庸观、知行观及格物致知思想,皆有精辟的论断,虽比较准确地把握了程朱思想的精髓,客观上把金华朱学推向了鼎盛,但无形中却使得金华朱学朝保守方向发展。

七、以笔记体著史

宋代撰写笔记之风盛行,现存多达300种以上,这些笔记史料,内容涵盖面广,既可纠正史中有关政治、制度、军事、战争记载的讹误,又可补正史中未载的文化、风俗和基层社会面貌等方面内容,具有很高的史料价值,是宋史研究必不可少的关键资料。在这数百种笔记中,陆游《老学庵笔记》和周密《癸辛杂识》是杰出代表。

陆游(1125—1210),字务观,号放翁,山阴(今绍兴)人,出身官宦世家,南宋爱国词人、史学家,在诗歌、散文、书法领域,皆有造诣,一生著述颇丰,其中《老学庵笔记》是陆游晚年隐居老学庵期间所著,约成书于淳熙、绍熙间(1174—1194)。该笔记特征有三:一是所录多是作者读书考察的心得和作者本人及亲友的所见所闻,内容真实丰富;二是特别关心时事人物,如抗金事宜、民俗风物、人物轶事等,史料价值高;三是所述人事多有议论褒贬,

---

① (清)黄宗羲著,黄百家纂辑,全祖望补订,陈金生、梁云华点校:《宋元学案》卷82《北山四先生学案》,中华书局1986年版,第2725页。

如对王安石新学和新法的拥戴和回护，对荆公诗学的辩护和补正①，对秦桧及家族成员的讽刺和抨击等，反映作者客观公正的史家笔法，表达了强烈的爱国主义情怀。

周密（1232—1298 或 1308），字公谨，号草窗，吴兴（今湖州）人。宋末元初诗词家、史学家、书画家，音乐、文物、哲学、散文亦有造诣，所著笔记有《癸辛杂识》《齐东野语》《武林旧事》等，其中《癸辛杂识》是周密晚年所著。南宋灭亡后，周密隐居不仕，以南宋遗民自居，专心著述，故作此书，该书分前、后、续、别四集，凡481 条，主要记载宋元之际的典章制度、遗闻轶事、琐事杂言、都城胜迹等，内容丰富，史料价值极高。

陆游《老学庵笔记》和周密《癸辛杂识》在很多方面颇为类似：一是两书内容丰富，涵盖政治、制度、军事、经济、文化、社会、风俗的诸多方面，尤其是对基层社会、下层民众、地域风俗的记载，为研究宋元时期社会文化史提供了一手资料。二是史料价值高，两书所载内容皆是作者或亲友亲身经历或所见所闻，记载真实可靠。三是两书作者皆经历亡国之痛，大量记载为国牺牲的将士，坚持民族气节的士大夫及异族统治者、投降派的言行，寄托着强烈的家国情怀和爱国主义思想。

八、方志成熟与定型

宋代是方志的成熟定型期。此时志书内容和体例已趋完备，这一时期浙江修志事业发展迅速，不仅数量多，而且质量高，出现了不少名志、佳志。其中流传至今者有张津《（乾道）四明图

---

① 参见吕肖奂：《陆游对荆公新学及陆氏家学的认同与述作——以〈家世旧闻〉〈老学庵笔记〉为中心》，《新宋学》，2019 年第 9 期。

经》,周淙《(乾道)临安志》,陈仁玉《(淳祐)临安志》,潜说友《(咸淳)临安志》,陈公亮《(淳熙)严州图经》,钱可则《(景定)严州续志》,谈钥《(嘉泰)吴兴志》,常棠《(绍定)澉水志》,沈作宾、施宿《(嘉泰)会稽志》,张淏《(宝庆)会稽续志》,胡榘、罗浚《(宝庆)四明志》,吴潜《(开庆)四明续志》,史安之、高似孙《剡录》,齐硕、陈耆卿《(嘉定)赤城志》等。其中最负盛名的当推"临安三志",它体现了宋代志书叙事详明、体例简洁的特点。

周淙《(乾道)临安志》现存仅前三卷,但内容十分丰富,资料信息量大,具有叙录简括、详略得宜的特征,足见其价值。陈仁玉《(淳祐)临安志》叙事简雅,征引丰富,宋刊原本早佚,今残存城府、山川二门,每门前有总论,对临安的城府、山川作概括性介绍,此为宋代方志中所首见。

潜说友《(咸淳)临安志》修于咸淳四年(1268),原书 100 卷,今存 96 卷,此志首以体例完备、叙事有条理著称于世,次则材料丰富、内容详尽,所记人物达 145 人。四库馆臣认为此书"区划明晰,体例井然,可为都城记载之法"。也就是说,此书体例严密,详略得当,可为后世都城方志撰写的典范。

第二节　官私两学

一、作为官学典范的南宋太学

北宋初期,国子监是最高学府。庆历四年(1044)设太学,建校招生,供给食宿,却无取士权。熙宁四年(1071)实行将学生分为三个等级的三舍法,通过学校考试,可参加科举,或直接授官,从而获得部分取士权。至徽宗崇宁间,太学生达 3800 人,国子监不再招生,实际上被太学取代。自此,太学成为宋朝的最高学府。宋室南渡后设国子监。绍兴十三年(1143)又建太学,实行三舍法,招生 700 人,初具规模。

南宋时国子监日渐融入太学,成为太学的附属机构,国子监生也在太学学习,太学由此成为名副其实的国立大学。太学管理机构非常完备,设祭酒主管学校校务,下设司业,协助祭酒综理学校教务。又设博士、学正、学录、学谕,分掌教职。另有斋长、厨库案、学案、杂案等,负责教学之外的事务。

南宋太学是以岳飞故宅改建而来,后生员不断增加,太学扩建,规模日渐宏阔壮丽。学校西部是孔庙,门列二十四戟,中建大成殿,祀奉孔子,配享十哲,两庑彩绘孔子七十二弟子,从祀前代贤哲,每年春、秋行释奠礼。大成殿后有光尧石经阁,内奉宋高宗、孝宗和吴皇后手书、御札的刻石。绍兴二十六年(1156),高宗将《文宣王赞》《七十二贤赞》并序刻石,存于太学,作为太学生攻读经典的国家标准教科书。

南宋太学招生方式仿照北宋,实行州学升贡法,凡州学修满一年,三考中选,则升入太学。孝宗时,又增加混补法,规定每三年一次的科举考试落第者,可参加太学考试,合格者补入太学,太学生由此激增。为限制学生过于膨胀,孝宗又推行待补法,即规定参加太学考试者,不能超过省试落第者的 1/5,但至咸淳间(1265—1274),太学生人数仍增至 1716 人。

南宋太学规模大、设施齐全、学生众多、管理有序,成为宋代浙江官方教育的典范。

二、书院大发展与讲学活动盛行

书院是古代私学发展到高级阶段的产物,南宋书院作为一种新的教育制度的最终确立,使传统的教育发生了质的变化,不仅推动了教育由上层贵族垄断向下层社会的普及,而且促进了社会阶层的流动。[①] 书院出现于唐朝初年,原为藏书和修书场所,唐末以来成为讲学之所,具有私学和半官学的性质。北宋时期,浙江境内至少有东山书院和浮沚书院等 14 所。东山书院是永嘉学术的开山祖师、"皇祐三先生"之一的王开祖的讲学之所,受业者数百人;浮沚书院是程颐高徒、"元丰九先生"之一的周行己创建的讲学之地,为伊洛之学在浙江的传播作出了卓越贡献。

南宋是浙江书院大发展的关键时期,浙江境内新建书院 60 所,书院总数达到 82 所,是南宋书院总数的 18％,仅次于江西,居第二位。[②] 其中有名的书院有吕祖谦讲学的金华丽泽书院,朱熹、吕祖谦、魏了翁、叶适、陈傅良、陆游等人讲学的东阳石洞书院,朱熹、陈亮、吕祖谦讲学的永康五峰书院,杨简讲学的鄞县杨文元公书院,舒璘讲学的奉化龙律书院,陈亮讲学的永康龙川书院,金履祥讲学的兰溪仁山书院等。

南宋浙江最著名的金华丽泽书院,是乾道二年(1166)吕祖谦所建,与湖南岳麓书院,江西白鹿洞书院、象山书院,并称为"四大书院"。吕祖谦以此为基地,亲编《丽泽讲义》,招揽四方学子,讲授"孝弟忠信为本"和"以讲求经旨,明理躬行为本"学问,倡导"讲实理育实才而求实用"的学风,门徒众多,如乔行简、葛洪、王介等。吕祖谦死后,其弟祖俭,门徒何基、王柏、袁桷等,先后执掌丽泽书院,吕氏中原文献之学"由是传递不替,其与岳麓

---

① 参见陈谷嘉:《宋代书院与宋代文化教育的下移》,黄宣民、陈谷嘉主编:《中国哲学》第十六辑,岳麓书社 1993 年版,第 477—494 页。
② 参见邓洪波:《中国书院史》,武汉大学出版社 2013 年版,第 121 页。

之泽并称克世"①。

丽泽书院规制完备,除了研究学术、创立学派、制订学规、撰写讲义外,祭祀、藏书、刻书等功能齐全。祭祀场所称祀室,后改称成公祠,祭祀吕祖谦、张栻、朱熹,配祀吕祖俭。藏书场所称遗书阁,收藏吕祖谦著作,刊印其他图书。如绍定四年(1231)所刻吕祖谦《新唐书略》和司马光《切韵指掌图》,至今仍存世,被藏书家视为珍宝。淳祐六年(1246)迁址于双溪之畔,宋理宗亲赐额,其后兴学不断,影响深远。

三、注重儿童启蒙教育

宋代浙江极为重视对儿童施予启蒙教育。宋代浙江村学兴盛,私塾遍布城乡各地,根据设置方式,可分三种类型:一是坐馆或教馆,指的是富户家长聘请教师在家教读子弟或亲友子弟的私塾;二是族塾和村塾,即一族或一村设置馆舍、聘请教师教育其子弟的私塾;三是门馆或家塾,即教师在家或借祠堂庙宇招收学童就读的私塾。

私塾收取的学童,入学年龄是八岁,但也有五七岁者。每塾的人数多寡不定,少者二三人,《道山清话》"村学究教授二三小儿"即指此,多者可达数百人、五六十人。私塾无固定学习年限,也无规定的教学制度,其教学程序包括识字、读书、写字、作对、作文等环节。教材以《百家姓》《千字文》为主,也有以《千家诗》《神童诗》或直接以"四书"为教材的。南宋末年,鄞县王应麟编著的蒙学教材《三字经》,被誉为"千古一奇书",在私塾教学中广

---

① (清)黄宗羲著,黄百家纂辑,全祖望补订,陈金生、梁云华点校:《宋元学案》卷73《丽泽诸儒学案》,中华书局1986年版,第2434页。

为流传,成为与《百家姓》《千字文》并列的主要教材,大大推动了民间教育普及的历史进程。

学塾读书注重熟读和背诵,极少讲解;写字从润字开始,次描字,次写映本,进而临帖。在读至一定时期后教以作对,为作诗的准备,进而教读五经及古文,内容为《东莱博议》《唐宋八大家文钞》等。最后是学习作文,为科举作准备。学塾规则严,师生不准谈笑,且盛行体罚。同时极其重视伦理道德的传授,强调儿童的敬身肃仪教育。

南宋的浙江除遍布家塾、蒙学等村学外,有的地方还创办了季节性的"冬学",陆游有首诗就描绘了当时农村冬学的情况:"儿童冬学闹比邻,据案愚儒却自珍。授罢村书闭门睡,终年不著面看人。"陆游自注:"农家十月乃遣子入学,谓之冬学;所读《杂学》《百家姓》之类,谓之村书。"这种冬学,对培养农家子弟、普及教育裨益良多。

第三节　诗词并美

一、唐诗遗韵

北宋前期,诗界继承唐诗遗风,主要流行西昆体、晚唐体、白居易体,浙江籍诗人钱惟演,就是西昆体的代表。钱惟演(962—1034),字希圣,钱塘(今杭州)人,吴越末代国王钱弘俶第十四子,天资聪慧,博览群书,太平兴国三年(978)随父归宋。

钱惟演是西昆诗派的杰出领袖。杨亿编《西昆酬唱集》共收录248首西昆诗,分别由17位西昆诗人所作,收钱惟演诗54首,约占总数的22%,足见其在西昆诗派中的地位。宋真宗大中祥符至仁宗天圣年间，西昆诗派领袖杨亿，发起诗风革新运动，钱惟演等人从而随之，革新运动对破除晚唐以来诗坛的芜鄙风气，革新卑弱的格调，深化浅薄的意境，有化导之功。在他们的努力下，宋诗迎合了开国的形势需要，呈现出欣欣向荣的气象。

钱惟演诗题材广泛，分为故王之子的故国伤怀，才子文人的淡怨轻哀，文学侍从的讽喻刺谏，王孙贵族的闲情逸致，高官大族的净土禅心，白首逸老的伤逝自乐六大类。① 诗风效法晚唐诗人李商隐，又深受南唐、吴越文化熏陶，注重形式美，气度雍容，辞藻华丽，颇具唐风，已显宋骨。如咏物诗《荷花》："水阔雨萧萧，风微影自摇。徐娘羞半面，楚女妒纤腰。"形象生动地展现了荷花的婀娜多姿。再如咏史诗《始皇》："不将寸土封诸子，刘项原来是匹夫。"很有韵味。钱惟演的词，存世虽不多，但皆为上品，如《玉楼春·笋》："嫩似春荑明似玉，一寸芳心谁管束。劝君速吃莫踌躇，看被南风吹作竹。"这是宋代最早的咏物词，颇具婉约派之风格。

二、出世与入世

宋初诗坛最盛行的流派，除西昆诗派外，还有以林逋为代表的隐逸诗。这一流派对中国诗歌从唐风到宋韵的风格转变有着独特作用。隐逸诗人的出现，是受前朝隐逸遗风的影响，更和宋初优待文人、褒奖赐封隐士的文化政策，较为宽和的社会氛围，以及讲究理趣的审美倾向有关。

林逋诗风清瘦，颇效晚唐诗人孟郊、贾岛、姚合、薛能的风格，又从皮日休、陆龟蒙诸家吸取养料，笔法细碎小巧，风格清隽

---

① 吴国武：《钱惟演与宋初诗歌的嬗变》，《中国典籍与文化》2009年第3期。

平淡,与辞藻华丽的西昆体截然不同,为宋初诗坛带来一股清新之风。林逋作诗随写随弃,从不留存,即使如此,后人所辑《林和靖诗集》仍录有林逋诗词300余首。

林逋的诗主要描写山林隐居生活,留下很多表现西湖景致的优美诗歌,如《西湖舟中值雪》:"浩荡弥空阔,霏霏接水濆。舟移忽自却,山近未全分。冻轸间清泛,温鑪接薄薰。悠然咏招隐,何许叹离群。"将西湖雪景刻画得淋漓尽致。林逋最出名的诗是梅花诗,如《山园小梅》:"疏影横斜水清浅,暗香浮动月黄昏。"以轻巧细腻的笔触、清新淡雅的色调,形象地刻画了一幅疏落俏丽的梅花图,成为脍炙人口的千古绝唱。

林逋虽终生不仕,但其人其诗塑造了一个"神清骨冷无由俗"的天真之境,这为时人所深深赏识、敬慕。宋真宗、仁宗对其赞誉有加;丞相王随、杭州知州薛映不仅敬佩其人,也喜欢其诗,经常趋孤山与之唱和,并出俸银为之重建新宅;林逋与范仲淹、梅尧臣也有诗唱和,在当时可谓士流名人,享誉一时。

北宋后期,浙江诗界经历短暂沉寂,至南宋初年重新焕发生机。当时最出名者,就是号称南宋"中兴四大诗人"的尤袤、杨万里、范成大、陆游,其中浙江籍爱国诗人陆游声望最高,无疑是其中翘楚。

陆游青年时期,师从江西诗派骨干曾几,颇受其影响。后来改换多师,从屈原、陶渊明、李白、杜甫、岑参的诗中汲取营养,从而脱胎换骨,自觉地走上了现实主义道路[①],形成独具特色的艺术风格,史称"诗家三昧"。陆游一生著述丰富,其中诗数量最多,曾自言"六十年间万首诗",是宋代作诗最多的人。其诗集

---

① 参见朱东润:《中国文学论集》,中华书局1983年版,第289页。

《剑南诗稿》85 卷，收录诗 9344 首，多反映强烈的爱国主义情怀，表达浓厚的乡土观念，其中人们最熟悉的莫如《示儿》一诗了，拳拳爱国之心，千载之下犹令人动容。

陆游有浓重的入世情怀，力主北伐、收复中原。他的诗歌因此有强烈的爱国色彩和现实主义特色，因此有人将他比作杜甫，誉其诗为"诗史"。除诗外，陆游也作词，《渭南词》收有 130 余首，以豪放词为主，多效法辛弃疾，语言豪放洒脱，能举重若轻，达到神完气定的境界，其中不乏忧国忧民、悲咤万状的名篇。

陆游虽然自觉地走上现实主义的创作道路，但他也有传统的隐逸思想。特别是从军报国的志向落空后，归隐趣向更为分明。他那些被人传诵的佳句，比如"山重水复疑无路、柳暗花明又一村"，既是鉴湖山水风光的诗意写照，也是他对失意人生的一种自我调节和平衡。

南宋灭亡前后，民族矛盾尖锐，亡国的残酷现实成为人们的泣血锥心之痛。异族入侵的金戈铁马之声深深震撼了文人的心灵。宋亡之后，怀抱故国之思、遗民之恨的文人，甘愿放逐自己于社会的边缘，他们所创作的遗民文学成为一特殊现象。在浙江诗词界，最著名的遗民文人是汪元亮、林景熙、周密、张炎、王沂孙等，其中汪、林致力于诗学，周、张、王主攻词学，并与阳羡（今江苏宜兴）蒋捷并称"宋末四大家"。

汪元亮（1241－1317），字大有，号水云，钱塘（今杭州）人。他本是南宋宫廷的琴师，元兵攻破临安后，被俘往北方，一路长途跋涉，饱受艰苦，对亡国之恨有深切感受，于是用朴素的语言，以诗歌的形式，将自身经历写入诗歌，被称为"宋亡之史诗"。他的诗以七言绝句著称，大多抒发强烈的爱国情怀。

林景熙（1242－1310），字德阳，一字德旸，号霁山，温州平阳人。宋末进士及第,宋亡后游于江浙间,聚徒讲学,阅史著录,名重一时,人称"霁山先生"。他的诗大多感怀故国,沉郁悲怆,满怀爱国怀旧之情。元僧杨琏真伽盗掘宋帝陵墓,劫掠珍宝,暴露尸骨,林景熙前往收拾遗骨,将它们归葬于兰亭,种植冬青树为标志,并作《冬青花》等诗以抒忠愤,为世人所称道。

周密是格律词派的代表人物,他不仅效法姜夔,词风典雅清丽,追求醇雅意趣,而且与吴文英齐名,并称"二窗"。周密的词以宋亡为界,分前后两个阶段,前期主要描绘吟风弄月,宴饮酬唱,后期多抒发亡国之恨和故国哀思,风格迥异,影响深远。

王沂孙(? —1291),字圣与,号碧山,会稽(今绍兴)人。他也是格律词派的代表,词风接近周邦彦,含蓄深婉,又颇似姜夔,善于体会物象以寄托感慨,擅用拟人手法以表达象征意蕴,词作章法缜密,具有显著的艺术个性。如《齐天乐·蝉》"病翼惊秋,枯形阅世,消得斜阳几度?"全诗借咏秋蝉托物寄意,表达国破家亡、末路穷途的无限哀思。词境低沉暗淡,切合一位亡国之人的心境。

三、"永嘉四灵"变革诗风

江西诗派是北宋后期声名鹊起的诗派,他们遥尊杜甫为祖,效法黄庭坚风格,善于吟咏书斋生活,重视推敲文字技巧,崇尚"点铁成金、夺胎换骨"之说。南宋前期,江西诗派的影响很大,但局限性也日渐暴露,诗界出现"厌傍江西篱落",力图摆脱其影响的趋势。至南宋中叶,浙江籍诗人徐玑、徐照、翁卷、赵师秀登上诗坛,掀起一股强劲的诗风变革运动,从某种程度上纠正了江西诗派"资书以为诗"的局限和习气。

永嘉四灵都是温州永嘉人。徐玑(1162—1214),字致中,又

字文渊,号灵渊;徐照(?—1211),字灵辉,一字道晖,自号山民;
翁卷,生卒年不详,字灵舒,一字续古;赵师秀(1170—1219),字
紫芝,号灵秀,亦称灵芝,又号天乐,人称"鬼才"。四人皆师从永
嘉学派领袖叶适,字号又皆带"灵"字,故而合称"永嘉四灵"。永
嘉四灵以改革江西诗派弊端为己任,效法晚唐诗体,崇尚贾岛、
姚合风格,形成一种崭新的诗歌基调,具有很强的现实意义,称
为四灵诗派,在当时风靡一时,人人效法,就连江湖诗派也"竞为
四灵体",从而推动了整个诗坛风气的转变。

　"永嘉四灵"的诗歌各有特色,徐照主张作诗用白描;徐玑的
诗歌有苦吟特点和清冷意境,涵盖范围广,既有山水林泉等自然
景物,也有居室寺庙等具体场所,渗透着骨气情怀和梦幻诗意;
翁卷主张诗应"自吐性情",诗歌创作"贵精不求多,得意不恋
事",追求清新自然的审美情趣;赵师秀的诗灵巧圆润,悠闲清
淡,句秀韵雅,具有浓厚的生活气息。① 从诗歌内容看,四灵诗或
描写田园风光,如徐玑《新凉》:"水满田畴稻叶齐,日光穿树晓烟
低。黄莺也爱新凉好,飞过青山影里啼。"描绘的江南田野美景,
清新而令人神往。或写亲朋故友间酬唱应答,如赵师秀《约客》:
"黄梅时节家家雨,青草池塘处处蛙。有约不来过夜半,闲敲棋
子落灯花。"借景抒情,情景交融,充满隐逸、萧散、清瘦的情趣。
在形式上,四灵诗轻古体而重近体,尤重五律,对中间两联锻炼
磨莹,刻意求工,形成独特的艺术特色,带动诗坛蔚然大观。

四、江湖文化崛起与江湖诗派形成

　宋室南渡造成极大的社会流动,加之土地等财富流转加速,

---

　① 参见赵新:《中国古代诗歌发展研究》,中国大地出版社 2019 年版,第 151—
154 页。

自南宋中兴起,一批江湖人士活跃于历史舞台。与仗剑而行的侠士不同之处在于,南宋的江湖人士多以卖文为生,由此造就了独特的江湖文化,不仅是中国文化史上一种独特的文化现象,也是当时士人独具的生命气象和时代社会现象。①

南宋中后期,临安作为南宋朝廷所在地,文化氛围浓厚,有大量诗社、吟社等文学团体,江湖诗派也厕身其中,浙江籍诗人就有陈起、戴复古、高翥、叶绍翁等人。

江湖诗派的形成,离不开陈起的组织和资助。陈起(约1187—1257),字宗之,号芸居,又称陈道人、陈学士、陈解元,钱塘(今杭州)人。宁宗时乡贡第一,钱塘书商兼诗人,因作诗攻史弥远,卷入党争,获罪流配,弥远死后,禁始解。陈起与士大夫们往来密切,或吟诗作赋,或宴游唱酬,故宋人诗词多有言及,称呼各异,以陈宗之、陈芸居居多。陈起凭借殷实的家资和便利的条件,结识临安许多意趣相投的诗人,逐渐形成较为固定的诗歌团体。后来陈起出资,将他们的诗歌结集,定名《江湖集》刊印,故称他们为江湖诗派。

戴复古(1167—1252),字式之,台州黄岩人,常居南塘的石屏山,自号石屏、石屏樵隐,早年受晚唐诗风影响,兼有江西诗派风格,后师从陆游,诗风奔放,笔调俊爽,作品或抒发爱国情感,关注人民疾苦,如《江阴浮远堂》:"横冈下瞰大江流,浮远堂前万里愁。最苦无山遮望眼,淮南极目尽神州";或描写自然风光,抒发个人情感,如《夜宿田家》:"身在乱蛙声里睡,心从化蝶梦中归。乡书十寄九不达,天北天南雁自飞。"戴复古一生作诗2000余首,主要收录于《石屏诗集》,有"以诗鸣江湖间五十年"之说,

① 参见周膺、吴晶:《杭州文化史》,中国社会科学出版社2020年版,第230页。

是江湖诗派中成就最高者。

江湖诗派继承"永嘉四灵"之遗风，虽不满于江西诗派，但也吸收其中的精华，诗体更为多样，境界更加宽宏，如余姚人高翥（1170—1241），终身未仕，浪迹江湖，诗歌多反映战乱中百姓的悲惨处境，也有描写农村景色的小诗，语言平易清新，颇具民歌风味。龙泉人叶绍翁（1194—1269），常年隐居杭州西湖，其诗歌富含诗情画意，又蕴含哲理，多反映恬静淡雅的隐逸情趣，其中"春色满园关不住，一枝红杏出墙来"至为传神。

五、格律词派的开创、传承与总结

两宋浙江词界可谓灿若云霞，涌现出大量重要词人，根据唐圭璋对《全宋词》中词人数量和籍贯的统计，两宋籍贯明确的词人共有 867 位，其中浙江籍人数最多，数量高达 216 人，占所有宋代词人总数 1/4。江西、福建名列第二、第三，但总数才 263 人，可见浙江词学的繁荣。宋初词界主要继承南唐李璟、李煜二主和冯延巳的风格，同时也受后蜀花间词派的影响。至北宋中后期，浙江籍词人主要有林逋、张先、周邦彦等人，其中周邦彦专攻词学，开创了格律词派，是北宋词坛领袖。

周邦彦（1056－1121），字美成，号清真居士，钱塘（今杭州）人。早年因颂扬新法，获神宗赏识，后卷入党争，仕途坎坷，辗转于各地。周邦彦的词学造诣，在整个宋代首屈一指，他吸收了北宋各词派的精华，加上自己精通音律，作词本色当行，又格外重视安排声律，终于将诸家之长融会贯通，别创词境，形成华美精巧的艺术风格，开创了全新的格律词派，被视为南宋词家"正宗"。

周邦彦创作很多新词调，作品多写闺情、羁旅，如《夜飞鹊·别情》上阕："河桥送人处，凉夜何其。斜月远堕余辉，铜盘烛泪已流尽,霏霏凉露沾衣。相将散离会,探风前津鼓,树杪参旗。花骢会意,纵扬鞭,亦自行迟。"此词写离别情景,能随意驰骋,而又与音调协合,具声乐美,语句起伏顿挫,结构上层层伸展,时空变幻灵动飞扬,过渡自然,风格上哀怨而浑雅,堪称送别怀人作品中的上乘之作。周邦彦也有咏物之作,如《菩萨蛮·梅雪》:"银河宛转三千曲,浴凫飞鹭澄波绿。何处是归舟,夕阳江上楼。天憎梅浪发,故下封枝雪。深院卷帘看,应怜江上寒。"此词借咏梅雪,寄托羁旅别情,格律谨严,语言曲丽精雅。

周邦彦的长调尤善铺叙,主要有三大特色:一是重视语言的锤炼,做到既浑成自然,又精致工巧;二是讲究"章法",即整篇结构;三是促进词体声律模式的进一步规范化、精密化。因而倍受人们尊崇,有"词中老杜"的美誉,他的词作也因此被视作"词家神品",为人们津津乐道。周邦彦也写诗,现存不多,以古体诗为主,风骨凛然,绝无绮罗香泽之气。

周邦彦开创的格律词派,经过姜夔的继承和发扬,在南宋词坛蔚然大观,成为效仿的榜样,尤其在浙江词界,以周邦彦为师者,更是数不胜数,如吴文英、周密、张炎、王沂孙等,均弘扬骚雅词风,讲究音律,精炼辞句,重形式而轻内容,其中四明人吴文英最有代表性。

吴文英(约1200—1260),字君特,号梦窗,明州(今宁波)人。吴文英一生未第,晚年客居越州,充当浙东安抚使吴潜和嗣荣王赵与芮的门客。吴文英的词上承周邦彦,重视格律,讲究修辞,善于用典,语言上生新奇异,意象密集,形成密丽深幽的风格。吴文英现存词340首,数量仅次于辛弃疾(629首)、苏轼(362首)和刘辰翁(354首),奠定了其在宋代词学上的杰出地位,又因其师法周邦彦,故而有"清真词人"之称。

　　吴文英是继周邦彦、姜夔后,格律词派的杰出领袖。他的词有两大特点:一是艺术思维方面,将实景化为虚幻,将虚无化为实有,通过奇特的艺术联想,创造如梦如幻的艺术境界。如《思佳客·赋半面女髑髅》:"钗燕拢云睡起时。隔墙折得杏花枝。青春半面妆如画,细雨三更花又飞。轻爱别,旧相知。断肠青冢几斜晖。断红一任风吹起,结习空时不点衣。"将半面枯骨幻化成风姿绰约的少女,寄托了青春伤悼之情。二是语言风格方面,打破正常的逻辑惯例,完全凭主观感受随意组合,语文生新奇异。如《高阳台·丰乐楼分韵得如字》:"飞红若到西湖底,搅翠澜、总是愁鱼。"将客观物象与主观情绪组合,虽显无理却甚为奇妙。

　　吴文英词保留了阴柔婉曲、要眇宜修、含蓄蕴藉的本质特性,丰富了词体艺术的表达技巧,为婉约词树立了新榜样,对当时乃至后世词学的发展产生重要影响,如南宋末年的周密、陈允平、尹焕等词家,效法吴文英词风,将吴文英与周邦彦并称,视为宋词领袖。清代词人朱彝尊、纳兰性德以及号称"晚清四大家"的张尔田、陈洵、吴梅等,都受吴文英词影响,对其推崇之至。

　　张炎(1248—约1320),字叔夏,号玉田,祖籍陕西,南宋名相张浚六世孙,家世显赫,父祖皆通文学,善音律。张炎从小受过良好的家庭教育,生活条件优越,元兵进入临安后,他祖父被杀,家破人亡,从此生活穷困,四处浪游,最后落魄而死。张炎是南宋词坛最后一位重要作家,他的词风效法格律词派,受周邦彦和姜夔影响很大,抒发对故国的无限怀念,对宋王朝沦覆的哀愁。其词现存302首,收录于《山中白云词》中。张炎最大的贡献在词学理论上,他所撰《词源》是一部著名的词论专著,表述了他对词学的看法,强调艺术感受、艺术想象与艺术形式,实际上也是对格律派词学的最后总结,影响深远。

六、女性词人留馨香

南宋时期,浙江词界的另一特征是女性词人的大量出现。这与宋代浙江繁荣的社会生活、发达的文化教育、优美的自然风光密不可分。当时有四位著名的女词人,分别是李清照、朱淑真、吴淑姬、张玉娘,世称"宋代四大女词人"。朱淑真、吴淑姬、张玉娘都是浙江人士,尤以朱淑真最负盛名。而李清照与浙江的缘分也至为深厚。女性词人的创作成为宋代浙江文化一道摇曳的风景,浙江文化的雅风素韵也在她们的作品得到美好的呈现。

朱淑真,自号幽栖居士,钱塘(今杭州)人,出生于仕宦家庭,善于吟诗填词。出嫁后随夫游宦,因婚姻不如意,郁悒而终。她一生创作了很多诗词,但死后多被父母烧掉,现存词仅32首,辑为《断肠词》。朱淑真的词继承唐五代词风,又吸收柳永等人的特色,语言清丽,善用委婉、细腻手法,表现优美的客观景物和复杂的内心世界,在女性词学上成就仅次于李清照,陈廷焯评价说:"朱淑真词才不逮易安,然规模唐五代,不失分寸。"①后人将《断肠词》与李清照《漱玉词》并称"双绝"。

朱淑真的诗词与其坎坷人生息息相关,她幼年生活安逸,故词风清新愉快,如绝句《纳凉桂堂》:"微凉待月画楼西,风递荷香拂面吹。"委婉地道出楼阁乘凉的休闲场景。情窦初开时,多作爱情词,如《清平乐·夏日游湖》:"恼烟撩露,留我须臾住。携手

---

① (清)陈廷焯著,彭玉平导读:《白雨庵词话》卷二,上海古籍出版社2009年版,第56页。

藕花湖上路,一霎黄梅细雨。"用活泼口吻再现与恋人幽会的甜蜜场景。结婚后,因丈夫不争气,她的诗词转向哀怨,如《蝶恋花·送春》:"绿满山川闻杜宇,便作无情,莫也愁人苦。把酒送春春不语,黄昏却下潇潇雨。"描绘了雨天借酒浇愁的场景,苦恼郁闷之情表现得非常到位。

吴淑姬和张玉娘也有很深的词学造诣,吴淑姬是湖州人,出身秀才家庭,慧而能诗词,人说其词佳处不减李清照,代表作《阳春白雪词》。张玉娘字若琼,自号一贞居士,松阳人,出身仕宦家庭,自幼饱学,敏慧绝伦,词作《兰雪集》。她们在中国文学发展史上留下了几缕淡雅的馨香。

李清照虽祖籍山东,但南渡后长期生活于浙江黄岩、绍兴、临安、金华等地,晚年诸多佳作,多创作于浙江境内。

经历靖康之难、国破家亡之人生惨痛之后的李清照,作品突破轻巧尖新、姿态百出的早期风格,敷上一层浓浓的个人身世愁绪之余,更具深度与广度,"隐现了一份离乱沧桑之痛,因而达致了词的幽隐深微的一种特美"[①]。

第四节　美术繁兴

一、南宋画院与院画

画院,全名翰林图画院,初设于后蜀和南唐,宋初平定诸国,将南唐、后蜀画家集于汴京,设立翰林图画院,使他们供职其中,

---

① 叶嘉莹:《宋代两位杰出的女词人——李清照与朱淑真》,《中国文化》第二十九期,2009 年 3 月。

负责图画绘制和管理,由此进入绘画史上的"院画时代"。宋室南渡后,在行在临安(今杭州)重设画院,院址设在富景院,也就是今杭州望江门内,并设待诏、祗侯、甲库修内司、祗应官等,出现"一时人物最盛"①的繁荣景象。

南宋初期画院的供职者,多是随宋室南渡的原宫廷画家,如李唐、刘宗古、杨士贤、李迪、胡舜臣等,这类画家承继北宋院画风格,同时有所创新,是南宋院画新韵的开创者和奠基人。宋室南渡后,又有许多南方画家进入画院,尤以浙江籍画家为多。南宋中后期,这种地域性特征更为明显,据清人厉鹗撰《南宋院画录》记载宫廷院画家98人,其中浙江籍38人,约占总数的39%,足见其盛。由此可见,建都杭州为浙江画家的兴起提供了优越的艺术环境,并将他们推向了称雄画坛的历史地位。

院画主要以山水画闻名,南宋院画同样如此,不过又有新特征,其中最主要的表现就是,取景以浙江山水为主,西湖的山、湖、风、月、梅、荷等美景,成为南宋院画的主要素材。南宋画家们用绘画行为,将清丽、淡远、细腻、典雅等美好的意趣,注入西湖,为西湖陶冶出了诗意的气质和精致的品位。② 如画院祗侯马麟画绢本《西湖十景》,将西湖最美的"苏堤春晓、曲院荷风、平湖秋月、断桥残雪、柳岸闻莺、花港观鱼、雷峰落照、两峰插云、南屏晚钟、三潭印月"表现得淋漓尽致,是南宋画院中西湖画卷的巅峰之作。

李嵩(1166—1243)是钱塘(今杭州)人,历仕光宗、宁宗、理宗三朝,时称"三朝老画师"。李嵩精通人物画、佛道像画和界

---

① (清)厉鹗辑:《南宋院画录》卷1《总述》,中国书店2018年版,第6页。
② 陈野:《南宋绘画史》,上海古籍出版社2008年版,第337页。

画,山水风俗画也有很高的造诣,如《货郎图》描绘了老货郎挑担至村头,众多妇女儿童争购围观的热闹场面,把劳动人民的生活作为审美对象来描绘,在中国古代美术发展史上,有着重要的意义。[①] 精湛娴熟的技艺,精美秀丽的风格,使李嵩深受时人推崇。

二、山水画进入全新时期

以浙江山水为素材的南宋院体山水画盛行一时,使中国山水画进入全新时期,首屈一指者,就是号称"南宋四大家"的李唐、刘松年、夏圭、马远,马远、夏圭地位更高,史称"马夏山水",成为明代"浙画派"的先祖。

李唐(约1066—1150),字晞古,河阳三城(今河南孟州)人,徽宗时入画院,汴京沦陷后流落临安,被高宗重新纳入画院。李唐善画人物、花鸟、走兽,尤长于山水,其技法主要采用大斧劈皴,构图奇古宏大,画法笔致清晰,技法奇崛,墨韵纯净,将山体的端庄伟岸、气魄雄奇表现得淋漓尽致,开创了山水画的新风格,被誉为院体画南宗第一人,代表作《万壑松风图》《清溪渔隐图》《烟寺松风》《采薇图》等,其中《采薇图》描绘伯夷、叔齐对坐的场景,对伯夷的刻画尤为成功,塑造了一个几近完美的"仁义"之士的形象。[②]

刘松年(约1131—1218),家居钱塘清波门,自号刘清波,时称"暗门刘"。刘松年擅画山水、人物,山水画效法李唐,水墨青绿兼工,着色妍丽典雅,常画西湖胜景,多写茂林修竹,画风笔精墨妙,恬洁滋润,但更显稳健谐和,人称"小景山水",代表作《四

---

① 参见王晓锋编:《中外名画彩图馆》,中国华侨出版社2016年版,第328—329页。

② 袁志正编著:《中国画名作鉴赏》,新华出版社2015年版,第156页。

景山水图》。刘松年的人物画,题材广泛,其中《中兴四将图》不仅将刘光世、韩世忠、张俊、岳飞四将的神情气度,刻画得惟妙惟肖,灵活生动;而且这种次序排列,饱含了浓浓的政治寓意[①],是其人物画的杰作。

马远(约 1140－1225),字遥父,号钦山,祖籍河中(今山西永济),生长于临安(今杭州),绘画世家出身,曾任画院待诏。马远擅画山水、人物、花鸟,山水取法李唐,笔力劲利阔略,皴法硬朗,喜作边角小景,有"马一角"之称。马远画人物,勾描自然,画花鸟以山水为景,情意相交,生趣盎然。代表作《水图》以顿挫、疾涩、曲直、提按等笔法,赋予水以"性情",把水的不同动态,表现得淋漓尽致,使人有身临其境之感,故而有"活水"之誉。[②]

夏圭(一作夏珪),字禹玉,临安(今杭州)人,生卒年不详。早年擅画人物,后以山水画著称,与马远齐名,时号"马夏"。夏圭的山水画效法李唐,但又汲取范宽、米芾、米友仁的优点,喜用秃笔,下笔较重,因而更加老苍雄放,用墨善于调节水分,效果更加淋漓滋润,自成风格,流露着自然荒率的韵致。[③] 代表作《溪山清远图》等。

三、书法艺术风神与理论总结

北宋时期,浙江书家以诗人林逋名望较高,林逋善行书,字体气清,结体峭劲,颇有神采。陆游对之曾有"君复书法高胜绝

---

① 吴启雷:《画中有话》,上海科学技术文献出版社 2019 年版,第 106 页。

② 静斋编:《南宋四大家绘画精品集》,西泠印社出版社 2019 年版,第 96－97 页。

③ 佘城:《宋代绘画发展史》,荣宝斋出版社 2017 年版,第 318 页。

人，予见之，方病不药而愈，方饥不食而饱"①的美誉，足见其造诣。

南宋时期，浙江成为政治中心，文化也获得快速发展，在书法领域，涌现出吴说、陆游、岳珂、赵构等著名书法家，其中吴说和陆游成就最高。

吴说（约1092—约1170），字傅朋，号练塘，钱塘（今杭州）人，政和七年（1117）以将仕郎入仕，南渡后居钱塘紫溪，时称"吴紫溪"，曾任淮南转运使、知信州、主管崇道观。吴说书法源于家学，又注重收藏，其行草、楷书、榜书均佳，尤以小楷闻名，有"宋时第一"之称，行草圆美流丽，榜书深稳端润，饱含汉魏风骨。其独创的游丝书极负盛名，上承北宋米芾，下接元代赵孟頫、明代董其昌，为正统书风的继承人。②

陆游是诗词大家，在书法上也有造诣。他人品既高，下笔自不同凡手，其书法与诗歌类似，寄托着饱受压抑的强烈情感，郁勃雄豪，又不失敦厚理智，他的草书学张旭，行书学杨凝式，楷书效颜真卿，带有明显的时代流风。陆游的书法创作，随心情而灵动多变，心情平静之时，信笔偶书；酒酣兴起之时，乘兴作书；心绪不平之时，奋笔疾书；他非常重视书法的用笔和法度，注意书法的姿态和流动，将简单的书法创作看成是妙不可言的诗境，犹如霞蔚云蒸、气象万千的审美世界。③ 他的简札，信手拈来，秀润挺拔，飘逸潇洒，笔力遒劲奔放，朱熹称其精妙高远。

---

① （宋）林逋著，沈幼征校注：《林和靖集》附录《评论与记事·跋林和靖帖》，浙江古籍出版社2012年版，第183页。

② 参见朱仁夫：《中国古代书法史》，贵州教育出版社2017年版，第382页。

③ 参见向彬：《论陆游的书法观》，中国书法文化研究院研究生会编：《第三届全国书法研究生书学学术周论文集》，首都师范大学出版社2007年版，第98—103页。

赵构(1107－1187)，字德基，汴梁（今河南开封）人。宋徽宗赵佶第九子，南宋开国皇帝。赵构书法成就极高，能博采众人所长，初效黄庭坚，后学米芾，最后学孙过庭，形成端雅淳厚、涵咏隽秀、挺拔遒劲、苍逸瘦硬的艺术风格，现存上海博物馆的行书《千字文》，即为赵构书法的佳妙之笔。他的书法趣味深深影响当时的书法取向，因而黄字、米字、孙字在南宋广为流行。

赵构对书法理论也有研究，其所著《翰墨志》，又名《思陵翰墨志》，亦名《评书》，是一部重要的书法理论著作，全书共分25则，现只存22则，多有独到之处。由于赵构评书起点高，对当朝书法很不满意，认为书法之弊，莫如本朝，本朝承五代之后，无字画可称。但他对米芾情有独钟，尤其是行草，更是称赞有加，此外，赵构对李建中、蔡京、李时雍、苏轼、黄庭坚的书法，也提出了自己的看法。

《翰墨志》品评历代书家和学书方法，是现存古代皇帝唯一存世的御笔论书之作，体现了赵构的书学思想，从中可以看到，赵构不仅继承了北宋的"尚意"理念，而且有向传统观念转变的趋向。由于他的特殊身份与地位，其对魏晋六朝书法的肯定，奠定了南宋书法发展的基调，也为元代全面复古魏晋的书法大潮奏响了序曲。① 从这一层面上讲，赵构所著《翰墨志》在中国书法史上有着非常重要的指导意义。

四、青瓷雅韵

宋代制瓷业发达，全国各地都有窑址，最有名的是汝、官、

---

① 参见崔树强主编：《中国书法通识丛书 书为心画书法理论批评》，江西美术出版社2017年版，第81页。

定、钧、哥五窑,并称为"五大名窑",其中定窑、钧窑又与磁州窑、耀州窑、景德镇窑、建窑、龙泉窑、越窑,并称为"八大窑系",这些名窑中,在浙江境内者就有越窑、龙泉窑和南迁的官窑等,这就奠定了浙江在宋代制瓷界的重要地位。

越窑位于越州境内,出现于汉代,唐朝奉为上品。越瓷主要是青瓷,代表当时青瓷工艺的最高水平,其中的极品便是秘色瓷,是朝廷专用的贡品。五代时期,吴越国垄断越窑制瓷业,将秘色瓷频繁进贡中原王朝,但北宋皇室多用汝窑青瓷,南宋皇室多用官窑青瓷,故越窑青瓷不及唐五代那么彰显,元丰后进贡中断。

龙泉窑位于处州龙泉(今龙泉)境内,宋以前已出现,入宋后得以迅速发展,北宋时约有 23 处,南宋已超过 48 处,增加了一倍多,由于龙泉窑瓷质地坚固,因而成为海外出口瓷器的大宗,运销日本、高丽、东南亚和西亚等地。龙泉窑吸收越窑、婺窑、瓯窑的特征,开创出别具特色的青瓷系统,釉色纯正,釉层厚实,是宋代民窑诸系中的精品,南宋晚期烧制的梅子青釉和粉青釉,达到青瓷釉色之美的顶峰,谱写了我国瓷器史的光辉篇章。此外,根据庄绰《鸡肋编》所载:"宣和中,禁庭制样需索,益加工巧。"[①]可知龙泉窑与越窑类似,很可能也生产秘色瓷,并且是重要贡品。

官窑本设于北宋都城汴京(今河南开封),也是官府垄断的窑系,专门生产供宫廷消费的瓷器。宋室南渡后,在杭州重设官

---

① (宋)庄绰撰,夏广兴整理:《鸡肋编》卷上,上海师范大学古籍整理研究所编:《全宋笔记》(第四编),大象出版社 2008 年版,第 7 册,第 9 页。

窑，"袭故京遗制，置窑于修内司，造青器名内窑"[①]，故南宋官窑又称"内窑"或"修内司官窑"。目前已知的修内司官窑址，一在杭州西南的凤凰山下，一在杭州南郊的乌龟山下。修内司官窑胎细釉润、色青带粉红，釉有深浅之分，有蟹爪纹开片和紫口铁足特征，在青瓷系统中也属上乘。

第五节　　出版与藏书

一、印书以杭州为上

北宋时期，浙江人才荟萃，教育发达，造纸业发达，一跃成为全国最好的出版中心，印刷技术相当娴熟，叶梦得曾言："今天下印书，以杭州为上，蜀次之，福建最下。京师比岁印板，殆不减杭州，而纸不佳；蜀与福建，多以柔木刻之，取其易成而速售，故不能工，福建本几遍天下，正以其易成故也。"[②]杭州的雕版印刷技术超过京师汴京，居全国之首，因此北宋最高学府——国子监印刷的"监本书"，都要下至杭州刻印，如元丰八年（1085）司马光《资治通鉴》撰毕，朝廷随即令杭州刻印出版，即为一例。

除监本书在杭州刻印外，浙江地方官府和私人也在杭州刻印书籍，如杭州陈氏万卷堂淳化（990—994）间刻印《史记》，临安进士孟琪于宝元二年（1039）刻《文粹》等，推动了浙江印刷业的发展。由于杭州刻印业有利可图，又与国家出版活动息息相关，

---

① （元）陶元仪著，李梦生校点：《南村辍耕录》卷29《窑器》，《宋元笔记小说大观》，上海古籍出版社2001年版，第6册，第6512页。

② （宋）叶梦得：《石林燕语》，《全宋笔记》第二编，大象出版社2008年版，第10册，第115—116页。

因此王安石变法期间,宋政府特意在杭州设"市易务",作为专门刻书机构,对当地印刷业进行官府垄断,所积书版价值近 1407 贯,足见印刷书籍之多。

南宋时期,国家出版中心迁至杭州,印书业更加繁荣。国子监不但翻刻了北宋时的监本书,修内司、两浙转运司、德寿宫等处也设有刻印机构。如修内司所刊《混成集》,"巨帙百余,古今歌词之谱,靡不备具。只大曲一类凡数百解,他可知矣"。[①] 两浙其他州郡,官方多有印书事业。如明州(今宁波)有书板 3506 板(或幅),凡 28 种图书。两浙私家刻印更普遍,中心仍是杭州,至今尚能找到铺名者就有 16 家,这些私家刻印作坊,遍布杭州各处,极大地丰富了图书文化市场,所刊书籍,流传广泛而久远。

二、毕昇发明活字印刷术

活字印刷术的发明是中国印刷史上具有划时代意义的事件,也是世界历史上最重要的发明之一,它推动了印刷业迈入新时代,对人类文化的保存和传承具有重要作用。这一质的飞跃,则要归功于北宋平民发明家毕昇。据沈括《梦溪笔谈·技艺》载:"板印书籍,唐人尚未盛为之,自冯瀛王始印《五经》,已后典籍皆为板。本朝庆历中,有布衣毕昇,又为活板。"[②]可见,活字印刷术是毕昇在庆历间(1041—1048)所发明。

毕昇(972—1051)是蕲州蕲水(今湖北英山)人,但他长住杭州,为书肆刻工,专事手工印刷,在印刷实践中,总结前人经验,

---

① (宋)周密著,杨瑞点校:《齐东野语》卷 10《混成集》,浙江古籍出版社 2015 年版,第 174 页。

② (宋)沈括撰,金良年点校:《梦溪笔谈》卷 18《技艺》,中华书局 2015 年版,第 174 页。

发明活字印刷术，其法未及推行即卒。

毕昇创造发明的胶泥活字、木活字排版，突出优势在于"神速"和"瞬息可就"，从而大大加快了刻印速度，提高了刻印效率，是中国印刷术发展中的一个根本性的改革，"毕昇发明的泥活字排版印刷技术，与现代铅字排版印刷的原理基本相同。可以说，它是现代铅字印刷的先导。这项发明比德国约翰·古登堡活字印书约早 400 年。"①足见其价值。

三、官刻图书质量精良

宋代浙江刻印的书籍可分官刻、私刻两类，其中官刻图书种类繁多，大致可分监刻本、宋殿本、公使库本和府州刊本四类。

监刻本，又称监本，是全国最高出版机构——国子监主持下，由杭州刻印的书籍，刻印俱精，为全国刻印书籍中质量最高者。北宋时期，杭州承接的监刻本书就有《史记》《外台秘要方》《资治通鉴》等；南渡以来，国子监南迁至杭州纪家桥，刻印书籍更为便捷。绍兴二十一年(1151)高宗下诏监中其他缺书，也次第镂板，不惜赀费。经过这一番努力，常用经史始得复全。南宋监刻本主要有两类：一是经书，主要有《周易正义》《尚书正义》等26 部，流传的《十三经》全部刻完；二是史书，主要有《史记》《汉书》等 17 部，多是官修正史。

宋殿本是南宋内府刻印的书籍，如刘球撰《隶韵》十卷，就有德寿殿刻本，德寿殿为德寿宫之大殿，旧为秦桧府第，高宗退位居此，该书很可能是高宗称太上皇时所刻，当为宋殿本中最早者。再如《乐府混成集》105 卷，有修内司刊本，周密《齐东野语》

---

① 　郑士德：《中国图书发行史》，高等教育出版社 2000 年版，第 232 页。

卷 10 称此书"巨帙百余，古今歌词之谱，靡不备具。只大曲一类凡数百解，他可知矣，然有谱无词者居半"①，此略可见其书规模和概貌。

公使库本是指南宋时两浙东路茶盐司、两浙西路茶盐司、两浙东路安抚使、浙东庾司、浙右漕司、浙西提刑司等省级部门用公使库钱刻的书。又可分浙东路刊本、浙西路刊本。浙东路治所在绍兴府，重要刊书有《资治通鉴》《外台秘要方》《周易注疏》等 20 余种，具体由浙东茶盐司负责，其中《资治通鉴》是茶盐司下余姚县刊板。浙西路治所在临安府，重要刊书有《临川先生文集》《中兴馆阁书目》《活民书》等 10 余种，具体由浙西茶盐司、浙西提刑司、浙右漕司负责。

府州刊本则是南宋地方府州刊印的书籍。南宋两浙路各府、州、县皆有刻印书籍，如陆游主持的建德府刊书，岳珂主持的嘉兴府刊书，洪适主持的绍兴府刊书等，皆为精品，影响极大。其中临安府刊本就有《文粹》《通典》《（乾道）临安志》等 20 余种，具有很高的文献价值。

四、私人刻书亦盛

南宋时浙江书坊和私人刻书亦盛。清人认为南宋私家刻书以"赵、韩、陈、岳、廖、余、汪"最好，其中"陈"指陈起，"岳"指岳珂，"廖"指廖莹中，他们是浙江民间刻书的杰出代表。

陈起事母至孝，曾开书肆于临安，鬻书以奉母。陈起的书肆，刻印书籍很多，最主要者有两类：一是唐人专集和总集，所谓

---

① （宋）周密著，杨瑞点校：《齐东野语》卷 10《混成集》，浙江古籍出版社 2015 年版，第 174 页。

"诗刊欲遍唐",陈起书肆刊印唐人专集和总集极多,王国维甚至认为,今日所传明刊十行十八字本唐人专集、总集,大多都是陈起刊印本。二是刻印宋人文学作品,即著名的《江湖集》。

廖莹中是福建邵武人,贾似道门客,创办世采堂刻书,极为精美。他所刊《九经》本最佳,以数十种书比较,经百余人校正而后成。用抚州草抄纸、油烟墨印造,以泥金为签,称得上是豪华装订本。有《昌黎先生集》《河东先生集》存世,书法效褚柳,纸润墨香,可谓精品。

岳珂(1183—1243)是武穆王岳飞孙,也是著名诗词家,曾长期寓居嘉兴府,所刻书籍,质量高,为后人推崇,如《鄂公金陀粹编》28卷,为岳飞辨冤所作,成书于嘉定十一年(1218),刊于嘉兴郡塾;所刊《兰考续考》也写刻精湛,为南宋浙江刻书中之上品。杭州著名的民间刻印家还有陈思,他也是位书商兼出版家,精于鉴别版本真伪,所开书肆收购旧籍,亦出售新刊书籍与旧籍,如《宝刻丛编》《书小史》《两宋名贤小集》等,都是自刻售卖,雕印精良,为历代藏书家所珍重。

五、官私藏书具规模

北宋初年,在宫廷设昭文馆、史馆和集贤殿,合为崇文院,真宗时增秘阁,负责图书收集和管理工作;元丰改制后,改称秘书省,是中央最高图书收藏机构;宫内的太清楼、御书院等10多个殿阁,也有图书收藏,以备皇帝随时阅览;另设龙图阁、天章阁、宝文阁等机构,存已逝皇帝御书。靖康之难后,汴京储藏图书,几乎毁弃殆尽。高宗移跸临安后,重设秘书省于国史院旁,随即搜访遗阙,屡优献书之赏,共得44486卷,至宁宗时,又增加14943卷,图书收藏稍具规模。

　　南宋重设了北宋龙图阁、天章阁等藏书机构，又新建敷文、焕章、华文、宝谟、宝章、显文六阁，分别藏徽宗、高宗、孝宗、光宗、宁宗和理宗的御书。南宋宫内藏书机构不同于北宋，除御书院曾短期设置外，太清楼等其他殿阁并未重设，却新设了资善堂、损斋、缉熙殿，作为新的藏书机构。资善堂所用书籍由国子监提供，充当内廷书院或太子学宫。损斋是高宗绍兴间所建，置经史古书，藏有《春秋》《史记》《尚书》等，是高宗读书游息的场所。缉熙殿原为讲殿，是宋理宗以前各位皇帝经筵开讲经史之所，改建成缉熙殿后，收藏经史、图书、书画、墨迹等，为理宗读书宴息之处。

　　南宋时期，浙江境内的藏书家和藏书楼数量众多，重要的有楼钥、史守之、陈振孙、叶梦得、周密等。如鄞县楼钥，家中建东楼，藏书达万卷，其中半数为钞本[①]，楼钥还对藏书亲自校勘，去伪存真，成为千古流传的善本。史守之是楼钥同乡，搜罗书籍甚多，建楼储藏，宁宗御赐名"碧沚"。两人同为明州藏书代表，被全祖望尊为"南楼北史"。湖州陈振孙家藏书5万余卷，超过南宋初秘书省藏书数，所著《直斋书录解题》是目录学的典范。处州叶梦得平生好收书，家有书三万卷，置于吴兴居所，建书楼贮之，极为华焕。湖州周密是藏书世家，其家有书四万二千余卷，及三代以来金石之刻一千五百余种，建书种堂、志雅堂储藏。

①　参见顾志兴：《浙江藏书家藏书楼》，浙江人民出版社1987年版，第28—57页。

第六节　民间艺事

一、瓦子勾栏营造市井繁华

宋代商品经济发达,市民阶层成为重要的社会力量,推动了城市景观的改变和享乐意识的发展。瓦子勾栏,这一适应市民消遣需求的场所,在各大城市随即应运而生。瓦子,又称瓦市、瓦舍或瓦肆,是城市中固定的娱乐场所,据吴自牧解释:"瓦舍者,谓其'来时瓦合,去时瓦解'之义,易聚易散也。"[①]至迟在宋太祖时,汴京就出现了瓦子的雏形,至宋徽宗统治时期,已有规模可容纳数千之众的瓦子。

宋室南渡后,许多来自汴京的达官显贵和富商巨豪,纷纷定居临安,驻扎临安附近的军队也多是西北人,为满足他们的娱乐需求,绍兴和议后,在官方的主持和推动下,临安出现了许多瓦子勾栏,临安城内者归修内司管辖,临安城外者归殿前司管辖。临安的瓦子数呈先增后减的趋势,宋孝宗时有 23 个,宋宁宗时城内有"南瓦、中瓦、大瓦、北瓦、蒲桥瓦"5 个瓦子,城外也有 20 个,共计 25 个;度宗时减至 15 处,但无论如何,远超北宋汴京的数量。

临安著名的瓦子有众安桥的北瓦、米市桥下的米市桥瓦、候潮门外的候潮门瓦、艮山门外的艮山门瓦、城东的菜市瓦、城西郊后军寨前的赤山瓦等,其中众安桥的北瓦最大,有勾栏 13 处。

---

① （宋）吴自牧著,阚海娟校注:《梦粱录新校注》卷 19《瓦舍》,巴蜀书社 2015 年版,第 336 页。

所谓勾栏，就是瓦子之中用有图纹装饰的栏杆围成的表演伎艺的场地，是瓦子的主体部分，每个瓦子之内，少则有一两个勾栏，多则十余个，勾栏中有名角表演，昼夜不息。如北瓦中有两座勾栏专门讲史，其余还有说经、小说、相扑、乔相扑、杖头傀儡、悬丝傀儡、小傀儡、影戏、杂剧、杂班、嘌唱、唱赚、说唱诸宫调、舞蕃乐、使棒、打硬、踢弄、散耍、装秀才、谈诨话、学乡谈、背商谜、教飞禽、装神鬼等，瓦子内还有杂货零卖和酒店，人山人海，围得水泄不通。

南宋临安的瓦子反映的是都市生活和市民娱乐的喜好，但宋人过于沉浸在纸醉金迷的奢侈生活中，面对国家内忧外患，江山半壁摇摇欲坠，社会危机日渐加深的困境，非但不居安思危，反而日夜笙歌、醉生梦死，真是"暖风熏得游人醉，直把杭州作汴州"。

二、俗文化滋盛

（一）说话

说话即讲故事，是在瓦子勾栏中献演的一种说唱技艺。说话起源很早，唐朝时基本定型，至宋朝进入兴盛期，从事这种职业的人，称为说话人，他们之间互相联络，成立一种行会组织，称为书会。说话所表述的题材和内容，大致有四种：一为小说，包括银字儿、说公案、说铁骑儿，其中银字儿即说脂粉、灵怪、传奇、公案等故事，说公案即讲述朴刀杆棒及发迹变泰之事，说铁骑儿讲的是士马金鼓之事；二为讲经，包括说经、说参请、说诨话，说经即讲述佛经中的故事，说参请即讲述宾主参禅悟道故事，说诨话即讲滑稽讥讽引人发笑的故事；三为讲史，说前人兴废争战之事;四为合成或商谜,合成指即兴滑稽技艺,商谜即猜谜游戏。[①]内容非常丰富。

临安城说话人数量很多,仅周密记载的有名可考者就有92人,其中讲小说者52人,如蔡和、李公佐、女流史惠英等;演史者23人,如乔万卷、许贡士、张解元等;讲经者17人,如长啸和尚、女流陆妙慧、余信菴等[②],这些艺人以舌耕为职业,表演时能说得天花乱坠,尤其是讲史名家,必然极富学识,技艺超群。

说话业的兴旺,不仅使他们在瓦子中有固定的表演勾栏,而且在街巷空地、酒楼茶肆可随时作场,甚至还挂出招牌,预宣节目名称,以此招揽听众。当时说话业声势之盛,不仅流传到广大的市井乡村,而且还进入了宫廷。有个叫王六大夫的人,因为讲史技艺精妙,深得理宗皇帝赞许。说话艺术的普及与说话艺人之间彼此的长期竞争,极大地提高了说话技艺的发展。

(二)话本

话本在严格意义上来说,指的是说话艺术的底本,是说话艺术发展到一定阶段的产物。话本的出现,可追溯至唐朝。宋代话本数量激增,流传至今者约有40种,这是宽泛而言,实际上学界公认者只有16种,其中故事发生在浙江或与浙江有关的占将近一半,因而无论是故事的内容,还是外在的形式,宋代话本都具有浓厚的浙江地方特色,具体而言:

故事取材于当时发生在浙江现实生活中的故事或社会上流传的奇事逸闻。如《菩萨蛮》叙述宋高宗绍兴年间温州秀才陈可常在杭州灵隐出家当和尚,后被人诬陷为与吴七郡王府中的侍

---

① 参见孙楷第:《论中国短篇白话小说》,棠棣出版社1955年版,第19—36页。
② (宋)周密撰,范荧整理:《武林旧事》卷6《诸色伎艺人》,大象出版社2019年版,第89页。

女新荷私通,以致遭到杖楚的故事。据考证,话本中的吴七郡王是指吴益,是高宗吴皇后之弟,又是秦桧孙婿,封太宁郡王,常"竹冠练衣,芒鞵筇杖,独携一童,纵行三竺、灵隐山中,濯足冷泉磐石之上,游人望之,俨如神仙"[①],吴益确至灵隐寺闲游,因此这个话本很可能就是事实改编而成。

故事采用浙江民间流传的带有一些幻想性质的故事。如《白娘子永镇雷峰塔》叙述南宋绍兴年间,许仙与白娘子的爱情故事。传闻,宋代净慈寺附近的山阴处出现过巨蟒,并有过会变成女子的害人妖精,由此触发了人们的联想和创作灵感,白蛇类故事在民间广为流传,而绍兴间(1131—1163)出现的话本《白娘子永镇雷峰塔》是其中最早的版本,也是最具影响的宋代话本。

故事情节和地理环境带有浓厚的浙江乡土气息。一是话本的故事情节与杭州有关,如《碾玉观音》中所讲故事发生在临安,涉及的石灰桥、车桥、钱塘门等地名,至今杭州仍存遗迹。二是对临安坊巷道路描写准确,如《白娘子永镇雷峰塔》提到官巷口、寿安坊、花市街、井亭桥、清河街等,皆在《梦粱录》中得到证实。三是对浙江地方风光的描写颇具特色。如《钱塘梦》写秀才司马献先是在杭州城中游玩,有说不尽的好景,接着与几位诗人宴赏于西湖,后来又到钱塘江上,尤其描写了南宋初年浙江人在农历八月中旬去观潮的盛况和弄潮的情景,写出了浙江的风光特色。

(三)南戏

南戏,全称南曲戏文,又称温州杂剧、永嘉杂剧等,区别于北曲杂剧,是北宋时期北方地区流行的杂剧艺术传至南方后,和当

---

① (宋)周密著,杨瑞点校:《齐东野语》卷10《吴郡王冷泉画赞》,浙江古籍出版社2015年版,第172页。

地民间艺术结合而发展起来的一种戏剧艺术。它形成于北宋宣和年间（1119—1125）的温州一带，宋室南渡后兴盛起来，杭州、漳州、莆田等广大的南方地区多有流传。

南戏起源于温州地区的村坊小曲和农市女顺口歌。往往是秋收之后，乡中闲人凑钱集众，于稠人广众中搭棚演艺，相与为乐。永嘉及其邻区衢州、福建龙溪一带的农村，盛行这类乞冬节和清明节迎神赛会，推动了南戏的形成。

宋室南渡后，温州成为重要的商业城市，一方面是市民阶层迅速崛起，对文化娱乐活动的需求与日俱增，刺激了南戏艺术的发展；另一方面是走南串北、到处献艺的"路歧人"来此驻足落户，谋取生计，他们融合了各地土调或乐曲的要素，并与温州民间艺人相结合，使南戏的体制逐渐走向完善，发展成为以歌谣小曲的声调作为唱腔的故事表演。[①] 此外，"靖康之难"使北宋宫廷歌舞乐曲散佚殆尽，为南宋地方戏提供了广阔的发展空间，南戏也趁机传入杭州，成为市民、权贵、文人的消遣对象，杭州也由此取代温州，发展成为南戏的新中心。

宋元时期的南戏现存三篇，其中《张协状元》是南宋温州九山书会才人编撰，是中国迄今所发现最早、保存最完整的中国古代戏曲剧本，从中可看出，温州出现了戏文编撰的专门组织——书会，书会可随时对剧本进行改编，演员按照剧本排练演出。南戏在音乐体制上有浙江地方的特色，唱白中的语言，皆为浙江一带的方言，因此南戏始终未能摆脱俗的本质，也很难受到正统派文人雅士的欢迎，当北方杂剧流入杭州后，南戏很快走向衰落。

---

① 参见周贻白：《中国戏曲发展史纲要》，上海古籍出版社 1979 年版，第 122 页。

第七节　科学技术的里程碑时代

一、《梦溪笔谈》的萃集与开创之功

沈括（1031—1095），字存中，号梦溪丈人，钱塘（今杭州）人，北宋中期政治家、科学家、地理学家。嘉祐八年（1063）进士及第，参加王安石变法，历任提举司天监、史馆检讨、三司使、鄜延路经略安抚使等职，晚年隐居润州梦溪园。沈括著述颇丰，最有名的是《梦溪笔谈》，被英国科学史家李约瑟评价为"中国科学史上的里程碑"。

《梦溪笔谈》共 30 卷，其中《笔谈》26 卷、《补笔谈》3 卷、《续笔谈》1 卷，全书有 17 目，分 609 条，涉及天文、数学、物理、化学、生物、地理等学科，内容十分丰富。该书虽是作者还未最后完成的未定稿，但在很多领域皆有开创之功。

在数学、物理学领域，发明了隙积术和会圆术。所谓隙积术，即长方台形垛积的求和公式，开创了数学垛积问题研究的先河，南宋杨辉的隙积术成果和元代朱世杰提出的"垛积术"，都是在此基础上发展而来。所谓会圆术，即由弦和矢的长度来求弧长的公式，这是中国数学史上最早的，元代郭守敬《授时历》就曾利用会圆术，计算赤道积度和赤道内外度。[①] 在物理学领域，对光学、磁学、声学皆有记载，尤其是发现了磁偏角，比西方早 400 多年。

在天文历法方面，沈括改进了浑仪、壶漏、圭表等天文仪器，

---

① 　参见邵庆国主编：《宋代科技成就》，河南科学技术出版社 2014 年版，第 212 页。

对天象进行细致的观测,发现了真太阳日有长有短的现象,从而改进历法,提出"十二气历"说,有效解决了阴阳历难以调和的矛盾。在地理学方面,沈括提出温州雁荡山地貌是流水侵蚀所致的观点,比英国赫顿《地球理论》中提出此说要早700年;在地图学方面,沈括制作的地理模型,是世界上较早的立体地图,欧洲直到18世纪才出现地形模型,比沈括晚好几百年,而且规模也小得多。①

此外,沈括及《梦溪笔谈》在语言学、医药学、化学、音乐学、生物学、书画鉴赏等领域,也萃取了众多珍贵的史料记载,可谓是一部辉煌的集大成之作。

二、杨辉三角理论的贡献

杨辉,字谦光,钱塘(今杭州)人,南宋末年数学家,曾担任过地方行政官,为政清廉,足迹遍及苏州、杭州、台州等地。杨辉非常注重社会上的数学问题,在总结乘除捷算法、垛积术、纵横图及数学教育方面,均做出了重大的贡献,是世界上第一个排出丰富的纵横图和讨论其构成规律的数学家,与秦九韶、李冶、朱世杰并称"宋元数学四大家"。

杨辉生平不甚清晰,但其著述颇丰,保存至今者有《详解九章算法》十二卷、《日用算法》二卷、《乘除通变本末》三卷、《田亩比类乘除捷法》二卷、《续古摘奇算法》二卷,共5种21卷,撰于1261—1275年间。其中后三部统称《杨辉算法》。杨辉在数学领域,成就颇丰,多有创见。

《详解九章算法》的贡献有四:一是对贾宪新设开三剩方题

---

① 参见张家驹:《沈括》,上海人民出版社1978年版,第207页。

目的解题"三度相剩，其状扁直"，形象地表示了四次方，开清代数学家李善兰尖锥术以图形表示高次方之先河。二是对《九章算术》"商功"章的多面体以各种上垛积相类比，发展了北宋沈括隙积术中二阶等差级数的求和问题。三是书末"九章纂类"敢于突破《九章算术》的传统分类，提出"因法推类"的原则，将原九章的方法和题目按算法重新分为九类，这是《九章算术》的分类格局在成书后被首次突破，是个伟大创举。①

《杨辉算法》的贡献有二：一是倡导数学普及和教育，他把算法编成歌诀，生动有趣，便于记忆，并根据自己多年的经验，写了一份相当完整的教学计划——习算纲目，具体给出各部分知识的学习方法、学习时间及参考书目，主张循序渐进，精讲多练。二是重视数学理论研究，如素数、勾股容方积压题中面积定理、九宫格图的数字规律等，杨辉皆有精辟的论断，尤其是对九宫格图的研究，揭示了九宫（三阶纵横图）和四阶纵横图的数字构造方法，继而作五阶、六阶乃至十阶的纵横图 13 个，对后世深有影响。

杨辉最重要的数学成就是"杨辉三角"理论，即指数为正整数的二项式定理系数表，因此理论最初由北宋数学家贾宪提出，故又称"贾宪三角"，该理论的出现，比欧洲同类型的"帕斯卡三角形"理论，至少要早 300 年。

三、《舆地纪胜》的地理学成就

王象之（1163—1230），字仪父，东阳（一说金华）人，南宋地

---

① 参见中华文化通志编委会编：《中华文化通志》第七典《科学技术·算学志》，上海人民出版社 2010 年版，第 83 页。

理学家。庆元二年(1196)进士及第,曾任江宁知县,后隐居著述。王象之博学多识,尤精史地之学,于宝庆三年(1227)撰成《舆地纪胜》200卷,该书"使人一读,便如身到其地,其土俗人才、城郭民人,与夫风景之美丽,名物之繁缛,历代方言之诡异,故老传记之放纷,不出户庭,皆坐而得之"①。具有很高的学术价值。

《舆地纪胜》叙述南宋十六路所属府州县历史沿革、山川形势、民情风俗、社会经济、景物古迹、人物诗文等,由于记载多是作者亲身经历,或引用实录、手札和各地所修方志、图经等资料,因而真实可靠,史料价值极高。宋代方志多散佚不存,《舆地纪胜》所引显得弥足珍贵。

该书记载了许多有关农业、手工业、商业等经济方面的内容。首先,根据各地自然环境和生产力水平的不同,记载了各州县的农作物种类和耕种方式的差异,突出了南宋农业经济发展的区域差异性和不平衡性。其次,对宋代酿酒、制茶、纺织、制盐、造纸、冶炼等手工业记载详细,如建宁府红锦、南康军明月酒、扬州云液酒、宁国府鸦山茶等。第三,记载了许多商业城市和商业交通线路,突出了商品经济发展的不平衡性,展示了不同地区民众农商观的差异性。

该书专列"风俗形胜"门,对各府州县的服饰、婚丧、娱乐、音乐、舞蹈、饮食、节庆、交往等习俗内容有丰富记载,由于《太平寰宇记》等书对风俗少有涉及,因此王象之的记载,为后人研究宋代各地的社会风俗和文化特色,提供了宝贵的资料。此外,王象之还记载了有关房屋构建和佛教、道教等宗教方面的内容,宋代

---

① (宋)王象之编著,赵一生点校:《舆地纪胜·序一》,浙江古籍出版社2013年版,第1页。

民房分为土木瓦结构的房屋和木栏茅竹构屋两类,而尤以茅竹房屋为主,这或许与南宋偏安南方有关。

王象之《舆地纪胜》在体例上大胆革新,以专题的方式,将内容划分为府州沿革、县沿革、风俗形胜、景物上、景物下、古迹、官吏、人物、仙释、碑记、诗、四六等十二门,根据内容灵活增减门类,从而突破了《汉书·地理志》所奠定的地理志编撰结构,使得地理志更加丰富全面,对后世地理志的编撰,产生了深远的影响。

第六章　元代：别开生面

　　元代是中国历史上第一个由少数民族建立的统一政权,元统治者在全国实行差异化统治,人民被分为四等,处于南方的浙江在元代政治版图中处于边缘位置,但是文化上却别开生面,这主要是基于元统治者在政治上采取高压手段的同时,文化控制力相对较弱,甚至是较为开放的。而许多知识分子由于丧失了科举仕进的机会,转而寄情托命于文学艺术。元代浙江文学在体裁上出现了色色不同的繁闹景象,文学成就在全国处于领先地位。美术则上承南宋之余绪,下开明清之格局。异族统治也给浙江带来了新鲜的文化元素,最突出的表现就是杭州飞来峰造像群融入了藏传佛教艺术风格。相比而言,元代浙江的思想学术发展则显得逊色,当然,这也许与元代国祚较短,学人没有充分的时间深入探索有一定关系。

第一节 学术与教育发展

一、北山遗脉

南宋后期,朱熹理学思想传入浙江,代表人物即上文所述的"北山四先生"何基、王柏、金履祥、许谦四人。事实上,这四人脚跨宋元两代,所以史书中也有将他们判为元代思想家的。元代是理学定为官学的时代,浙江理学大盛,不能不推功于北山学派。

北山一脉根基深厚,遗响不绝,在中国思想学术界有着绵远的影响力。元代属于北山一派的学者有方凤、柳贯、吴师道、黄溍、戴良、朱震亨等100位学者,声势可谓浩大,且许多人自由出入于理学与文学两个领域,成就不俗。

北山之学有两个显著特点,一是学源交叉,博采众长。"北山四先生"在承袭程朱之学时,也注意营造自己的学说,关注现实问题,又在一定程度上接受了心学影响,表现出某种心学倾向。传至黄溍,学源交叉、兼容并包的学术特点更为明显,他以和合的态度,接受各派学术的融通,对元代以及元代以后的学术走向产生了很大影响。

二是理学和文学并重,有"流而为文"的趋势。他们既重道也不废文,大多兼有理学家和文学家的双重身份。所谓"文以载道",既以理学为学术根基,又以诗文创作显名于世,这是北山学

脉突出现象。^①

二、横跨宋、元的深宁学派

深宁学派创始人是宋末元初王应麟。王应麟（1223—
1296），字伯厚，号深宁居士，世称厚斋先生，出身鄞县著名的文
献世家。虽学宗朱熹，但倡导经世致用和史学经世，对经史百
家、天文地理皆有涉猎，更熟悉掌故制度，精于史学考证，从而开
启了以博学为尚的王氏家风。^② 王应麟学富五车，然当时朝政腐
败，一腔抱负难施展，不得不辞官归乡。南宋灭亡后，他拒绝仕
元，闭门谢客，著书立说，代表作有《玉海》《深宁集》《玉堂类稿》
《掖垣类稿》《诗考》《诗地理考》《汉艺文志考证》《通鉴答问》《小
学绀珠》和《困学纪闻》等20余种，700余卷，其博学多闻，有宋一
代"罕有伦比"者，故与胡三省、黄震^③并称"宋元之际浙东学派三
大家"^④。

王应麟开创的深宁之学，在元代继续发展，代表人物以胡三
省和戴表元最为著名。胡三省（1230—1302），字身之，号梅涧，
台州宁海（今宁波宁海）人。他从小酷爱史学，尤其倾心于司马
光的《资治通鉴》，理宗宝祐四年（1256）胡三省中进士，差不多同
时开始了注释《资治通鉴》的工作。但宋末战乱，手稿遗失。46
岁的胡三省不得不重新注释，直到元世祖至元二十二年（1285）
方才定稿。

---

① 参见桂栖鹏、楼毅生：《浙江通史·元代卷》，浙江人民出版社2006年版，第
186—187页。
② 张如安等著：《鄞县望族》，浙江古籍出版社，2009年版，第158页。
③ 黄震（1213—1280），南宋庆元慈溪（今浙江慈溪）人，字东发，号文洁，人称于
越先生。主张知先行后，创"东发学派"。
④ 吴怀祺：《宋代史学思想史》，黄山书社1992年版，第262页。

　　胡三省《资治通鉴音注》之所以在中国史学史上树立起了一座不朽的丰碑，除了《四库全书总目》之所赞扬的"通鉴文繁义博，贯串最难，三省所释，于象纬推测、地形建置、制度沿革诸大端，极为赅备"之外，还在于亡国之后完成的《资治通鉴音注》，融入了胡三省对南宋灭亡的沉痛忧伤和理性思考。他深深知道，国可亡，史不可亡，如果亡国的历史没有被正确地记载、亡国的教训没有被深刻地总结，那国也就白亡了。正因为如此，胡三省在《资治通鉴音注》中竟无一字一句批评元朝，这不仅是因为他要顾虑到不能触怒统治当局，更重要的是，南宋的灭亡是由内因决定的，元的南侵毕竟只是外部的诱因。从历史批判的方法来看，胡三省避免了宋人中流行的喜欢大段议论、以论带史的风气，而把自己的卓识镶嵌在上下千年的风云变幻之中，片言只语，画龙点睛，使读者不仅通过读史增长知识，更从中培养以历史的眼光理性看待问题的习惯。[①]

三、官私教育并行

　　至元十三年(1276)二月，元军攻占临安(今杭州)后，令浙江各地相继设置地方官学。主管江浙行省教育的机构是江浙等处儒学提举司，浙江知名人士赵孟頫、黄溍，先后担任过江浙等处儒学提举官。

　　地方官学以儒学为主体，浙江境内 11 路皆设路学，次第还有府学、州学、县学的儒学。另外设有蒙古字学、医学、阴阳学以及社学。其中社学最具特色，这是一种乡村民众教育的组织形式，用今天的话来说就是业余小学，在元代非常盛行，远被遐荒。

---

① 　王宇等著：《金声玉振》，浙江古籍出版社 2013 年版，第 122 页。

农闲之时乡村子弟入学受教,学习内容有《孝经》《小学》《大学》《论语》《孟子》等,学习合格者还能得到有司的照验。

元代,书院数量大增,却不复有宋代自由讲学论辩的空气,逐渐沦为官学附庸。难得的是,学术思想活跃的浙江,尚有几所书院坚守思想交锋、学术争鸣的传统,由著名学者主持或主讲,成为元代中国书院的清流。如东阳的八华书院,由许谦任讲席,不授科举时文,以讨论讲贯为宗趣。婺州丽泽书院,由金履祥主讲,许谦、柳贯都出其门下。

许多浙江学者还从事私家教育,杨维桢在元朝末年以词章之学崛起江南,吴越诸生多从之而学,犹如群山朝岱宗,如是达四十年之久。黄溍更是一代名师,大学者宋濂就是他的学生。

第二节　文学尽态极妍

一、文学样式臻于繁盛

(一)诗词

元代,浙江诗词成就虽不及两宋,但也可圈可点,涌现出戴表元、邓牧、仇远、赵孟頫、王冕、杨维桢等著名诗词家,他们博学多才,才华横溢,对元代文学艺术发展做出突出贡献。

戴表元(1244—1310),字帅初,自号剡源先生,奉化人,宋咸淳间进士及第,曾任建康府教授。元大德间,任信州教授,著有《剡源集》30卷。戴表元的文章、诗歌皆有名,《元史》评价说:"至元、大德间，东南以文章大家名重一时者，唯表元而已。"[①]他的诗歌多写战火苦难，充满悲忧感愤之情，并且提出上宗唐诗之韵，力矫宋诗之弊的主张，在元初诗坛独树一帜。

邓牧（1247—1306），字牧心，号三教外人、九锁山人，世称文行先生，钱塘（今杭州）人。宋亡不仕，晚年隐居余杭，居大涤山洞霄宫，著《伯牙琴》《游山志》《洞霄宫志》等。因其对理学、佛教、道教均持反对态度，故又自号"三教外人"。邓牧诗文仅存36篇，虽经亡国之痛，却无伤感之情，多写旷世荒原，酬唱诗歌较多。

仇远（1247—1326），字仁近，一字仁父，钱塘（今杭州）人，宋末元初诗人、书法家。宋末已有诗名，与白珽并称"仇白"。大德间，曾任溧阳教授，晚年悠游湖山，著有《金渊集》6卷。仇远著述颇丰，但散佚较多，其诗近体学习唐诗，古体效法《文选》，以七律最著名，语言清新圆润，多表达颓放、郁结之情；其词则多写景咏物。

赵孟頫（1254—1322），字子昂，号松雪道人、水晶宫道人，湖州人，宋末元初书画家、诗词家，出身赵宋宗室，入元后历仕四朝，官至翰林学士承旨、荣禄大夫，著有《松雪斋集》《松雪词》等。赵孟頫诗词、散文、书画无所不精，元仁宗将他比作"唐李太白，宋苏子瞻"，他虽以书法闻名于世，但在诗词方面，也有过人之处，现存有诗226首，风格清邃高古、飘然出世，力扫南宋卑弱习气。

（二）散曲

元代文学以"元曲"著称，元曲分杂剧和散曲，其中散曲纯以

---

① （明）宋濂等撰：《元史》卷190《儒学二·戴表元》，中华书局1976年版，第4336—4337页。

曲体抒情,无关科白情节,是一种独立的存在文体。元曲又称"乐府"或"今乐府",是宋词俗化的产物,体制主要有小令、套曲等。散曲有曲牌,每个曲牌在字数、句数、平仄和用韵等方面都有自己的规定。因此,每首前面皆冠有类别名、宫调名、曲牌名和曲题名。[①] 散曲是元代诗歌的代表。

元代浙江籍散曲作家数量众多,成就最高的是张可久、徐再思、任昱。张可久(约1270—1348后),字小山,庆元(今宁波)人,与山西乔吉并称"双璧",与山东张养浩并称"二张",代表元代散曲的最高成就,著有《小山乐府》。张可久现存小令855首,套曲9篇,包括歌爱抒怀、谈禅论道、咏史怀古、借景抒情、体物赠友等,内容非常丰富;风格上,张可久借鉴古典诗词手法,以词为曲,以典丽代替俚俗,以雕琢代替白描,以含蓄替代质直,形成"清而且丽,华而不艳"的独特风格,有"俪辞追乐府之工,散句撷唐宋之秀"[②]的美誉。

徐再思(约1280—1330后),字德可,号甜斋,嘉兴人,做过嘉兴路吏,后游历江南,寄情山水,著有《甜斋乐府》。徐再思的散曲,现存小令103首,或咏史怀古、感叹世事,或寄情山水、抒发理想,或闺情爱恋,寄托相思;风格清丽俊巧、柔婉绵长,颇受曲家称赞。近人吴梅赞道:"语语俊,字字绝,真可压倒群英,奚止为一时之冠。"[③]徐再思散曲多表达爱恋,歌咏江南风物的也不少,明显带有伤感悲凉的情绪。

任昱,字则明,庆元(今宁波)人,约与张可久同时。现存其

---

① 参见周时奋编著:《国学概说》,宁波出版社2012年版,第236页。

② (元)张可久撰,吕薇芬、杨镰校注:《张可久集校注》附录《诸家评论·许光冶》,浙江古籍出版社2012年版,第569页。

③ 吴梅编纂:《顾曲麈谈·谈曲》,朝华出版社2019年版,第200页。

小令59首,套曲1篇,任昱早期作品思想空洞,但曲辞工丽,风格华美;晚年饱经沧桑,寄情诗酒山林,曲作多描写仕途险恶,抒发了对时政的不满,风格凄婉沉郁。

此外,元代浙江籍散曲家还有白贲、张雨、周文质、苏彦文、王仲文、邵元长、沈禧等,除杭州王仲文存小令21首,套曲8篇,数量较多外,其余人传世作品不多。总而言之,浙江散曲带有浓郁的伤感基调,具有婉转含蓄、温柔敦厚的特征。

（三）散文

元代散文有一定发展,很多著名诗人,同时也是散文家,如宋末元初诗人戴表元、邓牧、赵孟頫、王冕、吴莱等,在散文方面很有造诣,尤其是戴表元,其散文清深雅洁,蓄而始发,在至元、大德间,有"东南文章第一人"之称,世称江南夫子。元代后期浙江著名的诗文家,则以黄溍、柳贯为代表。

黄溍（1277－1357）,字晋卿,一字文潜,义乌人,师从刘应龟、方凤等学者,理学、史学、书画,都很有造诣。延祐二年（1315）进士及第,官至翰林直学士,知制诰、同修国史,晚年辞官归乡,寄情山水,著有《金华黄先生文集》43卷等。黄溍的诗歌,现存580余首,文词优美,感情真挚,意境深邃,富于哲理。其中不少诗篇,以现实主义的手法,反映了当时劳动人民的生活情景。

黄溍的散文最著名,与虞集、揭傒斯、柳贯并称为"儒林四杰",代表元代散文的最高成就。黄溍散文以序、跋、记、墓志铭最多,反映元代社会现实,描写江浙风物名胜,运笔如行云流水,叙事间以议论,理从事出,给人启迪;有些篇章,针砭时弊,揭露官场,鞭笞伪善,难能可贵。弟子王祎评价黄溍"以精纯之学,羽翼圣学,以典雅之文,黼黻人文,诚一代之儒宗,百世之师表"①。

柳贯(1270—1342),字道传,浦江人,师从金履祥、方凤等学者,博学多通,对诗歌、散文、书画、经史、数术、释道等,皆有研究,尤以诗歌、散文见长,为"儒林四杰"之一。官至翰林待制,兼国史院编修。柳贯的诗歌,现存 500 余首,崇尚唐风,尊奉李杜,受江西诗派影响,风格古硬奇逸,意味隽永,但反映社会现实的内容较少。

柳贯的散文有苏轼流畅风格,但更似欧阳修之纡徐,承宋人风格,以事详而词核,长于议论为特色,层次复叠多次,又有条不紊,叙述平实,略带古奥,却绝无华丽,既有平直质朴的议论,也有富于变化夹叙夹议、生动吸引人的议论。柳贯所写多墓铭、碑表和兴学记,抒写个人情志者不多。② 余阙评其文:"缜而不繁、工而不镂,粹然粉米之章,而无少山林不则之态。"③此即柳贯散文的精髓。

元代后期浙江的散文家,还有吴莱、王冕、周权等人。吴莱(1297—1340),字立夫,浦江人,其文章奇正开合,纵横变化,风格高古奇崛,无丝毫甜俗之气。吴莱与黄溍、柳贯,再传至宋濂,同开明代文学之派。

(四)杂剧

杂剧名称出现于晚唐,经过宋金发展,至元代趋于成熟,与散曲合称元曲,代表元曲的成就最高,著名的"元曲四大家"皆以

---

① (明)王祎著,颜庆余整理:《王祎集》卷 16《黄文献公祠堂碑铭》,浙江古籍出版社 2016 年版,第 463 页。

② 参见姬沈育:《一代文宗虞集》,中国社会出版社 2008 年版,第 220 页。

③ (元)柳贯著,魏崇武、钟彦飞点校:《柳贯集·原序·序》,浙江古籍出版社 2014 年版,第 5 页。

杂剧创作而闻名于世。杂剧原盛行于北方，元灭南宋后，杂剧传到江南，与杭州等地的勾栏说唱相结合，使浙江成为杂剧在南方的重镇，涌现出金仁杰、杨梓、萧德祥、王晔、范康、沈和等杂剧家，为元曲的发展做出了重要贡献。

金仁杰（？－1329），字志甫，杭州人，曾任建康崇宁务官，所写杂剧至少有7种，今存《追韩信》《东窗事犯》2种，其中《追韩信》讲的是韩信乞食、求仕、拜将立功的故事，刻画韩信的壮志难酬，寄托作者的怀才不遇。

杨梓（1260－1327），海盐人。出身巨商家庭，后弃商入仕，官至嘉议大夫、杭州路总管，卒于杭州。杨梓喜好音乐，为此广蓄家僮，组成乐班，以擅唱南北曲著称，正如姚桐寿所评价：海盐"州少年，多善歌乐府，其传皆出于澉川杨氏"①。杨梓所写杂剧今存《敬德不伏老》《霍光鬼谏》《豫让吞炭》3种，其中《敬德不伏老》讲的是尉迟敬德不计前嫌、为国出征的故事，刻画了质朴正直的人物性格。

萧德祥，约1331年前后在世，名天瑞，号复斋，杭州人，以医为业。写有杂剧3种，今存《王翛然断杀狗劝夫》，该剧又名《杨氏女杀狗劝夫》，讲的是孙荣妻杨氏用杀狗之计，使交恶的孙荣兄弟重归于好的故事，于俚俗中略透文采。明初著名南戏《杀狗记》就是据此改编而成，在民间广为流传。

王晔，字日华（一字日新），号南斋，祖籍睦州（今建德），后迁居杭州。善词章乐府，写有杂剧3种，今仅存《桃花女》，讲的是桃花女禳解阴阳的法术故事，生动刻画了其聪明、机智、善良的形象，保存诸多婚俗禁忌，对民俗学研究很有价值。

---

①　参见徐寒主编：《元曲鉴赏》，中国书店2010年版，第351页。

范康,字子安(一字子英),杭州人。他明性理,善谈论,能辞章,通音律,写有杂剧2种,今存《竹叶舟》,讲的是屡试不第的陈季卿,受吕洞宾劝化,出家叛道的故事,剧情新奇,曲文俊丽,折射出现实中儒生的悲惨境遇。

沈和,字和甫,杭州人,后居江州(今江西九江)。他善书法,明音律,吸收北曲与南戏曲调,创南北调合腔,人称"蛮子汉卿",写有杂剧5种,今皆不传。

此外,浙江籍的杂剧家还有鲍天祐、陈以仁、黄天泽、沈拱、胡正臣、俞仁夫等,他们对浙江杂剧的发展,也作出了突出贡献。

(五)南戏

南戏,全称南曲戏文,又称温州杂剧、永嘉杂剧等,是北宋宣和间(1119—1125)出现于浙江温州的一种地方曲种,南宋以来日趋成熟,以杭州、温州、莆田为中心,不断向四周传播。元灭南宋后,北方杂剧盛行,南戏则被斥为"亡国搬戏"或"亡国之音",因此不被文人重视,直到元末,杂剧没落,南戏才得以焕发生机。

浙江作为南戏的故乡,传唱者代有人出,其中最著名者,就是元朝后期的南戏大家高明。高则诚(约1305—约1371),名明,号柔克、菜根道人,永嘉(一说瑞安)人,元代诗人、戏曲家,出身书香世家,受业于黄溍,博学擅诗文,现存诗文70余首。高则诚至正五年(1345)进士及第,曾任处州录事、江浙行省掾史、绍兴府总管路判官、浙东元帅府都事、福建行省都事等职,后弃官隐居鄞县栎社,以词曲自娱,写有南戏《琵琶记》《闵子骞单衣记》等。

《琵琶记》是高则诚成名作,是在南宋戏文《赵贞女蔡二郎》基础上改编而成,全剧共42出,通过细腻剧情和酣畅手法,讲述了东汉书生蔡伯喈与赵五娘悲欢离合的爱情故事,借此宣扬封建伦理,结构完整巧妙,语言典雅生动,是南戏发展为雅俗共赏艺术的标志,在南戏发展史上具有里程碑意义,因而被尊为"南戏之祖"。明人王世贞评价说:"则诚所以冠绝诸剧者,不唯其琢句之工,使事之美而已。其体贴人情,委曲必尽,描写物态,仿佛如生,问答之际,了不见扭造,所以佳耳。"①可见其语言雕琢、形象刻画之功。

元代浙江南戏数目众多,除《琵琶记》外,还有《宦门子弟错立身》《小孙屠》《刘知远白兔记》《拜月亭》《杀狗记》等,其中《宦门子弟错立身》《小孙屠》是杭州才人编写或改编而成,与南宋编写《张协状元》同列为《永乐大典戏文三种》;《刘知远白兔记》传为永嘉才人编,《拜月亭》传是杭州施惠作,《杀狗记》传为元末明初淳安人编写,它们与苏州人柯丹邱编写的《荆钗记》并称为"四大南戏",是千古传唱的名篇。

(六)小说

小说源自神话传说,魏晋时出现志怪小说,宋代出现白话小说,入元以来,小说继续发展。按照语言特色可分白话小说、文言小说两类。元代浙江白话小说成就最高,文言小说则分志人、志怪、传奇和小说类书四种,总体而言,成就不及白话小说。

元代浙江白话小说以章回体长篇小说《三国演义》《水浒传》为代表。《三国演义》作者罗贯中,名本,字贯中,太原人,元至正间游历于江浙,曾在慈溪求学于宝峰先生赵偕,后迁居杭州、钱塘等地,所著《三国演义》,全称《三国志通俗演义》,讲的是东汉末年至西晋初年天下分合、群雄逐鹿的故事,是历史演义小说的开山之作,被尊为"第一才子书"。《水浒传》作者施耐庵,名耳,

---

① (元)高明著,胡雪冈、张宪文辑校:《高则诚集》附录《诸家评论·王世贞》,浙江古籍出版社2013年版,第255页。

字子安,号耐庵,苏州人,元统元年(1333)进士及第,曾在钱塘为官三年,后弃官隐居,所著《水浒传》,全名《忠义水浒传》,讲的是北宋末年宋江起义的故事,具有生动的现实主义特色。两书与《西游记》《红楼梦》并称为"中国四大小说",影响广泛而深远。

元代浙江文言小说以志人小说为主,就其特色而言,元代中前期成书者,主要是宋朝遗民抒发民族精神的余绪,元代后期成书者,则因作者境遇不同而呈现不同色彩。代表作有仇远《稗史》、杨瑀《山居新话》、郑元祐《遂昌杂录》、姚桐寿《乐郊私语》和陶宗仪《南村辍耕录》等,其中《南村辍耕录》最有名。

《南村辍耕录》作者陶宗仪,字九成,号南村,黄岩人,幼攻诗文,深究古学,师从名儒张翥,后隐居南村,置馆教学。所著《南村辍耕录》对宋元两朝的典章制度、史事杂录、文物科技、民俗掌故、小说、书画、戏剧、诗词等皆有记载,在语言学、历史学、民俗学、训诂学方面,皆有重要参考价值,清人钱大昕认为:"元人说部,莫善于《南村辍耕录》。"①足见其在元代文言小说中的地位。

元代浙江的志怪小说有方凤《物异考》和吾丘衍《闻居录》,两书皆载怪异事,也兼有考证;传奇小说有郑禧《春梦录》,自称是辑录作者本人与吴氏女来往词翰;小说类书有陶宗仪《说郛》,辑录汉魏至宋元间千余种笔记小说,史料价值极高。

二、逸士与遗民文学

元代是个隐逸风气盛行的时代。元朝实行民族歧视政策,汉族社会地位低下,尤其是原南宋统治下的"南人",只能寄希望

---

① (清)钱大昕著,陈文和主编:《十驾斋养新录(附余录)》卷14《辍耕录》,凤凰出版社2016年版,第377页。

于科举入仕，但元朝科举中落，时行时废，因而江南士人多无缘政治，只能寄情山水，隐逸江湖，吟诗填词，写书作画，过起闲云野鹤般的隐逸生活，王冕就是一名这样的隐士。

（一）王冕的"淡墨"人生

王冕（1287—1359），字符章，号煮石山农，诸暨人，深受儒家思想浸润，多次参加科举，皆落榜不第，于是游历天下，晚年隐居九里山，所居名"竹斋"，著《竹斋集》。以吟诗、作画、躬耕自乐，贫苦一生。在王冕漫长的游历和归隐生涯中，创作了很多流传千古的诗画作品，充满着超脱尘俗的闲远旨趣。如"我穷衣袖露两肘，回视囊中无一有"，描写其穷困潦倒的生活现状；再如《柯博士画竹》："我为爱竹足不闲，十年走遍江南山。"突显其漫长的漂泊岁月。王冕诗歌除叙说浪迹天涯的纪实生活外，也有感叹有志未遂的孤清情怀，揭露暴政当权的黑暗时代，反映水深火热的黎民疾苦的内容。其诗"直而不绞，质而不俚，豪而不诞，奇而不怪，博而不滥，有忠君爱民之情，去恶拔邪之志"[1]，诗风朴实豪放，具有明显的写实特色。

王冕擅画梅，也种梅、咏梅，著名的《墨梅》是他题咏自己所画梅花的诗作，借"吾家洗砚池头树，个个花开淡墨痕。不要人夸好颜色，只流清气满乾坤"，抒发他超拔脱俗的人格追求。

（二）"抱遗老人"杨维桢

元明易代之际，身经巨变的江南士人怀抱故国之思，隐居山林，晦迹不仕，以元朝遗民自守，对亡元充满眷怀。他们忘却曾为"南人"，转而坚守"吾是元臣"的身份认同，并以自杀殉国、遁

---

[1] （元）王冕著，寿勤泽点校：《王冕集·前言》，浙江古籍出版社2012年版，第4页。

隐山林、不仕新朝等行为践履了浓郁的遗民情结。这类遗民数量众多,据张其淦《元八百遗民诗咏》统计,有名望者就有 850人。这些遗民大多是江南鸿儒硕学、俊彦名流,杨维桢就是其中杰出代表。

杨维桢(1296—1370),字廉夫,号铁崖,别号铁笛道人,诸暨人,元末诗人、书画家。泰定四年(1327)中进士,仕元为天台尹、杭州四务提举、建德路总管府推官、江西儒学提举等职。元末农民起义爆发,避地富春山,后徙钱塘。杨维桢精通经史百家,曾以极大热情投身于政治、诚心效忠皇权,但最终遭受挫折和冷遇,再加战乱,怀才不遇的他,转而隐迹山野,寓情山水,自称"抱遗老人",著有《复古集》《铁崖先生古乐府》等,其诗歌风格独特,称为"铁崖体",多驰骋异想,转换性强,意向飘忽不定,有李贺遗风。

杨维桢创作了许多脍炙人口的遗民诗歌,如"台阁故人俱屏迹,闾阎小子尽封侯",表达对故元的怀念和对新朝的不屑。洪武二年(1369)朱元璋遣使征召,他又以"岂有老妇将就木,而再理嫁者邪"表明拒仕明廷的决心。

元末明初浙江山野隐士宁愿经受隐居的寂苦和艰辛,也不愿改变其道德信念,充分展现了明初遗民隐者坚守道统,守志自重的切切情怀。

第三节　美术新境

一、赵孟頫及其他书家的成就

元代浙江书法,成就虽不及绘画,然画家多擅书法,在绘画艺术带动下,书法也取得突出成就,著名书法家有赵孟頫、杨维桢、张雨、俞和、袁桷、柯九思、白珽等，其中赵孟頫成就最高，是书画同源的倡导者和杰出代表。

赵孟頫在书法上很有造诣，精通篆、隶、真、行、草诸体，尤以楷书、行书著称，书风遒媚秀逸，结体严整、笔法圆熟，与唐代书法家颜真卿、柳公权、欧阳询齐名，并称为"楷书四大家"。赵孟頫的书法作品存世较多，已知书碑刻石超过百种，存世真迹也有一百数十件，如《洛神赋》《苏轼西湖诗》《杭州福神观记》《仇锷墓碑铭》《草书千字文》等，皆为佳作。

赵孟頫楷书，早年学宋高宗赵构，中年效东汉钟繇和东晋二王，晚年师法唐朝李邕，对虞世南、褚遂良书法也有研习和效仿，融合各家所长，自成一家，线条秀美，骨架挺拔，端庄肃穆，世称"赵体"。赵孟頫的各体书法，都登峰造极，鲜于枢也说："子昂篆、隶、正、行、颠草，俱为当代第一，小楷又为子昂诸书第一。"[①]

赵孟頫倡导书画同源，他在绘画方面，遥追五代、北宋法度，擅长墨竹、花鸟，笔墨圆润苍秀，以飞白法画石，以书法用笔写竹。他力主变革南宋院体格调，提倡"作画贵在有古意"，故而糅合唐人"致"与宋人"雄"的风格，开创了元代重笔墨、尚意趣、书法化的新画风。

杨维桢书法初学唐人，后改变风格，杂楷、行、草书于一体，笔势开拓，字态纵逸，与赵体姿媚蕴藉不同，呈一种奇崛险峻之美。张雨书法初学赵体，后追李邕、欧阳询、怀素等，以行草见长，锋圆笔正，纵而不肆，放而不狂，具有潇洒跌宕之风姿。俞和书法得赵孟頫真传，几能以假乱真。袁桷初学米芾，后"书从晋、

---

① （元）鲜于枢：《题赵孟頫书过秦论》，李修生主编：《全元文》卷 452，凤凰出版社 1998 年版，第 168 页。

唐中来,而自成一家"①。柯九思效法欧阳询,却变欧书纵长为横扁,重心稳重,笔画舒展,气骨内蓄,有晋人风貌。白斑学米芾书法,体态颀长,运笔如刷,恣意放纵而有险劲欹侧之态。

二、绘画艺术走向巅峰

元代是中国绘画发展的关键时期,以"文人画"代宋代"画工画",强调"写意"的精神内核,在绘画中融入画家性格、心理特征,突出个性化,为元以后中国绘画风格演变奠定良好的基础。浙江著名画家有赵孟頫、黄公望、吴镇、王蒙,史称元四家。赵孟頫主张书画同源,对山水画、人物鞍马画、花鸟画皆有造诣,是元代文人画风的开创者,黄公望、吴镇、王蒙等画家,就是在赵孟頫的基础上,使元代绘画艺术走向巅峰。②

黄公望(1269－1354),本姓陆,字子久,号一峰,又号大痴,平阳人。曾任中台察院掾吏,后入全真教,往来杭州、松江等地,晚年居杭州筲箕泉。黄公望工书法,通音律,善诗词散曲,尤擅山水画,曾得赵孟頫指点,宗法董源、巨然、荆浩、关仝、李成等,气势雄秀,笔简神完,自成一家,故有"峰峦浑厚,草木华滋"之感,杨维桢认为他的画足与王羲之书法媲美。传世画作有《富春山居图》《水阁清幽图》《天池石壁图》《九峰雪霁图》《富春大岭图》等,另著画论《写山水诀》。

吴镇(1280－1354),字仲圭,号梅花道人、梅花和尚,嘉兴人。吴镇工诗文书法,擅画山水、梅花,山水画师法董源、巨然、荆浩,而又独出机杼,笔法雄强,有苍茫沉郁、古厚纯朴之感。精

---

① （明）陶宗仪撰,徐美洁点校:《书史会要》卷7《元·袁桷》,浙江人民美术出版社2019年版,第203页。

② 参见尚荣:《中国佛教艺术100讲》,百花文艺出版社2010年版,第124页。

画竹，师李衎、文同，善于用墨，淋漓雄厚，为元人之冠；兼工墨花，亦能写真；常题诗于画，或行或草，墨色淋漓，诗、书、画相映成趣，时号"三绝"。代表作《渔父图》《清江春晓图》《松泉图》《水村图》等。

王蒙（1308－1385），字叔明，号黄鹤山樵、香光居士，吴兴（今湖州）人，赵孟頫外孙，元末隐居黄鹤山，明朝建立后，出任泰安知州。王蒙工于山水画，初学赵孟頫，后效法王维、董源、巨然，集诸家之长，自创"水晕墨章"法，作品以繁密见胜，气势充沛，变化多端；喜用解索皴和牛毛皴，秀润清新中寓厚重浑穆，开创了密体山水画的新风格①，对元明画风产生了深远影响。代表作《青卞隐居图》《春山读书图》《夏日山居图》《秋山草堂图》等。

元代浙江画家还有钱选、陈琳、陈鉴如、管道升、王迪简、胡廷晖、孙君泽、王振鹏、唐棣、盛懋、王渊、柯九思、王冕、赵雍、张渥、王绎等，他们共同书写了中国绘画史上的光辉篇章。

三、飞来峰造像的高超艺术

飞来峰位于杭州西湖景区灵隐寺对面的山上，是一座高约168米的石灰岩山峰，山上怪石嶙峋、奇幻多变，古树参天，参差有致，景色非常优美，相传印度高僧慧理到这里后赞叹说："此中天竺灵鹫山之小岭，不知何年飞来？"故而名飞来峰，成为文人雅士、高僧名道游历和隐居的胜地，也留下了为数众多的摩崖题记和宗教艺术杰作。

唐朝中叶，飞来峰出现最早的摩崖题名。五代至宋元时期，

---

① 参见刘春红：《略论王蒙绘画风格的传承与演进》，《大众文艺》2015 年第 6 期。

飞来峰成为佛教石窟艺术圣地。据统计,飞来峰雕刻的石刻造像有 470 多尊,保存完整的有 335 尊,其中五代造像 10 余尊,两宋造像 200 余尊,元代造像 110 余尊。五代至宋的造像,多为小型罗汉,制作不精,姿态平板。而元代造像惟妙惟肖,特色显著,代表飞来峰石窟艺术的最高成就。

元代藏传佛教受到统治者的支持,统领全国佛教,其势力逐渐深入江南地区,与当地本土的汉传佛教并向发展,使得飞来峰元代佛教石窟,呈现出藏汉佛教并存的特色。飞来峰有元佛窟 67 龛,大小造像 116 尊,题记清晰可辨的 19 尊,雕凿于香林、青林、玉乳、龙泓、射旭、呼猿、老虎诸洞岩内外及沿溪峭壁上,其中梵式 46 尊,汉式 62 尊,其余 8 尊是受梵式影响的汉式造像,大者 3 米高,小者 1.5 米左右。① 开凿最早的是青林洞口外壁上的毗卢遮那佛和文殊菩萨、普贤菩萨之华严三圣像。

从整体艺术特色来看,飞来峰梵式造像有明显藏传佛教密宗,即萨迦派的特色,如第一一、一六、四五、五七、六五、六七龛坐佛,第一五龛倚坐佛,第二二、二四、四六、四八龛菩萨坐像,第六四龛尊胜佛母像,第五二龛尊胜塔龛,第四、五、六四龛护法像等,皆较明显地具有萨迦形象的特点。② 根据造像题记所示,飞来峰元代佛教造像,是至元十九年(1282)至二十九年(1292)间,江南释教总统杨琏真伽为首的僧侣和世俗官吏所造,而江南总摄释教的僧官主要是出自帝师一脉的萨迦派传人,故而有此特征。

元代开凿的窟龛以方形和长方形居多,也有凸字形和半圆

---

① 参见袁蓉荪:《佛窟中国》,五洲传播出版社 2019 年版,第 261 页。
② 参见洪慧镇:《杭州飞来峰梵式造像初探》,《文物》1986 年第 1 期。

形的。汉式题材以佛、菩萨和罗汉为主,喇嘛教造像则以多臂菩萨、欢喜佛、救度母等为特色。佛像高耸螺髻,袒露右胸和手臂,菩萨则佩戴宝冠、披薄纱或裸上身,在保留唐、宋传统的基础上,又融合藏、蒙民族风格,是一处重要的汉、藏文化交流的见证。

四、龙泉青瓷流光溢彩

浙江龙泉县是青瓷工艺的发展中心,至迟在五代时期,吴越国已在此烧制青瓷,作为进奉贡品外输,说明烧制工艺已相当成熟。两宋时期,尤其是南宋,龙泉青瓷发展到鼎盛,烧制的瓷器釉色纯正,釉层厚实,名列八大窑系之列,是南宋最精美的瓷器之一,作为商品和赏赐物大量出口海外。元代以来,龙泉窑进入全盛时代,并成为当时青瓷工艺的中心。

元代龙泉窑的窑场数量和规模,远在南宋之上,作为制瓷中心的大窑窑区就有 50 多处窑场,整个瓯江两岸及支流区域、钱塘江支流的乌溪江和闽江支流区域都有派生窑场,共发现窑址 445 处[①],约为南宋窑址的十倍。其中龙泉东区窑址,从宋代的 20 余处,猛增至元代的 164 处。除了龙泉各窑外,云和、遂昌、缙云各县,丽水市莲都区都有瓷窑分布,这些窑场绵延数里,形成规模较大的窑场密集区,出现了瓷窑林立,烟火相望,运瓷船舶,来往如织的繁荣景象。[②]

元代龙泉窑青瓷多厚重高大,釉层厚薄不一,釉色以梅子青为主,粉青等次之,釉质大多比较莹润。元代龙泉窑生产了许多适销对路的新产品,种类非常丰富。常见器型有碗、盘、盏、茶

---

① 参见牟宝蕾:《青瓷要览龙泉窑通鉴》,浙江人民美术出版社 2017 年版,第 47 页。

② 参见杨冠富主编:《河滨遗范》,浙江古籍出版社 2011 年版,第 21 页。

托、把杯、注子等饮食用具,罐、粉盒、唾壶等日用器,香炉、瓶、花盆等陈设瓷,洗、笔筒、笔架、砚滴等文房用具以及鸟食罐、塑像等。每种器物又有多种式样,如盘就有八角盘、菊花纹盘、荔枝纹盘、桃花纹盘、敞口圆唇盘和折沿盘等。元代出现大型的碗、盘,口径多在 20—30 厘米以上,碗的口径甚至可达 42 厘米,显然是为适应穆斯林饮食习惯而生产的外销瓷。

龙泉窑在元代也烧制宫廷用瓷,据《元史》记载:"至治初,始造新器于江浙行省,其旧器悉置几阁。"①说明元英宗至治(1321—1323)间以来,宗庙祭器始由龙泉窑供给。韩国新安海域出水的元代沉船,发现各类瓷器 2 万余件,龙泉青瓷就占半数,其中刻有"使司帅府公用"的铭文,记载了宫廷烧制的青瓷在"供御拣退"后,作为商品出口海外的情况。

元代龙泉青瓷皆有纹饰,多见莲瓣、缠枝牡丹、云龙、双鱼、桃花、茶花、灵芝、石榴、古钱纹及山花野果等,题材广泛;装饰手法有刻花、划花、贴花、印花、堆塑、镂刻、点彩及露胎贴花等;造型丰富,釉色青润,纹饰精美,产品不仅畅销各地,而且远销朝鲜、日本、东南亚、南亚、西亚和非洲诸国。

元代,南北窑系林立,龙泉窑作为青瓷窑系的杰出代表,独占鳌头。不但在浙江境内一统天下,浙江以外,福建、广东、江西等地均有仿制龙泉窑青瓷的窑场;海外的日本、东南亚和中东地区,也竞相仿造,影响所及,龙泉窑几乎成了中国青瓷的代名词。

明代中晚期至清代,是浙江古代青瓷生产的衰落期,代表性的龙泉窑规模急剧萎缩,产品质量大幅下降,从此辉煌不再。

---

① (明)宋濂:《元史》卷 74《祭祀三·宗庙上》,中华书局 1976 年版,第 1846—1847 页。

第四节 雕版印刷鼎盛

一、官刻续兴

元代承宋之余音,不仅是雕版印刷术的鼎盛期,而且奠定了活字印刷术发展的基础,具有承前启后的重要作用。杭州是南宋行在,刻书业发达,元代继承了这一基础,这里刻书机构众多,刻工技术精良,又多好纸佳墨,是元代五大出版中心之一。

杭州、嘉兴、庆元、绍兴、台州、金华、湖州等地,皆是重要出版中心,其中杭州是江浙行省的省会,官方刊刻业尤为发达,与京城大都、山西平水、福建建阳、新疆吐鲁番,并列为五大刊刻中心,奠定了浙江在元代出版业中的突出地位。

杭州自宋代开始,就是重要的刻书中心,元代得以继续发展,很多官方刊刻工作,都下放江浙行省,由杭州儒学负责刻印。据不完全统计,杭州儒学刊刻的重要书籍有《辽史》《金史》《大元一统志》《宋史》《说文解字》《文献通考》《农桑辑要》《燕石集》等20余种,如至正五年至六年(1345—1346),江浙行省奉旨刊印新修《辽史》160卷、《金史》135卷、《宋史》496卷,并"用上色高纸印造一百部,装潢完备,差官赴都解纳"[①],诸如此类高质量、大规模印刷,并不在少数。另外,御史台、翰林国史院、集贤院和各道政廉访司也曾委托杭州刻书。

嘉兴是浙江仅次于杭州的出版中心,刊刻《秋涧先生大全文集》《静修先生文集》等各类书籍11种。如《静修先生文集》30

---

① (元)脱脱等撰:《宋史》附录《中书省咨文》,中华书局1985年版,第14261页。

卷,又作《静修集》,是理学家刘因的诗文集,明人陈立序载:"至正癸未,哈剌那海金浙西道事,刻板于嘉禾郡庠,有江南浙西道肃政廉访司下嘉兴路总管府刊行牒文。"①可见此书是至正九年(1349)嘉兴儒学刊刻。《秋涧先生大全文集》100卷,又作《秋涧集》,是王恽的文集。原书序尾题有"右计其工役始于至治辛酉之三月,毕于至治壬戌之正月","嘉兴路司吏杨恢监督,嘉兴路儒学学录余元第董工,前兰溪州判唐泳涯校正"②两条,可见此书是至治元年至至治二年(1321—1322)由嘉兴府儒学刊刻。

庆元(今宁波)是又一重要刊刻中心,仅至元六年(1340),国子监呈中书省批准,下浙东道宣慰使司都元帅府,分派庆元路儒学召工镌刻的就有《玉海》《汉艺文志考证》《通鉴地理通释》《小学绀珠》等书籍15种,其中王应麟《玉海》204卷尤为重要,是最早的刻本。台州(今宁海)刊刻的书籍有胡三省《资治通鉴音注》《通鉴释文辨误》等。绍兴刊刻的书籍有《吴越春秋音注》等。由此可见,元代浙江仍是官刻活动的中心。

二、民间刊刻兴盛

元代的坊刻不如南宋时兴盛,刊刻的书坊也不如南宋书坊多、影响大。囿于元代在文化政策上面的钳制,元代浙江的坊刻以市场为导向,坊刻主要以文学类、宗教类著作为主,尤其是民间百姓喜闻乐见的小说、戏曲话本等作品,数量最多。

杭州有名可考的书坊有书棚南经坊沈二郎、睦亲坊沈八郎、

---

① (清)丁丙著,曹海花点校:《善本书室藏书志》卷33《静修先生文集三十卷》,浙江古籍出版社2016年版,第1351—1352页。

② (元)王恽著,杨亮、锺彦飞点校:《王恽全集汇校》附录《序志题跋之属·翰林王公大全文集序》,中华书局2013年版,第4482页。

勤德堂和沈氏尚德堂等 4 家。沈八郎书铺刻印的书籍有《妙法莲华经》7 卷，据傅增湘考证，该经末有"杭州睦亲坊内沈八郎印行"的题记，另有牌子刊载元仁宗御赞莲经的文字，全经后有大牌子，文曰："杭州大街睦亲坊内沈八郎校正重刊印行"[①]。沈氏尚德堂刻印的书籍有至正二十二年（1362）所刻《四书章句集注》1 函 8 册，今藏于山东省博物馆，其中《读论语孟子法》后镌有"元至正壬寅武林沈氏尚德堂刊"牌记，为明鲁荒王朱檀墓出土的六种元刻本之一；该本每半叶十一行，行二十字，小字双行，行二十一字，黑口，四周双边，包背装[②]，这是目前沈氏尚德堂唯一可见的刊本，弥足珍贵。

元代杭州的书铺，可能还有中瓦子张家。张家自宋代就是临安重要的书铺，刊刻的书籍有讲经话本《大唐三藏取经诗话》3 卷，非常精美，又称《大唐三藏法师取经记》，现存两种宋元刊本，原本藏于日本，另有一小本在国内，内容悉同，卷尾一行云"中瓦子张家印"，学界多认为此书为宋刊本，但鲁迅先生认为"逮于元朝，张家或亦无恙，则此书或为元人撰，未可知也"[③]，也就是说，杭州的中瓦子张家书铺在元代仍然存在，《大唐三藏取经诗话》有可能是元刊本。

此外，元代杭州有 7 种坊刻戏曲，均冠以"古杭新刊"字样，这几种刻本分别是《关大王单刀会》《李太白贬夜郎》《尉迟恭三夺槊》《本关目风月紫云庭》《辅成王周公摄政》《霍光鬼谏》《小张屠焚儿救母》，这七种书籍均未载何家所刻，由此可知，杭州当时

---

① （清）傅增湘撰：《藏园群书经眼録》卷十《子部四·释家类》，中华书局 2009 年版，第 727 页。

② 参见李红英：《寒云藏书题跋辑释》，中华书局 2016 年版，第 101 页。

③ 鲁迅：《中国小说史略》，中国言实出版社 2020 年版，第 92 页。

的刻书作坊,当不限于以上所列五家,只因年代久远,所刻书籍
未能流传下来而已。

元代浙江的坊刻仅是民间刊刻业中一小部分,除此之外,浙
江数量众多的书院、佛寺,也刊刻了大量书籍,它们与坊刻书籍
共同推动了元代浙江刊刻业的发展。很多浙江地方名贤参与或
主持刻书,使浙江刊刻的书籍数量多,品质优良,在中国出版史
上占有重要地位。

第七章　明代:重兴革新

　　如果说元代浙江文化的整体面貌因为异族统治的压制而稍显沉寂,那么进入明代,浙江文化迎来了革新与重兴的机遇。明初,统治者采取了高压态势,但是依然未能扼制浙江文化人生生不息的创造精神。刘基、宋濂等明朝开国文臣,切合当时的社会语境与自身身份,开创中正阔大的越中诗派,在宫廷绘画与"台阁体"书法成为主流的艺术界,浙江人也为自己谋得一席之地。明中晚期,浙江商品经济发展,市镇繁华,文化革新成为时代主流。自由讲学的书院遍布浙江,学术领域创见迭出,尤其是"立德、立言、立功"三不朽的王明阳,揭橥"心学"大旗,从者云集,全国学术风气为之一变。文艺界群英荟萃,个性飞扬,性灵派影响深广,市民文艺盛极一时。藏书丰富,甲以天下,文人结社活跃,艺术品的收藏鉴赏活动极具雅韵。浙江作为人文渊薮,为稳固江南的文化中心地位作出重要贡献。

第一节　学术流播

一、大儒主持书院

明代浙江书院十分发达,各地书院达百余所,有很多书院因大儒在此讲学而名垂青史。此中代表有王阳明讲学的万松书院和会稽书院,刘宗周、黄宗羲讲学的证人书院,在中国学术史上占有重要地位。

中国自宋代始,书院制度便已成熟,很多巨儒在书院中开席讲学,营造了良好的学术氛围。元时,因统治者实行歧视汉儒的政策,规模有所压缩。至元三十一年(1294),于杭州纪家桥东的旧太学故址建西湖书院,此时全省书院已由南宋兴盛时的190处,减至90处。也是这一时期,书院开始逐步官学化。明前期,政府大力提倡官学,书院因私人性质,一度仍很沉寂。明成化以来,由于官学腐败,学风空疏,民间书院再次兴起。正德、嘉靖年间,随着王阳明心学的传播,私人讲学性质的书院风行天下。浙江为王阳明故乡,书院更是相当繁荣。

万松书院,位于杭州凤凰山万松岭,弘治十一年(1498)建成。嘉靖初,在王阳明和其门人的倡导下万松书院开始讲论阳明学说。王阳明作《万松书院记》,他在文中指出要发挥书院的功能,即"匡翼夫学校之不逮"和"是固期我以古圣贤之学也"[1]。王阳明认为各级官学已经沦为利禄场,学问视野仅仅限于八股文,若要传承古圣贤之学问,就要发挥书院的功能。王阳明对

---

[1]　(明)王守仁:《王阳明全集》卷7,上海古籍出版社2014年版,第282页。

"致良知"学说的理解在书院讲学中也进一步深化。此后,受益于王阳明的影响,地方官不断修葺万松书院,书院规模不断扩大,景色也更加优美。

稽山书院,位于绍兴卧龙山西岗,南宋时朱熹曾在此因公事讲学,元代在此祭祀朱熹并建立书院。嘉靖三年(1524),王阳明弟子绍兴知府南大吉修缮稽山书院,并邀请王阳明来此讲学,为全国阳明学的讲论中心,汇聚了来自东南各地的学子达数百人。在这里,王阳明以《大学》为基础,和学子们一起探讨"心""性""命"等哲学问题,史载当时"尚讲诵、习礼乐,弦歌之音不绝,其儒者不能一二数"[①]。王阳明讲学在此达到了高潮,稽山书院也成为明代阳明学重镇。

证人书院,最初为刘宗周在蕺山开办的"证人社讲会",讲会势大后改名为证人书院。刘宗周将王阳明的"致良知"解释为"慎独",强调实践与体验。他在证人会制定了严格的社约,约束学子,不与世俗同流合污。明亡,刘宗周去世后,黄宗羲改建书院于今浙江宁波白云庄,称"甬上证人书院"。黄宗羲在书院继续宣讲蕺山慎独之学,寄希望众弟子能在乱世中独善其身,保持气节。

晚明浙江地区出现大量的书院,体现这一时期很多浙籍士人的高远追求。如王阳明、刘宗周等大儒主导的书院,不同于官学下的士子以功名利禄为追求,他们在书院论学没有功利性目的。他们想要探求古圣贤的大道,并通过学术来拯偏救弊,挽救堕落的世道人心。

---

① (清)黄宗羲著,沈芝盈点校:《明儒学案》,中华书局2008年版,第219页。

二、阳明心学成为主流思想

王守仁(1472—1529),字伯安,世称阳明先生,余姚(一说绍兴)人。王阳明是明朝历史上影响最大的儒者,同时也是中国思想史上的关键人物。他的心学塑造了明末士人的思想世界,其思想影响了东亚各国乃至世界的学者。

王阳明生于书香门第,他早年游历四方,阅历远超同龄人。弘治十二年(1499)他中进士后入朝为官。正德年间,王阳明为搭救被治罪的戴铣等人,触怒权宦刘瑾,廷杖打个半死后,被贬往贵州龙场作驿丞,刘瑾被诛后才返回朝廷。之后,他在平定南方各地叛乱中屡立奇功,尤其在正德十四年(1519)平定宁王朱宸濠叛乱,名声大振。嘉靖元年(1522),王阳明父亲去世后,他居丧回乡,在浙江四处讲学。王阳明晚年再度出山平叛,不幸病逝征途,时年 57 岁。王阳明因生前得罪大臣桂萼,去世后桂萼弹劾他的学说为邪说,其学说一度被封禁,到隆庆元年(1567)才恢复名誉。万历十二年(1584),大学士申时行带领众臣表奏王阳明之学,并建议王阳明从祀孔庙,皇帝准奏。

王阳明的心学源于他在苦难中的一次次思考。王阳明 21岁时,在家学习朱熹"格物致知"之说,格物即观察事物,他决定身体力行,邀请友人一同格竹子,但劳神观察七天后,一无所获却大病一场,这使得他对朱熹之说产生怀疑。被贬到龙场后,王阳明反思过往,感悟到了大道。史载王阳明"谪龙场,穷荒无书,日绎旧闻。忽悟格物致知,当自求诸心,不当求诸事物,喟然曰:'道在是矣。'"[①]在这里,他在苦难中顿悟,意识到要成为圣贤,无

---

① (清)张廷玉:《明史》,中华书局 1974 年版,第 5168 页。

需借助外物，只要发明自己的本心，就可以感悟"大道"。

　　王阳明最初本是宗奉程朱理学，但他经过一系列思考，最终走向了朱学的反面，开创了心学。他认为朱熹所提倡"先知后行"学说行不通，他指出"知之真切笃实处即是行，行之明觉精察处即是知"①，他强调认识和活动是同步的，即"知行合一"。王阳明在中晚年讨贼平乱过程中，感悟到"破山中贼易，破心中贼难"②。由此转向"致良知"的思考，他认为只有从自我良知出发，才能完善自己的道德人格。在这一系列的思考中，王阳明将宋儒陆九渊早就提倡的心学发扬光大，在学术史上一起被称为"陆王心学"。

　　由于当时程朱理学已显僵硬，阳明学说仿佛给时人注射了一剂兴奋剂。王阳明四处讲学活动积累了众多的追随者，高贤弟子众多。他的弟子又进一步发展了心学学说，据《明儒学案》的划分，按地域共形成浙中、江右、南中、楚中、北方、粤闽、泰州七个学派。到明万历王阳明入祀孔庙时，王阳明学说已经统治了晚明思想界。

　　心学的传播，一方面极大解放了晚明士人的思想，在社会上兴起了反传统和启蒙的思潮。但另一方面，王学强调以内心为事物判断的依据，在士人圈中形成束书不读、空言本心的风气，使得学风空疏。明朝在心学蔓延中轰然倒塌，清初士人反思历史，将部分原因归结于心学士人空谈误国，程朱理学再度统治思想界。

---

① （清）黄宗羲著，沈芝盈点校：《明儒学案》，中华书局 2008 年版，第 180 页。
② （清）黄宗羲著，沈芝盈点校：《明儒学案》，中华书局 2008 年版，第 654 页。

三、蕺山学派渐趋健实

刘宗周（1578—1645），字起东，世称蕺山先生，山阴（今绍兴）人。乾隆称他为"一代完人"，并亲自为"四库全书"中的《刘蕺山集》作序。他在阳明心学基础上提出"慎独"学说，并形成以此学说为核心理念的蕺山学派，深刻影响了明末清初学术界。

刘宗周未出生时其父就已去世，自幼由开设私塾的外祖父抚养，受良好教育。万历三十二年（1604），刘宗周中举后入朝为官。但次年就辞官回乡，在家中专研学问，后又出山。万历四十年，刘宗周卷入朝廷党争，再次辞官，此次回乡期间，他学问大为精进，完成《论语学案》与《曾子章句》二书。明熹宗即位后，刘宗周再次被起用，刘宗周因弹劾权宦魏宗贤遭祸，再次返乡讲学。崇祯年间，他两次入仕，皆因直言进谏触怒皇帝罢官。明亡后，效力南明朝廷，亦因触怒奸臣马士英被革职。他一生六度入朝为官，皆因秉正直言免官，他虽在朝为官时间不到六年，但名满天下，为天下正直士人楷模。南明弘光政权覆灭后，他自杀殉国。

刘宗周作为明末大儒，思想融汇百家，黄宗羲曾概括其思想道："先生宗旨为慎独。始从主敬入门。中年专用慎独工夫。慎则敬。敬则诚。晚年愈精微。愈平实。"[①]他早年师从许孚远，学脉为王阳明一脉，但他的思想因个人体悟更偏向程朱理学，重工夫修身。刘宗周在 37 岁到 48 岁期间，由于阉党弄权，失败的政治经历让他转向追求正心、克己、慎独，他将"慎独"视作其学问的本体论，是一切高层次追求的基础。并且他致力于将"慎独"

---

① （清）黄宗羲著，陈乃乾编：《黄梨洲文集》，中华书局 2009 年版，第 38 页。

学说与阳明学说的"致良知"结合，强调顿悟必须以践履为第一要义，否则就会走偏，以纠正王学之弊。到了晚年，他则强调诚意论，言"意"即人之心之所存，他还主张慎独乃诚意之功，二者密不可分。他的学说综合了程朱理学和陆王心学的主张，以求达到中和的境界。[①]

崇祯四年（1631），刘宗周在越中成立"越中社"，大力开展讲学活动，他以四书、三礼为主要讲学内容，诠释自己的"慎独"学说，黄宗羲、张履祥、陈确等人都是其门下高足，到此时，蕺山学派已然形成。蕺山学派一脉的学者，以刘宗周为榜样，十分重视自己的名节，黄宗羲、张履祥、全祖望等蕺山弟子在入清后都坚决不仕清朝。这一派学者在明亡后积极反思明亡的学术原因并进行学术变革，他们号召"由王返朱"，是清初学术由陆王心学转向程朱理学、由空疏学风转向笃实学风的重要推动者。梁启超曾言"明清嬗代之际，王门下惟蕺山一派独盛，学风已渐趋健实"[②]。

四、史学发展

（一）宋濂修《元史》

宋濂（1310—1381），字景濂，号潜溪，金华潜溪（今浦江）人。学问广博，自少至老，未尝一日去书卷，于学无所不通。他主修《元史》，是元末明初第一史学家，四方学者悉称为"太史公"。

作为元末明初头号史家，宋濂的史学思想既继承了前人的优秀传统，又有自己独特的见解。宋濂出身浙东，受到南宋浙东

---

① 东方朔：《刘宗周评传》，南京大学出版社 1998 年版，第 60—85 页。
② 梁启超：《中国近三百年学术史》，商务印书馆 2011 年版，第 53 页。

学者吕祖谦、唐仲友和陈亮等史学家影响,融史学与经世之学为一炉。宋濂在元末已任翰林编修,但感于时局动荡,便回乡隐居,坚持不仕。后加入朱元璋集团,作为顾问常伴朱元璋左右,在朱元璋闲暇时,宋濂为其讲授《春秋左氏传》和《尚书》中先代帝王的经国大法,深受朱元璋赞赏。

洪武元年(1368)冬,甫一立国,朱元璋便下诏修《元史》,以李善长为监修,宋濂和王祎为总裁,洪武二年二至八月,便修成初稿63卷。洪武三年,再度开设史馆,再次以宋濂和王祎为总裁官补修《元史》,两次共成书210卷。《元史》饱受清以来学者诟病,因为存在一人名字译名不一、一人两传和该立传却未立传等情况。但造成该书质量差的主要原因是朱元璋急于求成,以修史树立明之正统,不断催促,所以在不到一年时间内编修成书且未加详审。平心而论,《元史》至今仍是研究元代历史最重要的史料,而短时间编成如此鸿篇巨制也体现了总负责人宋濂和王祎的史才。

现今《元史》一般署名宋濂,这主要是因为宋濂在全书修撰中有统领全局之功。首先,宋濂善于识人,宋濂在修《元史》过程中全程负责与皇帝沟通,他慧眼识英才,推荐王祎和众多史官进入史馆。其次,在皇帝下诏修史后,宋濂依据大量史料在短时间内确定了《元史》的框架和体例。他仿照前代正史,确定全书内容为本纪、志、表、列传,并规定本纪模仿两汉书;志仿《宋史》;表仿辽、金史;列传通考历代正史。有了"太史公"宋濂的全盘掌控,使得《元史》虽有缺陷,但价值非凡。①

宋濂十分看重史学经世致用的功能,他推崇经学,强调以经

---

① 王慎荣:《元史探源》,吉林文史出版社1991年版,第1—29页。

载道、以史记事、以经统史、以史从道的思想。他的历史观是道德化的历史观，故在历史中，他强调人的道德行为对历史发展的影响。《元史》中设《忠义》《孝友》《奸臣》《叛臣》《逆臣》等列传，正是其历史价值判断在史书编纂中的体现。[①]

（二）胡应麟的史学理论

胡应麟（1551—1602），字元瑞，号少室山人，兰溪人。胡应麟在目录学、文献辨伪、诗学、史学、戏曲学等领域研究成就非凡，其史学理论思想更是见解一流，超越同侪，对当代历史学者仍有重要的启发意义。

胡应麟出身于书香门第，其先祖胡瑗为北宋大儒，是"宋初三先生"之一，深厚的家学奠定了他坚实的经世功底。胡应麟自幼厌薄荣利，独嗜书籍。他将所有家财都用于收藏古籍，特建二酉山房用于藏书，共收书四万余卷。胡应麟不同于一般收藏家那样注重古本秘笈的收藏价值，他藏书主要是为了研究学术。胡应麟治学淹博、著述宏富，成书49种，达上千卷。胡应麟学术首要特点是会通，他以联系和发展的眼光综合对待各门学术。故他的著作并不将视角置于一隅，而是视野广博，旁征博引。

胡应麟在史学理论方面造诣极高。他的著作如《经籍会通》《史书占毕》和《三坟补逸》等书中有很多关于史学理论的论述，其中《史书占毕》最有价值。该书内容分内篇、外篇、冗篇、杂篇四部分。内篇论史学，外篇论史事，冗篇考证历史，杂篇杂论琐事。他的写作受到唐代刘知几《史通》的影响，他认为史学著作的高下决定于撰作者的品质，好的史家当道德高尚，具备"公心"和"直笔"二善。在《史通》提出的史家当具备的素质"才、学、识"

---

① 向燕南：《中国史学思想通史（明代卷）》，黄山书社2002年版，第41—75页。

三者外，提出"德"这个重要条件。此外，他还提出"文之繁简可以定史之优劣""史非专不可""经籍不可无志"等史学思想。[①]

胡应麟在系统研究史学的基础上，还形成了独具一格的史学批评方法。他反对空谈心性，重视实学。他认为中国古代史书从《春秋》到《史记》《汉书》再到历代史书，整体水平不断下降，故他提倡恢复唐以前的史学传统。但他在尊古的同时也充分肯定宋元史学家的成果，他强调不能苛求古人，凭好恶对史籍妄加褒贬，他说："前人制作，瑜而掩之，私也；瑕而匿之，亦私也。"[②]他劝诫治史者不能因为私心对前人优秀的研究成果视而不见，也不能存私情故意隐瞒史书的缺点和不足。他还主张"务成襄美，毋薄前修"[③]，即要全面认识史书，要避免以偏概全。

胡应麟的史学理论在中国古代史学史中贡献卓著，尤其他对史家修养的探讨承前启后，他据唐代刘知几所言进一步阐发出新理论，清代章学诚将该主张概括为"史德"。此外，他主张对于史书和史家的评价都要实事求是，具体问题具体分析，已具备现代史学评价的色彩。

（三）谈迁《国榷》与张岱《石匮书》

明清易代之际是中国古代的一个修史高峰期。很多士人为表达自己的正统观，纷纷以撰修明史为志向。其中浙籍史家人数最多，修史质量最高，其代表为谈迁和张岱。

谈迁（1594—1658），原名以训，明亡后改名迁，字孺木，号观若，自称"江左遗民"，海宁人。谈迁父亲秀才出身，很重视对谈迁的教育。谈迁自幼聪颖好学，但他不喜欢当时流行的八股文，

---

① 向燕南：《中国史学思想通史（明代卷）》，黄山书社 2002 年版，第 363—385 页。

② （明）胡应麟：《少室山房笔丛》，上海书店出版社 2009 年版，第 134 页。

③ （明）胡应麟：《少室山房笔丛》，上海书店出版社 2009 年版，第 409 页。

而是酷爱历史,数次乡试不中后,便将精力转移到历史。在广泛阅读史籍过程中,谈迁感于明朝官方编修的《明实录》经过屡次修改,不能反映真实历史面貌,而众多私人编纂的史书因限于史家才识短浅,错漏百出。出于对明朝的感情,谈迁立志编纂一本翔实可征的明朝史书。

天启元年(1621),27 岁的谈迁开始以明朝历朝实录为基础,并参考邓元锡《明书》、焦竑《国朝献征录》和雷礼《皇明大政记》等私家著述和方志共三百余种,开始编纂《国榷》。此后他数十年如一日,撰写、修订此书。不幸的是,顺治四年(1647),他辛苦26 年的手稿被盗,他毅然再度开始编写,经过 5 年努力,书稿再次写成。他此后有意再编修一本纪传体的《明史》,书未成,就去世了。

《国榷》的体裁为编年体,共 108 卷,记载了从元天历元年(1328)到南明弘光元年(1645)之事,按照年月顺序编成大事记,是研究明代历史的重要依据。谈迁编书正值明清易代之际,不受政治环境干扰,可以秉笔直书。谈迁经过详细梳理材料和考证,揭露了很多历史真相,如《明实录》忌讳的明初诛杀功臣、建文朝事迹、靖难之役和明末党争等;还有清廷忌讳的努尔哈赤反明事。清朝廷将《国榷》列为禁书,此书也因此有幸躲过清编修"四库全书"过程中对史籍的焚毁和篡改,保留了真实史料。①

张岱(1597—1689?),字宗子,号陶庵,山阴(今绍兴)人。张岱祖上为南宋名将张浚,其家为显宦世家,因明清易代而家道中落。为了表达对故国的感情,也为澄清时人对明朝历史的污蔑,

---

① 王恩厚:《〈国榷〉的史料价值》,《历史教学》1987 年第 6 期。

张岱耗费四十余年致力于编修史书，以求真实展现有明一代历史。他最重要的史著是《石匮书》221卷、《石匮书后集》63卷，合计284卷，记载了从明开国到南明时期的历史。

"石匮"是绍兴一座山名，张岱以之为名，有将其书深藏名山秘而不宣之意。该书体裁为纪传体，仿照《史记》分本纪、表、志、世家、列传五个部分。张岱遵循事必务实、语必准确、评述公正的修史原则，强调客观的历史书写。张岱是著名文学家，故该书在追求史学性之余，又兼文笔优美生动，感染力十足，是一部很有价值的明朝断代史。

五、方志编纂与刊刻蔚然成风

明代是我国地方志修撰的兴盛时期，在志书体例和编纂方法上，都有很大创新。在浙江，方志修纂更是蔚然成风，省、府、州、县、镇各层级都有志书修成，保留了许多珍贵的地方史料，贡献巨大。

明代，出现第一部《浙江通志》，此志最初修纂于嘉靖十四年（1535），当时浙江提督学政徐阶受巡按御史委托，开始纂修方志，徐阶调走后，任提学副使的薛应旂接受修志重任。二人前后修纂长达26年，共修成方志72卷，内容包括地理、建置、贡赋、祠祀、官师、人物、选举、艺文、经武、都会、杂志等。这是第一部由官方纂修的记载浙江全貌的浙江省志，也是浙江现存最早的完备省志。

明代浙江府志修纂也十分普及，明代浙江有十一府，共修纂府志65种，今传世29种。诸府中以湖州府修志活动最为频繁，有明一代先后修湖州地方志9种，其中以明天启年间董斯张等人修纂的《吴兴备志》最具特色。全书共设置26类，收集材料详备,分类很细。且该志在篇目设计上,不像往常一样命名"门"或"志",而是称"征",命名刻意追求古奥玄雅,如将传统"山川志"改为"岩泽征","列女志"改为"笄帼征"。该书凡涉及古书内容,必详细考证其出处,附于注文,是水平上乘的一本志书。另一明代府志的典范是万历年间,知府萧良幹修,张元忭、孙鑛纂万历《绍兴府志》50卷,全书插图多达101幅,图文并茂,易于循览。

明代县志也得到发展,浙江十一府辖一州七十五县,无一例外均修撰有县志,共修275种。① 其中杰出代表有万历年间,杨维新修,张元忭、徐渭纂万历《会稽县志》16卷。此书立类新颖,不落俗套,内容先分为地书、治书、户书、礼书四大类,然后细分为19门。该书模仿正史志书,每书先冠以总论,每门再冠以分论,提要钩玄,使读者一目了然。此书内容丰富、材料翔实,文笔优美,不愧是大家手笔。

明代江南经济繁荣,浙江地区出现许多大规模市镇,一些大型市镇也修有镇志。如明代嘉靖年间,海盐澉浦镇退休官员董穀曾修纂有嘉靖《澉水续志》,以续宋代常棠《澉水志》。相比之下,续志分类更加完备合理,分为地理、职官、公署、贡赋、兵卫、祀宇、人品、杂、艺文9门,又细分51目。该书展现了明代基层市镇的经济社会运行情况,尤其兵卫一门对于抗倭布防有详细描写,在明代基层社会史的研究上有重要史料价值。②

---

① 魏桥等:《浙江方志源流》,浙江人民出版社1988年版,第117页。
② 石磊:《浅析"澉水志四种"及其对当代乡镇志编纂的启示》,《中国地方志》2016年第1期。

第二节　文苑斑斓

一、主盟明初文坛

元明易代,汉文化的儒学传统亦因之大盛。明代浙江经济发展、人文鼎盛,有"江南财赋地,浙江人文薮"之称。与之相应,浙江文学也极一时之盛。不但名家辈出、数量极多,且出现了主盟全国文坛、引领天下风气的大家。明初全国有著名的五个诗派:越中派、吴中派、江右派、闽中派、岭南派。其中以越中派影响最大,实居明初文坛盟主的地位。

从南宋起,浙江学人多重视事功,他们的学问之道讲求经世致用,阐发事理。这种文化环境中培养出的浙江文人大都有极强的社会责任感。他们强调诗以载道,主张诗文既要表达诗人的情感,还要扩大发挥诗文社会功能,用于教化风俗和改良人心。正因这种追求,越中派诗人出了些名臣,他们胸怀家国,诗以关怀天下苍生、抒发高尚情操为用,代表人物有刘基、宋濂、方孝孺和于谦等。

刘基(1311—1375),字伯温,青田人。刘基是明朝开国的重要功臣,明武宗曾赞誉他为开国文臣第一,民间则称他为"再世诸葛"。元末乱世,统治者荒淫无道,生灵涂炭。他本有志于报效朝廷,拯民济世,但入仕不久就梦想幻灭。这种经历改变了刘基的人生志向,也塑造了他的诗风。元代主流诗风追求博雅淳正,但刘基认为这种诗风内容空洞、格调纤弱。他直追诗的源头《诗经》,认为诗应当讽刺暗喻,发挥教化功能。他认为"余观诗人之有作也,大抵主于讽喻,盖欲使闻者有所感动而以兴其懿德,非徒为诵美也"①。在刘基的倡导下,明初诗风大变,面目焕然一新。

宋濂作为一世大儒,时刻以儒者之道为自己的实践标准。他在诗文创作中,也秉持这一理念。他认为诗文源于"道",但天道沦落、世风日下后,诗人之文转向吟诵风花烟鸟,因此他主张溯本清源,恢复诗阐发"道"的功能。

方孝孺(1357—1402),字希直,宁海人。他以道德文章为世所重。他才气横溢,作文如泉流激涌,虽博综经济,但其旨仍归于明道。他是宋濂的学生,对政治有极高的热情,也自觉继承了宋濂的文统。但他为人刚毅,又有独立思想的一面,能够自觉摆脱教化文学的樊笼。因此虽然他作品不乏赞美当时朝政的作品,也有很多是出于对生民疾苦的观察和真切同情,而发出异响。"这种'异响'发展到极点所发出的裂帛之音,就是他与永乐皇帝的溅血之争",体现了东南志士的刚烈本色。②

于谦(1398—1457),字廷益,号节庵,杭州人。于谦是著名民族英雄,明英宗在土木堡大败被俘后,于谦主持危局,部署北京保卫战并反击瓦剌,拯救了危在旦夕的大明王朝。于谦的文学创作体现他的现实追求,他以天下苍生为己任,故他的诗歌反映了很多社会民生的现实状况和当时一些尖锐的社会问题。此外,他的诗歌还流露了他的真性情与人生追求,最著名的莫如《石灰吟》中的"粉骨碎身全不惜,要留清白在人间"。

刘基、宋濂等人以积极入世的态度,用诗歌表达他们作为士人对天下和百姓的关怀。但明前中期重道德说教和歌功颂德的

---

① (明)刘基:《刘基集》,浙江古籍出版社 1999 年版,第 67 页。

② 陈剩勇:《浙江通史》第 7 册《明代卷》,浙江人民出版社 2005 年版,第 393—394 页。

台阁体也由其脱胎而出。

二、文艺解放潮流

心学开创者王守仁也是出色的文学家。他主张学问贵得于心,他的文学主张和实践与思想学问相一致,敢于独立思考,表达真情实意,表达真实的生命内涵。特别是龙场悟道之后,他的诗文境界从原来的复古思绪转为"或抒发自己对人生终极意义的感悟,或将自己参悟的哲理入诗"[1]。

从文学史而言,他的心学传播引领了文学艺术风格的转变。浙江士人深受阳明心学影响,追求个性自由与解放,张扬本真的欲望,其实质是要突破程朱理学的桎梏,从而在文艺创作上掀起思想解放的潮流。

(一)徐渭的诗歌、散文与戏剧创作

徐渭(1521—1593),字文长,号青藤老人。徐渭曾任闽浙总督胡宗宪的幕僚,为抗倭战争多献良策,但因胡宗宪为严嵩一党,倒台后徐渭也受牵连身陷囹圄,晚年出狱后游历于四方。徐渭乃性情中人,一生狂浪不羁,晚年多次自杀欲求痛快未果。这种人生态度影响了他的诗文创作,他创作讲求表达"真我"与"真情",他认为文学创作"摹情弥真,则动人弥易,传世亦弥远"[2]。即文学作品应当体现作者的真情实感,而不是虚言哀乐。

徐渭在诗歌、散文、书法、绘画、戏曲等领域都有极高成就,尤其在散文和戏曲领域都有变革性的创作理念,袁宏道就说徐

---

① 王嘉良主编:《浙江文学史》,杭州出版社 2007 年版,第 255 页。
② (明)徐渭:《徐渭集》,中华书局 1983 年版,第 1296 页。

渭"诗文崛起,一扫近代芜秽之习"①。

徐渭文章主要分两类,一类为经世策论文,其中不少是为胡宗宪代作。他曾代作《白鹿表》,歌颂白鹿祥瑞,文章骈雅典瞻,博得了嘉靖帝欢心。一类为散文,其中小品文造诣最高。他的散文主要特点是倾注真情,以文章寄托人生感悟和体会,将情感巨浪倾注于笔端。善用修辞,语言生动活泼。如他点评古人书法时,写道"曹操书金花细落,遍地玲珑,荆玉分辉,遥岩璀璨"②,意象极尽繁美。他的散文有很多如鬼怪妖物的奇谲题材,风格独特,题材新颖,多被同时代作家借鉴吸收,并启发了明末清初注重抒情的性灵派。

徐渭的戏剧创作造诣也极高,他所作的《四声猿》被戏曲点评家称为"为明曲之第一,即以为有明绝奇文字之第一,亦无不可"③。《四声猿》分四个剧作,分别为:《狂鼓史》,演绎狂士祢衡痛骂曹操的故事;《雌木兰》《女状元》,演绎一文一武两个不凡女性的人生;《玉禅师》,讲述了一个和尚破色戒后的修行之路。在这些戏曲作品中,他对时代嬉笑怒骂,也借人物之口叹自己的人生之悲。他的戏剧创作,折射了明代杂剧受传奇小说影响的过程,故事情节更加丰富,人物形象愈加生动。而且他的戏曲杂采南曲北调,促进了南北戏曲艺术的融合。

(二)王思任、张岱的小品

"小品"一词最早源于佛教,指佛经的缩写本。到明代该词被用于文学,一般用来指代篇幅简短、清新隽永的文章。当时出

---

① (明)袁宏道著,钱伯城笺校:《袁宏道集笺校》,上海古籍出版社1981年版,第717页。

② (明)徐渭:《徐渭集》,中华书局,1983年版,第1141页。

③ 转引自周群、谢建华:《徐渭评传》,南京大学出版社2006年版,第256页。

现很多擅长小品文的文学家,其中浙籍作家王思任和张岱造诣极高。

王思任(1575—1646),字季重,号谑庵,山阴(今绍兴)人。王思任生于儒医家庭,家中自幼重视对其教育,寄希望于他通过科举光大门楣,因此他自幼熟练掌握八股创作的技巧。万历二十三年(1595),年仅20岁的王思任名列进士前三甲。王思任虽有大才,但不懂圆滑世故,故在明末黑暗的政治环境中注定不能有所作为。明亡后,他坚决不仕新朝,绝食而亡。王思任的独特经历,造就了他独有的文风。

王思任小品文最显著的特点是"破体"。破体指突破不同文体间的界限使其相互融合,以实现文体创新。他认为"一代之言,皆一代之精神所出,其精神不专,则言不传"[1]。他主张文章的创作精神是文章的核心,历代文体之要皆在精神,故不必拘泥于文章文体。王思任传世最多的为序文小品,他在此类文章中广泛运用破体技巧,将八股的文法融入其中。八股文强调点题和文章内容的起承转合,他的序文小品多在文首引申解释题目,文章中也多有意暗合联系上下文。[2]

张岱出身豪门,才情出众,但浪荡骄奢,钟情于戏曲音乐。48岁时,明朝灭亡,时代巨变使得纨绔子弟突然间一贫如洗。繁华落幕,现实的残酷使他从此专心创作,以文学作为寄托,尤其创作了很多以"忆"和"梦"为主题的小品文,《陶庵梦忆》《西湖梦寻》以亦幻亦真的笔触追忆逝水年华,深为后世读者所喜爱。

张岱小品文的主要内容是对明亡之前的日常生活、朋友家

---

① （明）王思任:《王季重集》,浙江古籍出版社 2012 年版,第 79 页。
② 汤雁婷:《王思任小品文体特征研究》,扬州大学硕士学位论文,2019 年,第 15—24 页。

人、游历景观的追忆，以寄托他的故国之思。晚明社会繁荣昌盛、歌舞升平的场景，在他笔下得到淋漓尽致的再现。当然，张岱小品文中也不乏揭露明末社会黑暗，现实性极强的作品，如《扬州瘦马》《二十四桥风月》等作品描述了底层青楼女子的悲惨命运。

张岱则被誉为晚明小品的集大成者，在他笔下，现实世界敷上一层艺术和诗意的色彩，用"浮生若梦"这一词庶几可描述读者的阅读感受。

三、小说成就辉煌

南宋市民阶层发展壮大，以市民阅读喜好为风向标的叙事体文学也走向成熟。明代，浙江市镇繁华，聚集了大量市民群体，更促进了都市文化生活的发育与发达。小说，作为最能反映市民情趣和理想的文学方式也蓬勃发展。

明代浙江小说，成果丰硕。其中，中国四大名著中的《水浒传》《三国演义》都在浙江最终成书。杭州作家瞿佑创作的《剪灯新话》，是一部杰出的文言短篇小说，堪称传世名作。周楫创作了中国最早的地域小说《西湖一集》《西湖二集》。

白话小说更是此一时期最为突出的贡献，这不能不归因于晚明人文主义启蒙思潮的影响。凌濛初的"两拍"是明代白话小说的高峰之作。

凌濛初（1580—1644），字玄房，号初成，乌程（今湖州）人。他创作的《拍案惊奇》《二刻拍案惊奇》，与冯梦龙编著的《喻世明言》《警世通言》《醒世恒言》并称为"三言二拍"，是中国话本小说史上最璀璨的明星。

凌濛初出身书香门第，父亲凌迪知曾中进士在朝为官，为他读书应举创造了良好的条件。但他科举不顺,经过反思渐渐觉得科举取士有诸多弊端。天启三年(1623),凌濛初再次应举不中,他痛定思痛,经过抉择,47岁那年,定居金陵专心从事小说编创。在此期间,他出入青楼歌馆,与歌妓娼女、贩夫走卒交谈,积累素材,编著了大量话本小说。这一时期他成果极为丰硕,《拍案惊奇》《二刻拍案惊奇》便是其中代表。直到崇祯十二年(1639),60岁的凌濛初终于以副贡的身份选为上海县丞,但五年后明亡,流寇作乱,凌濛初在抵抗活动中殉国。

《拍案惊奇》《二刻拍案惊奇》的故事在《太平广记》《夷坚志》等前代小说集中大多有原型,但凌濛初结合其所处时代背景和民间流传版本,对这些故事进行进一步加工。在再创作过程中,他着重于突出小说的"奇",写出奇情奇趣。虽然小说主要题材是家庭纠纷、男女婚恋、商人行商、公案断狱等常见话题,但他能超出一般作家,在情节设置上十分新奇,博得观众欢心。①

"两拍"中一个个故事是对晚明社会风貌的直接展现,传递了晚明社会价值观念和社会道德评判标准的转变,闪耀着时代精神。在凌濛初笔下,刻画了许多与传统截然不同的人物脸谱,反映了当时人们的社会价值观。如他在《硬勘案大儒争闲气甘受刑侠女著芳名》一篇中将大儒朱熹塑造成固执己见、粗暴冲动、虚伪阴险、公报私仇的恶人。本篇相关故事情节虽与正史截然相反,是他依据民间传说的主观演绎,但这正体现晚明社会反传统士人蔑视礼教、轻视圣贤的思潮。

---

① 冯保善:《凌濛初》,春风文艺出版社1999年版,第30—42页。

四、声腔竞发

明代浙江戏曲在中国戏曲发展史中占重要位置,浙籍戏曲家群体庞大,南戏、杂剧、传奇等戏剧形式成果丰硕,可统计的戏曲创作几乎占"当时戏曲创作"的半壁江山。[①]

南戏是中国戏曲史上第一种成熟的戏曲形式,学界一般认为南戏诞生于宋代温州地区。到明代,南戏产生四大声腔,分别为海盐腔、余姚腔、弋阳腔和昆山腔。这些声腔是南戏在流传过程中与当地方言融合所产生的唱腔,其中海盐腔、余姚腔都形成于浙江。

海盐腔,因产生于浙江海盐县而得名,是南戏与海盐地方方言融合产生的唱腔。南宋时,南戏传到海盐后在当地衍生出别具地方特色的戏曲,元代杨梓等人改革海盐戏,改用中原"官语"演唱,使外地人也能听懂,将海盐戏推向全国。到明代,海盐戏又经历一次变革,海盐戏曲家将古筝、琵琶等北区伴奏乐器引入海盐腔演奏中,成熟的"海盐腔"诞生。海盐腔轻柔婉转的演唱风格,迎合文人雅士的喜好,在嘉靖到万历前期,海盐腔风行于上流社会,士大夫宴集,多用海盐戏文娱宾客。

余姚腔,是南戏流传到浙江余姚一带后结合当地土音产生的唱腔,出现于明朝初年。余姚腔有三个主要特点:"俚词肤曲""杂白混唱""以曲代言"。详细而言,余姚腔演唱的主要方式是"滚唱",即念白和唱腔混在一起使用,并在演唱戏文中插入一些押韵的诗句,然后用流水板急唱。此外,余姚腔曲文一般是白话,多用俚语和民间小曲,因此被士人群体视作不雅。但余姚腔

---

① 徐宏图:《浙江戏曲史》,杭州出版社 2010 年版,第 2 页。

这些特征,正符合大众的欣赏能力和艺术情趣,因此在民间传播极广,被时人称为"天下时尚"。①

浙江地方戏曲尤其是海盐腔和余姚腔传播到全国范围后,外人一般以"越"为其冠名,出现越调、越腔、越声等词汇。清人毛奇龄曾作诗赞颂道:"吴讴越唱本超绝,静对流波一声彻。绕屋惊翻桂树鸟,满船凉浸冰壶月。"其中"流波一声彻""绕屋""惊翻桂树鸟"写出越调的特点,相比于以昆山腔为主的吴调歌声悠长清冷,越调整体声调比较清快嘹亮。

第三节 美术自成体系

一、开宗立派与不拘成法

(一)浙江画派倡导人戴进

戴进(1388—1462),字文进,号静庵,又号玉泉山人,钱塘(今杭州)人。戴进为明初人,却越过元人画风,直追两宋风格,开一代风气。

戴进父亲戴景祥是位画工,永乐初曾应征入京作画。戴进自幼追随父亲,年少时绘画技能就十分出众,今故宫博物院藏《归田祝寿图》,便是他20岁时为当时兵部员外郎端木孝思贺寿所作。此后,他名声大显,曾受邀在杭州各地为华藏寺、报恩寺等很多寺庙绘制壁画和挂幅。宣德五年(1430),戴进入职皇家画院,虽未曾受到重用,但十余年的宫廷画家经历不仅锤炼了画

---

① 俞为民:《南戏四大唱腔的流传和变异》,《湖南科技大学学报(社会科学版)》2019年第3期。

艺,且通过与士大夫的交游扩大了影响,使其终成享誉海内的一代大家。他人品画艺俱佳,很多名士、权贵如内阁三杨(杨士奇、杨荣、杨溥)都乐于和他交流画艺。晚年的戴进返回杭州,一面课徒教画,一面作画谋生,进入创作的高峰期,直至 75 岁去世。

戴进的绘画题材十分广泛,山水画、仙佛画、人物画、花鸟画、风俗画,无所不画。他深受南宋画院画风影响,融马远的秀丽精工与夏珪的简洁洗练为一炉。他还学习画院体的构图,擅长以对角线分景的布局,在画作中应用了所谓"一角""半边"的南宋院体风格。在用墨方面,他学习画院派的斧劈皴和墨晕法,用笔多顿挫转折;运笔也更加灵活,皴点、烘染并用,以突出画面中的明暗对比。可以说南宋画院派的绘画风格塑造了戴进绘画的底色。

戴进早期画作《归田祝寿图》《达摩至慧能六代祖师像》等画风工致严谨,恪守传统。但随着阅历渐丰富,中年之后融会贯通宋元诸名家的创作风格并加以创新,超越了他所本的南宋画院派画风,形成了纵逸雄强、刚毅劲拔的风格,其中,粗放简纵的写意画尤能代表其风格。[①] 此时的代表作主要有藏于故宫博物院的《洞天问道图》和《关山行旅图》;藏于台北故宫博物院的《风雨归舟图》;藏于上海博物馆的《春山积翠图》。

戴进的绘画以南宋画院派画风为底色,同时又能融汇元代潇洒简逸、清润内韵的笔墨神韵。他将山水画与人物画结合,画面整体变得丰富,极具生活气息,同时对运笔和用墨的要求也大大提高,以突出画面的层次感。[②] 戴进画风广为流传后,因他籍贯在浙地,这一流派遂得名浙派。

---

① 单国强:《戴进》,吉林美术出版社 1997 年版,第 11—32 页。

② 孙鹭玮:《明代浙派艺术特点及其传承》,中国美术学院硕士学位论文,2019年,第 5—9 页。

（二）蓝瑛开创武林画派

蓝瑛（1585—1664），字田叔，号蝶叟，晚号西湖研民、东郭老农等，钱塘（今杭州）人。蓝瑛是明代浙派后期的著名画家。他的画风风格迥异，特征鲜明，成为武林画派的开创者。

蓝瑛从小就酷爱画画，但因出身贫寒，"八岁在人家听事、蘸灰画地"并"细描宫样，界画衣褶，色色飞动"①。他年幼时便表现出极高的绘画天赋，故作画工学徒以谋生计。20岁一度参加科举，但屡次不第、生活困顿，于是他放弃科举，成为一名职业画家。

或出于个人爱好，或为顺应市场需求，蓝瑛曾用心模仿元代绘画大师黄公望的画作，并在23岁时前往松江拜师名画家孙克弘，学习文人画，在松江他还受到董其昌、陈继儒、赵左等大师指教。因此，蓝瑛的画作兼有明代浙派和元代文人画的特点。随后，他游历浙江各地，四处采风，为他山水画创作积累了很多灵感和素材。明亡之后，蓝瑛返回杭州，以卖画授徒为业，进入创作高峰期。形成了苍老劲健、气象峻嶒的风格，笔势松快却不流于放纵，苍茫的画面中细看却有着明快的笔墨，颇负时誉，有"浙派殿军"之称。

蓝瑛兼采众家之长并加以创新变革，练就了精巧的绘画技巧。同时，他在创作理念方面也极有创见。明中后期画坛流行复古理念，即注重临摹古人绘画，追求画作的古意。蓝瑛主导的武林画派却主张"师古"，他们认为作画不必苛求同于古人，而应追求在学习古人创作理念基础上形成自己的绘画风格。这一理念极具创见，在明末清初画坛中影响极深。

---

① 《钱塘县志》，转引自杨惠东《蓝瑛》，河北教育出版社2006年版，第4页。

蓝瑛具备高超的绘画技艺和超越性的创作理念，培养了很多知名的画家，如陈洪绶、蓝孟、刘度等，后人将其师门一派称为武林画派。武林画派善于用墨和色彩，色重而不污浊，独特的色彩审美对近现代画家都有启发意义。

(三)"三百年无此笔墨"

陈洪绶(1599—1652)，字章侯，号老莲、小净明等，诸暨人。陈洪绶是明末特立独行的艺术大师，以画风怪诞奇崛著称。后代画家评价他力量气局，超拔磊落，明朝三百年无此笔墨。

陈洪绶出身诸暨望族，其祖先在北宋时便身居高位，至明代家族仍显赫。陈洪绶年幼时就表现出极高的绘画天赋，10岁时赴杭州拜当时绘画大师蓝瑛为师，画艺日益精进。18岁时父母均离世，不屑于和哥哥争家产，净身离家出走，自此过上贫苦生活。此后，陈洪绶多次参加科举并入京寻职，但都不尽人意，仕途失意的他返回杭州以文史书画寄托人生。直至崇祯十五年(1642)，43岁的陈洪绶才考入国子监，但皇帝并没有如其所愿授予他实职，只让作御用画师，他愤然离开京城。两年之后明亡，陈洪绶自此隐居山阴，因国殇痛苦致狂，经常处于哭泣和纵酒狂呼两种状态中，见者都称其狂士。晚年拒绝为清廷效力，削发为僧。

陈洪绶擅长人物，精工花鸟，兼能山水。他的人物画多师法晋唐遗风，在人物造型上随心所欲，常见特点是头部和身体比例不合常规，人的五官多褶皱，肢体弯曲伛偻，整体有一种"审丑""尚奇"的风格。

晚年出家后，其画作增添了许多禅意，多用佛道形象表现出高远淡泊、清脱尘境的画风。总体而言，陈洪绶的绘画挑战传统，个性十足，这与他在悲惨人生经历中形成的狂放不羁的性格有莫大关系。晚明心学流行后，士风自由，艺术界多反传统，反典雅，出现以丑为美的倾向，陈洪绶画面中求怪、求丑、不合常理的艺术设计也和晚明社会艺术审美有关。

陈洪绶在画史上影响巨大，他的作品仿效者极多，尤其是人物画，在画坛上至今影响不衰。

（四）青藤画派始祖徐渭

艺术界一般将明代写意花鸟画造诣最高的二人徐渭（号"青藤居士"）和陈淳（号"白阳山人"）并称誉为"白阳青藤"。徐渭的画风纵恣，自成体系，开创了青藤画派。

徐渭坎坷的人生经历塑造了他狂狷的性格，在创作时，他将强烈的个人情感倾注到他的书画作品中。此外，他宗奉阳明心学，不受礼教约束，表现出很强的叛逆精神，对他的诗文和艺术创作都有深刻影响。

徐渭风格独特的水墨大写意花鸟画在画史中地位极高。他的花鸟画风格杂糅了多家之长。在学习模仿前人画艺的基础上，徐渭加以变革创新，在画作中倾注了自己的情感。明代文人画中的花鸟题材一般选择梅兰竹菊，以寄托画家高尚的君子情操。徐渭也不例外，但是他的绘画作品中这些常见题材却往往另有深意，如他借用在风中哭泣的竹子发泄自己的悲伤情感。徐渭也常选择一些罕见题材，他曾以横卧的螃蟹指斥那些身居高位却尸位素餐的权贵。此外，徐渭的画作中，经常有一些反季节现象，如寒冬里清香的兰花和盛开的荷花、夏日水中的梅花，他借这些异常景象痛斥颠倒黑白的时代，并借此表达自己高洁的志向。①

---

① 张曼：《论徐渭绘画中的情感表达》，南京师范大学硕士学位论文，2015年，第8—12页。

书画结合也是徐渭绘画的主要特征。张岱曾评价徐渭道：青藤之书，书中有画；青藤之画，画中有书。他绘画时以狂放的草书入画，如多借米芾的中锋用笔、八面出锋的书法技巧来描画；他还用行草化曲为直的特点，来突出弧线的张力，达到似与相似之间的效果。

徐渭的写意花鸟画在中国绘画史上具有里程碑式的地位。他生前虽未开宗授课，但是后世很多画家，如郑板桥、石涛、齐白石等大家都自觉学习他的创作理念和艺术风格。他开创了跨时代、跨地域的"青藤画派"，至今仍影响国内外画家创作。

二、书法的台阁体与个性化

明代浙江有很多著名书法家，其中宋濂和倪元璐的书法自成体系，成就最为突出。明初宋濂开创了台阁体书法，风靡朝野，在明上层士人中影响极大。晚明倪元璐精通行草，极富创造力，与黄道周、王铎并称"明末书坛三株树"。

宋濂在专研多种书法基础上，开创了台阁体。台阁体字体是小楷，宋濂讲求运笔开合有度、字体平正端庄、结构严谨有度、墨色和谐统一，不追求突兀和狂放的书法创作，整体上呈现一种清秀、俊朗、雍容、典雅的气息。① 台阁体书法易分辨的文字、工整的格局和典雅的字体顺应了官府公文的书写，成为明代官员中尤其是中央馆阁重臣中流行的字体，实用性极强，也被科举士子纷纷效仿。

倪元璐（1594—1644），字玉汝，号鸿宝、园客，山阴（今绍兴）人。倪元璐自幼天资聪颖，才华出众，17 岁便中举。天启二年

---

① 党鑫：《明代台阁体书法研究》，山东大学硕士学位论文，2018 年，第 32—44 页。

(1622)，倪元璐中进士后任谏官，他刚正不阿，冒死直谏，弹劾权宦魏忠贤，支持东林党人。崇祯九年（1636），倪元璐因政治斗争辞官回乡，崇祯帝自尽后，倪元璐也自杀殉节。

倪元璐书法主要师法颜真卿，并兼师法王羲之、苏轼。他运笔苍劲有力，明儒黄道周赞誉其书法抹蔡（襄）掩苏（轼），望王（羲之）逾羊（欣）。"[1]。相比于晚明很多书法家追求书画市场化，倪元璐的书法创作完全是他休闲时的抒情之作，所以他的书法作品意态平和，更多抒发其自身情趣和个性自由。

有明一代文人士大夫中流行宋濂开创的台阁体，追求典雅书风。而倪元璐则强调书法创作的个性化，另辟路径，推动了晚明浪漫主义书风的发展。

第四节　人文渊薮

一、套色刻书领先世界

我国是最早发明雕版印刷和活字印刷的国家，元代时，中国新出现了套色刻版印刷。套版印刷术是将一页书的不同部位的内容分别刻在几张大小不一的书版上，分别涂以颜色，然后固定纸张，将不同颜色的书版印到纸张上，便出现了多色的页面。这一技术到明代已经非常成熟，明代套印以浙江吴兴望族闵氏、凌氏最为著名。

吴兴地处浙西太湖沿岸，交通便利，文化氛围浓厚，自古刻书业发达。明代安徽歙县最早出现五色套印本图画书，湖州闵

---

① （明）黄道周：《黄道周集》，中华书局 2017 年版，第 598 页。

齐伋见后，赞不绝口，他感觉单调的墨色难以满足需要，最早在浙江雇佣安徽工人，并与其兄闵齐华一同带领工人刻版，开展多色套印本印刷。

闵齐伋(1580—?)，字及五，自号三山伋客，其父闵一范曾在万历朝身居宰辅，家资雄厚。但闵齐伋却志在整理和刻印古籍，无意仕途。万历四十四年(1616)，闵齐伋在吴兴刻出浙江第一部朱墨套印本《春秋左传》共15卷，此书经传用墨色，而圈点批注用红色。次年他又刻印了朱、墨、黛三色的套印本《孟子》二卷和《杜子美七言律》一卷，成为浙地最早刊刻三色套印书籍的刻家。

继闵齐伋后，以凌濛初和凌瀛初兄弟为代表的吴兴另一大族凌氏也投入套色刻印中。凌濛初父辈便经营出版印刷生意，因此他们兄弟受家庭环境影响，自幼对印书有浓厚兴趣，在闵齐伋多色套印的影响下，他们也投资多色套印。相比于闵氏刻书多经史书籍，凌氏刻印的书籍种类更多，主要偏向王维、苏轼等大家文集和戏曲小说。凌濛初自身为戏曲小说家，曾编有《拍案惊奇》《二刻拍案惊奇》等名著，所以他对戏曲小说也积极套色印刷，其中代表有《西厢记》，书中附有很多插图，笔画工致、神态秀美。①

在闵齐伋、凌濛初等人倡导下，闵、凌两个大族很多人都投身于多色套印工作，极大推进套印技术发展，发展出了饾版印刷与拱花技术相结合的印刷方法。饾版印刷是在雕刻之前根据彩色画稿颜色的深浅浓淡，进行分色分版，每色一版，然后用透明雁皮纸蒙上画稿勾描下来反贴于木版，再雕成大大小小的印版，

---

① 赵芹、戴南海：《浅述明末浙江闵、凌二氏的刻书情况》，《西北大学学报(哲学社会科学版)》1996年第1期。

最后再按照颜色深浅依次套印,如此套印出的书页,不仅色彩鲜艳,还能体现出色调层次。因为这种印刷方法是用零碎的木版堆砌拼凑而成,有如饾饤,得名饾版印刷。拱花法是将雕版压在纸上,把白纸压出纹路来突出版刻中的云彩、水流波纹、花草纹路、鸟类羽毛,使画面更加逼真,这项技术比欧洲早一百多年。①

湖州吴兴地区在闵氏、凌氏等家族努力下,套色技术得到快速发展。尤其饾版和拱花技术应用,将印刷技术推向新高峰,是中国印刷史上一次新的革命,有世界领先意义。

二、藏书楼甲天下

明代浙江藏书家有百人以上,尤其嘉靖以后,宁波、绍兴、湖州、嘉兴地区涌现大量藏书楼,藏书名家辈出,藏书丰富,为天下之甲。其中最有名的当为宁波天一阁、绍兴澹生堂、湖州白华楼和嘉兴天籁阁。

天一阁,位于宁波月湖之西,是全国保存最古的藏书楼,被誉为"江南书城"。天一阁建于嘉靖年间,主人为时任兵部侍郎的范钦(1506—1585)。天一阁整体布局为江南式园林,因范钦在建阁初期得龙虎山天一池石刻,故以天一阁名之。天一阁所藏书主要由三部分组成,一部分得自宁波万卷楼;一部分是范钦与著名学者王世贞相约互抄书籍,抄成大量书籍;另一部分则是范钦在为官数十年间的尽力搜购所得。直至范钦去世,天一阁所藏各类文献达7万卷。② 天一阁所藏书主体是明刻本,并兼宋元刊本、稿本和抄本,同时还藏有很多明代地方志、登科录、碑帖

---

① 张绍勋:《中国印刷史话》,商务印书馆1997年版,第115—118页。
② 管敏义:《文化宝库天一阁》,《中国典籍与文化》1992年第1期。

等重要文本。范钦制定了严格的天一阁管理制度,子孙分家产不能分书,书籍不允许带出阁,得益于此制度,天一阁藏书大部分得以保留至今。

澹生堂,是明中后期绍兴祁氏的私家藏书,创立者为祁承煠(1563—1628)。祁承煠祖父、父亲均是进士,家中藏书甚富,他自幼受祖辈熏陶,亦酷爱读书、藏书。只要见到未曾见之书,祁承煠必借来抄录。他省吃俭用,耗尽家财来搜购图书,一生共搜书9000多种,10万余卷。祁承煠在万历四十八年(1620)对藏书进行了一次整理,编成《澹生堂书目》,在此书目中,他运用了许多编类分目的新方法,是目录学中的一份宝贵遗产。① 不幸的是,因明末战火和其诸子管理不善,澹生堂藏书最终散失。

白华楼,由茅坤建于湖州。茅坤(1512—1601),字顺甫,号鹿门,是明代著名文学家,明代“唐宋派”古文大家之一。他编订《唐宋八大家文钞》,“唐宋八大家”之称源出于此。所建藏书楼有数十间之多。他将藏书分为“九学十部”,“九学”分别为经、史、文、说、小、兵、类、数、外,加世学成“十部”,藏书门类十分齐全。其藏书后毁于明末战火中。

天籁阁,位于嘉兴,其藏书规模堪比天一阁,建造者为项元汴(1525—1590),字子京,号墨林居士、退密庵主人等,秀水(今嘉兴)人。项家从事商业,家境富裕,项元汴财力雄厚,广为搜罗宋版书,但凡遇到珍稀孤本,便请鉴赏家前往鉴定,若是真品便不惜代价收购,海内珍异,十九多归之。阁中还藏有很多名画、碑帖和古董彝器。天籁阁亦未逃过明清易代劫难,在清军下江南过程中被满洲贵族劫掠一空。

---

① 彭杏花:《澹生堂藏书考》,《图书馆界》2009年第1期。

三、收藏品鉴活动

明清以来,得益于江南富庶条件,民间出现很多大收藏家,以藏品富绰著称于世,其中最著名者为项元汴。江南人文气息浓重,明文人士大夫以交流书画古董为雅,其中李日华为浙籍名士兼鉴赏家的杰出代表。

项元汴的父亲善于经商,积累了大量财富,富甲一方,且喜好多聚古董宝物,少置田地房产。受父亲影响,项元汴自幼不喜功名,热衷商业和收藏活动。自他 16 岁开始,便开展收藏活动,并建天籁阁,专门用于收藏。又因他博雅好古,社会名气极高,嘉靖皇帝听说后有意让他入朝为官,但他无动于衷,继续潜心收藏活动。

项元汴收藏规模极大,藏品众多。当时人称:"项氏所藏……皆绝世无价之宝……其人累世富厚,不惜重赀以购,故江南故家宝藏皆入其手。"[1]项氏所藏珍品中以书画为最,其中名家之作更是不胜其数,绘画作品如东晋画家顾恺之《女史箴图》、唐代画家阎立本《豳风图》和韩滉《五牛图》;书法作品如唐神龙本《兰亭序》、李白《上阳台帖》和怀素《怀素自叙帖》,都是价值连城的珍品。他还喜好收藏各类器物,如青铜器、瓷器、印鉴、古琴、古砚等。在收藏基础上,他还对收藏品进行研究,著有《历代名瓷图谱》《宣炉博论》等。清军南下过程中,项氏所藏珍品多被掠入清皇家内廷。

李日华(1565—1635),字君实,号竹懒,嘉兴人。他一生都

---

[1] 张小庄、陈期凡编著:《明代笔记日记绘画史料汇编·谢肇淛〈五杂组〉》,上海书画出版社 2019 年版,第 498 页。

勤于读书著书，于经史书画等十分精通，士人称其为"博雅君子"。李日华曾官至太仆少卿，但他一直亦官亦隐，过着悠游自在的生活，以鉴藏法书名画自娱。受经济条件限制，李日华多是经常自己逛庙寺、书画舫等寻访书画古董。他最好收藏古代书画，但书画古董市场中鱼龙混杂，在几十年求购古董的生涯中，李日华积累了丰富的辨伪经验。

李日华在书画领域鉴定技巧超群，对纸张、笔墨、题跋落款等基本鉴定手段都十分娴熟。他涉猎广泛，擅长从作品的风格神韵判定真伪，他主张书画作品自然形成其风格，赝品只有其表而无其神。他鉴别书画的技巧可谓出神入化，即使同为仿作，他也能分清其中的细微差别。收藏家董其昌曾请他鉴定福建古董商贩卖的王羲之《绝交书》，他一眼看出就是唐仿本，并能言出此本与另一唐仿本的区别。[①]

明代浙江地区经济繁荣、文化昌盛，造就了项元汴、李日华这样的大收藏家、鉴赏家，他们的活动保存了传统艺术品并赋予其"雅"的人文价值，在艺术史上有重要意义。

四、文人结社活动

明代文人结社蔚然成风，江南地区繁华富庶、风流蕴藉，是文人结社最密集的地区之一。明代浙江杭州地区有数百个文人社团，其他地区也有很多著名文人社团，足以反映明代浙籍士人风貌。

杭州背靠西湖，山川秀美，园林雅苑密布，自古是文人雅士

---

① 吴莎莎：《李日华书画鉴藏活动研究》，天津美术学院硕士学位论文2016年版，第32—50页。

吟风弄月的理想场所,而富庶的经济为他们集会提供了环境基础。自明初,杭州就出现了很多社团。永乐初年,王洪等人在杭州成立"西湖诗社",众人共同游赏西湖,集会宴饮、吟诗作对。此后,以西湖为名的文人结社众多,大多以览胜游景,诗文唱和为主,一定程度上促进了文学的空间流变,影响文学的发展。

明嘉靖时期,越中地区出现一个以绍兴文人为主的文学社团,其成员共有十人,被称为"越中十子",其中以徐渭和沈炼名声最著。越中即浙东,此地文人结社有久远的历史,东晋兰亭雅集是其开端,唐宋文人雅集十分盛行,明代文人结社更是兴盛。正德、嘉靖两朝,皇帝不理朝政、吏治腐败,士风疲软浮靡、迷茫无归。阳明心学诞生后,士风大变,知行合一和致良知的体认方式大为流行。浙东是王阳明故乡,心学传播甚广,于是越中出现一批志在匡时济世,不在意外界评价,只求本心无愧的士人,越中十子便是其中代表。十子都深受阳明心学影响,又意气相投、兴趣一致,故结成诗社。

明中后期,随着江南商品经济发展,社团名目百出,如万历年间,著名文人张岱父亲张汝霖与友人在杭州成立的"饮食社",专注于美食和养生;还有万历时黄汝亨等在杭州净慈寺旁成立的"香严社"、吴之鲸等在理安寺里成立的"澹社",都是喜好佛学静修的文人士大夫一同成立的修佛社团,讲经论道、悠游自在成为他们的日常。这些新功能的社团是晚明士人多方面的人生追求和个性化生活的绝佳载体。

晚明朝廷党争不断,尤其阉党弄权、政治黑暗,故文人参政、议政之心强烈,各地出现很多政治性很强的文人社团。杭州地区的代表为"读书社",其主要成员有闻启祥、丁奇遇、冯延年等。众人以读书讲学为社团活动,实则心怀家国,后此社成为复社的重要组成部分。

　　浙江其他地区也有很多文人结社，"如枫社"和"云中十子"。"枫社"成立于崇祯十年（1637）前后，其成员有王思佳、李毅斋、祁彪佳、张岱和倪元璐等，他们都是越中文人代表，十分关心国计民生。他们结社同游览山水名园，饮酒赋诗，纵论时局。陈洪绶、祁豸佳、王作霖、董玚、赵甸、鲁集、王雨谦、罗坤、张逊庵、王寰等十人在明朝灭亡后，一同躲进绍兴云门寺，一同感伤故国，称"云中十子"。后来，其中多人为避世，出家为僧。

第五节　科学技术之光

一、"治黄第一人"潘季驯

　　潘季驯（1521－1595），字时良，号印川，湖州人。潘季驯一生四度治河，根据水情对症下药，提出的"束水攻沙"措施，创新了传统治黄的思路，贡献卓著，被誉为"千古治黄第一人"。

　　明中期，黄河下游存在多条河道，甚至侵夺淮河河道，水患严重，给中下游的经济生产和百姓安居带来很大威胁。明代京师用粮全靠大运河输送，为保证漕运通道，明前期治理黄河，主要采用筑堤使黄河与运河隔开，或者新挖河道引水，但这些做法治标不治本，新河道也经常淤积后再引发新的水患。黄河水患在明中期愈发严重，正德、嘉靖六十年间换治水大臣三四十人，都没解决水患问题。①

　　嘉靖二十九年（1550），潘季驯登进士第。他入仕后因政绩

---

① 辛德勇：《黄河史话》，社会科学文献出版社2011年版，第319—323页。

突出不断升迁。嘉靖四十四年,潘季驯刚刚擢升为都察院右佥都御史,当时黄河水患严重,恩师徐阶紧急调用他与工部尚书朱衡一同治河,但在治河过程,潘季驯因回家丁母忧,离开岗位。其间,其他治河官员并没有采用潘季驯恢复黄河旧河道的方法,而是新开河道引导,不久新道淤积,水患更加严重。潘季驯复职后,立马投入治河工作中。但因水患丢失漕粮的官员弹劾潘季驯治河不力,因此被罢官。

万历六年(1578),时任内阁首辅的张居正力排众议,重新起用潘季驯,并委以治河全权。潘季驯上任后,没有像往常治水官员一样纸上谈兵,他不辞劳苦深入黄河两岸认真调研,虚心向基层官员、居民、船工请教经验。之后他总结前人经验和教训,根据黄河含沙量大的特点,提出了"筑堤束水,以水攻沙"的著名治河方案。

潘季驯认为筑堤束水,水合流则水深势猛,可以借水攻沙,将泥沙冲入大海。故他组织沿河群众,在黄河古河道,筑坚实的高堤数千里。为有效防止河水外泻,筑三层堤坝,从内到外分别为缕堤、格堤、遥堤,缕堤是关键,格堤是缓冲,遥堤是屏障。又在堤坝上栽柳树,植芦苇,用来固土固堤。潘季驯身体力行,虽官高权重,却经常不避危险伤病,和民工一起劳作,大大鼓舞了治河工人的干劲。①

经过潘季驯的治理,黄河、淮河各归其道,奔流入海,黄河得以安流数百年。潘季驯将自己的一生奉献于黄河治理,直到去世前,"犹啜嚅河事,意若有恋恋于国家者"②,十分挂念治河大

---

① 王质彬:《潘季驯的治河思想及其实践》,《人民黄河》1981年第4期。

② (明)潘季驯:《潘季驯集》,浙江古籍出版社2018年版,第625页。

业。他还撰有《河防一览图》，是我国古代篇幅最大的治黄工程图，对中国水利发展和治黄实践有重要意义。

二、王士性的人文地理学

王士性（1547—1598），字恒叔，号太初，又号元白道人，临海人。王士性是一名学者型旅行家，他一生遍访全国各地，并写成大量的游记和地理著作。他的"地理三书"提出了很多见识颇高的地理思想，尤其人文地理价值极高。

万历五年（1577），王士性中进士。踏上仕途后，宦游各地，加之他喜好游历，踏足五岳九州，遍访名山大川，对所见所闻风物加以记录，凡天官、地理、漕河、海运、鸟兽、药饵、方物、风俗、饮食等，都加以详细记载，也由此著述颇丰，内容主要是地理性游记，其中以"地理三书"《五岳游草》《广游志》《广志绎》价值最高。"地理三书"在人文地理方面突出贡献是系统全面地阐发了人地关系理论。

在三书中，《广志绎》是明代区域地理的典范性著作，该书首卷《方舆崖略》是全国地理总述，之后各卷按照东南、华中、西南、华北、华南、西北等各区域对全国各地区经济和风俗进行介绍。在大区域之下，再依据自然环境和人文风俗对各区域加以划分、概括，如他认为钱塘江将浙江分为浙西和浙东，浙东繁华，人性巧雅；而浙西古朴，人性敦实。他还进行分析，认为浙江的地理环境可以再细分为泽国、山谷和海滨，在不同环境中产生不同的生产生活方式、社会风俗和价值观念。《广志绎》与此书相似，也是对全国不同地域地理条件的分析。

王士性在《五岳游草》中阐发了他的"游道"思想。明代中后期，士人普遍喜欢四处游历，也总结出各自的"游道"。王士性亦有自己的游道,他认为"夫太上天游,其次神游,又次人游"①。"天游"即形神皆沉浸于自然中,"神游"则意往形留,"人游"则仅是观赏景色。他认为只有在游历中感悟天地间的造物变化,将人生的人情物理以及悲喜顺逆都寄托于景色之中才是游历的真正境界。

三、李之藻的西学启蒙事业

李之藻(1565—1630),字振之,号凉庵居士,杭州人。李之藻一生致力于传播西学,对西方很多西方先进科学技术都有研究,他大量翻译撰集西学图籍,梁启超称他"为中国知识线和外国知识线相接触"②做出了巨大贡献。

李之藻自幼接受儒学教育,但他青年时就对科学产生很大兴趣。万历二十九年(1601),李之藻进士及第。入京城为官不久后,他结识了西方天主教传教士利玛窦,便虚心向利玛窦求教西方地理学、天文学知识和算学。万历三十八年(1610),李之藻在京师由利玛窦主持受洗礼,皈依天主教门下。奉天主教之后,他积极推进天主教在中国的传教事业,与徐光启、杨廷筠并称为明末天主教三大柱石。

明末心学盛行,士大夫往往空言心性。李之藻迫切寻求纠正空疏学风的方法,他极力倡导实学以弥补儒学的不足,他认为"吾儒在世,善世所期,无负霄壤,则实学更自有在"③。他初次见到利玛窦绘制的《山海舆地全图》,就意识到西学的独特之处,亲自学习并绘制新的版本。李之藻认为西方科学的长处有利于国

---

① (明)王士性撰,周振鹤点校:《五岳游草》,中华书局 2006 年版,第 23 页。
② 梁启超:《中国近三百年学术史》,商务印书馆 2011 年版,第 9 页。
③ (明)李之藻撰,郑诚辑校:《李之藻集》,中华书局 2018 年版,第 68 页。

计民生,儒学可以从西学中吸收精华,补益促进儒学的发展。

在系统学习西方科学后,由利玛窦口授,李之藻先后翻译了《浑盖通宪图说》《圆容较义》《同文算指》《几何原本》等一系列著作。《浑盖通宪图说》是二人合译的第一部西学书籍,书中介绍了西方的天文学和历法学知识。《圆容较义》《同文算指》《几何原本》等是中国翻译的第一批西方数学理论著作,书中介绍了西方的数学公式、计算方法和几何知识,李之藻还根据中国传统数学对其补充说明。李之藻还编著了《天学初函》,内容是他对平生翻译著作的整理,此书分理、器二编,理编为宗教类书籍,器编为数学、天文、水利等实用性书籍,这是中国第一部系统的西学书籍。①

李之藻虽然推崇西学并信仰天主教,但是他的整体思想具有中体西用特点。他说:"东海、西海心同理同,所不同者特语言文字之际。"②他认为西方科学技术及其相关理论和中国的传统思想都是有益于世道治理的实学。他也指出西方自然科学及其逻辑推理方法是中国儒学所不及的,需要加以区分,才能弥补中国传统的缺陷。可以说,李之藻是明末不多的极具世界眼光的士人之一。

---

① 王力军:《简述李之藻的治学观及其西学图籍》,《浙江社会科学》1994 年第 3 期。

② 徐宗泽:《明清间耶稣会士译著提要》,上海书店出版社 2006 年版,第 113 页。

第八章　清代：盛极而转

　　清代，浙江文化走出了一条跌宕起伏的转型之路。明清易代之际，以黄宗羲为代表的硕儒耆宿，不但凭借深厚的学养贯通经史，更以先进的政治思想和深邃的哲学思想对传统思想学术进行全面的整理，创造出极富历史价值与现实意义的新观点新学说。但紧接着，满族统治者对晚明间拼死抵抗异族入侵的浙江士人采取了打压贬抑的雷霆手段，大兴"文字狱"，浙江文化人只能埋首考据，于古籍整理考订有大功。嗣后，龚自珍敏锐地觉察到帝制之危机，急切呼唤时代风雷。晚清，章太炎传统学问位居当时之冠，思想却不拘泥传统，是一位勇敢的革命家；王国维结束了三百年的旧学术传统，开创了近八十年的新学术传统，是近代当之无愧的学术领路人；汤寿潜、汪康年、秋瑾等人面对积贫积弱之国家，勇于提倡变革的理念，堪称时代先锋。除了学术思想，浙江文化人在教育、文学、艺术等领域不断继续开新，以己心己力推动着时代的发展与进步。

第一节 传承与开新

一、一代通儒黄宗羲

黄宗羲(1610—1695),字太冲,号南雷,别号梨洲老人,余姚人。黄宗羲与顾炎武、王夫之并称为明末清初三大思想家。黄宗羲在文史哲、教育、天文算学等领域也有杰出成就,对中国文化作出重大贡献。

黄宗羲于明万历三十八年(1610)出身于绍兴余姚一个望族。他的父亲黄尊素是东林党核心成员,为人正直,不畏权贵。黄宗羲幼年一直陪伴父亲身边,受其言传身教。黄宗羲 17 岁时,阉党专权,父亲下狱被害。之后,黄宗羲奔走为父鸣冤多年,崇祯帝最终为其父平反。鸣冤过程中,黄宗羲名声大显,成为东林子弟领袖。随后数年黄宗羲参加科举皆未中,他深刻反思,将注意力转移到学问上。1644 年明亡,黄宗羲以"游侠"身份投入反清复明斗争中。康熙元年(1662),抗清势力基本被摧毁,黄宗羲自此心灰意冷,全心投入讲学和著述活动,清廷多次征召皆推辞,直至 86 岁去世。

黄宗羲主要作品作于他晚年归隐时期,他的著作涉及文学、史学、哲学、政治思想、教育、天文算学等多个领域,50 多种 300 余卷。其中最为后人所重的有《明夷待访录》《宋元学案》《明儒学案》《明文海》等。

黄宗羲思想价值最高的《明夷待访录》作于康熙二年,他在此书中对中国数千年政治传统进行反思,并表达了自己的政治理想。黄宗羲尖锐地批评了君主专制,他认为君主将天下之大利尽归于己,而把天下大害皆加于人。因此,他主张建立取代一家之法的天下之法,核心宗旨在加强对君主的监督,并将君主权力分散给臣下,实行民主色彩的共商政治。他还提出了"工商皆本"的理念,以顺应晚明商品经济发展的潮流。

在哲学领域,黄宗羲深感明末心学的空虚,但也不满程朱理学的死板。所以他对理学和心学进行批判性整合,提出"理气一体说"。"理"和"气"分别是理学和心学认同的世界本原,本互不兼容,他却认为心和理可以合一。他这个主张意在击倒理学的"心外求理"的死板规矩和心学"空谈心性"的空虚学风。心学提倡的"致良知",黄宗羲解释为"亲自践行",而不是像晚明心学学者一样静坐参悟,整日冥想。

黄宗羲的史学和文学成就也极高,他的《宋元学案》《明儒学案》是中国最早的学术史著作;他的《明文海》则分类收集了明代大多数有价值的文章。各领域的成就使黄宗羲成为中国 17 世纪当之无愧的学术大师。

二、学术转向

大明江山轰然倒塌,外族入主中原,使士人遭受了严重的精神危机,他们开始多方寻求新的学术路径,这种追求使得清初思想界呈现出多元驳杂的色彩。

毛奇龄(1623—1713),字大可,号初晴,萧山人,世称西河先生。著述繁富,达 40 多种。毛奇龄继承了黄宗羲反对空谈、勇于怀疑与探索的实证精神,在程朱陆王之争中,他尊王贬朱,逆学术潮流而动,充当了冲锋陷阵的"猛将"。他研究经史,讲究经世致用,以家国天下为己任,反对空谈义理,推崇有知有行的实功。因此之故,实又能补益王学凌虚之弊端,对乾嘉学派的兴起又有开创之功。①

清代乾嘉时期，学风发生很大的改变。清前期，学者无论宗程朱理学还是陆王心学，其目的都是"求道"，探求世道人心。而乾嘉时大批学者转向以文献整理为目标、以考据手段的研究，史称"乾嘉考据学"。很多浙籍学者都是著名考据学家，代表人物有清初的胡渭、朱筠、卢文弨，晚清的俞樾、孙诒让等。

乾嘉学派盛行于乾嘉时，但乾嘉前便有不少人醉心于考据，其中公认代表有浙江德清人胡渭。胡渭（1633—1714），字胐明，号东樵。他著有《禹贡锥指》和《易图明辨》两书，解决了《尚书》和《周易》中许多千年难解的疑难问题。《禹贡》是一本记载先秦古史的地理书，因年代久远，很多地名无法考辨，胡渭在《禹贡锥指》中旁征博引，考证精审，化解了许多争议。自宋代以来，就"易图"学者多出新说，引发很多争论。胡渭《易图明辨》追溯了易图学说的历史渊源，他广搜博取文献中关于图、书、象、数的学说和理论，尽量用以经解经的"内证法"，理清了《周易》和易图的历史关系。

朱筠（1729—1781），字竹君，世称笥河先生，祖籍萧山。朱筠是清代编修"四库全书"的重要推动者之一，他宗尚古学，留意古籍。乾隆三十七年（1772），朱筠在任安徽学政期间，上奏请求从《永乐大典》中辑录佚书，直接促使乾隆下诏开设四库馆。他在任期间还提携资助了一大批著名学者，如戴震、邵晋涵、王念孙、洪亮吉、章学诚、汪中等。近代学者姚名达评价说"朱筠是乾嘉朴学的开国元勋，朱筠是乾嘉朴学家的领袖"②。

---

① 叶建华：《浙江通史》第 8 册《清代卷》（上），浙江人民出版社 2005 年版，第 395—396 页。

② 姚名达：《朱筠年谱·序》，商务印书馆 1933 年版，第 2 页。

卢文弨(1717—1795),字绍弓,堂号抱经堂,人称抱经先生,杭州人。卢文弨精于训诂学和校勘学,校书多达 300 多种,并融训诂于校勘学,校勘质量极高,惠及了后世无数学子。

俞樾(1821—1907),字荫甫,号曲园居士,德清人。俞樾咸丰七年(1857)因科举出题不严谨被罢免,后专心学术研究四十年。他著有《群经平议》《诸子平议》《古书疑义举例》,在书中系统阐发了他的训诂学理论,尤其主张"即训诂名物以求义理"。顾颉刚誉之为清同光年间"最有声望"的经学家。

孙诒让(1848—1908),字仲容,号籀庼,瑞安人。孙诒让一生著述颇丰,其中《周礼正义》《墨子间诂》贡献最大。《周礼》是春秋战国时编撰的一本政治理想大纲,但其记载职官众多,制度繁杂,歧义纷纭。孙诒让《周礼正义》一书厘清了很多疑难问题。《墨子》一书因为历代不受重视,传诵不广,注疏稀少,十分难治。而孙诒让《墨子间诂》利用古文字学知识和同时代书籍参校,整理出一本高水平的《墨子》解释著作。孙诒让在古文字领域成就极高,他是晚清研究甲骨文的第一人。

三、传统学术开掘新意

嘉、道年间,是清王朝命运转折衰变期的开始,浙江传统学术思想也随之嬗变并有所开掘。一些思想敏锐、胸怀深远的学者"于无声处听惊雷",突破传统学术的壁垒,从旧经中开掘新意,以应时变,这也促进了经世致用学风的兴起。其中的代表人物是今文学家龚自珍。

龚自珍(1792—1841),字璱人,号定盦,杭州人。龚自珍不仅传统学问造诣极高,他还极力呼吁社会变革,宣传民主主义启蒙思想,掀开了思想史新的一页。

龚自珍出身于杭州一个世族，祖辈累世显官。龚自珍外祖父是清代著名朴学大师段玉裁，段玉裁给予外孙很多关注，他勉励外孙"努力为名儒、为名臣，勿愿为名士"①。龚自珍自幼便打下坚实的学术基础，树立了崇高的人生追求。26岁时中举，两年后选为内阁中书。入京后，龚自珍向今文经学家刘逢禄学习《春秋公羊传》，并求教于大儒王念孙、王引之父子。在刘逢禄门下，他结识了魏源等一众同道友人。

龚自珍入京为官时期，是他思想的成熟期。他生逢嘉庆、道光年间，清王朝在康乾盛世后逐渐走向衰落，官场黑暗，内忧外患不断。针对这种现象，龚自珍不断抨击腐朽的社会现象，并呼吁改革。他号召当时学者不要再皓首穷经，要把视野和精力转移到与国计民生相关的问题上。他发展了《春秋公羊传》的理论，主张历史循环论，强调顺应历史时势，进行社会变革。除研究经学，他将大量时间投入历史、地理、边防、外交、行政体制等问题的研究上。他还是第一批睁眼看世界的中国学人，意识到中国和西方的差距，感受到亡国灭种的危机，所以他呼吁重振民族精神，对抗西方侵略。

龚自珍以思想家和诗人的双重身份大声疾呼，开时代风气之先，拉开了中国近代思想启蒙的序幕。鸦片战争后，他的思想受到越来越多有识之士的认可，他提倡的今文经学也成为维新派变法的武器。

四、章太炎学术的多重递变

章太炎（1869—1936），名章炳麟，字枚叔，号太炎，余杭人。

---

① （清）段玉裁：《与外孙龚自珍札》，《经韵楼集》卷九，嘉庆十九年刻本。

章太炎是近代研究传统文化的一流学者,同时也是追求颠覆传统、号召革命的旗手之一。章太炎被胡适称作"清代学术史押阵大将",又被弟子鲁迅称为"有学问的革命家",在他身上,可以窥见中国近代士人的多元性。他是乾嘉朴学的殿军人物,乾嘉朴学在他这里被终结,并出现新的学术转向。

章家为余杭大族,以诗书传家,十分重视对章太炎的教育,奠定了他坚实的传统学问根基。且章家民族意识极强,章太炎自幼便受到父辈民族主义的熏陶,埋下了反满的种子。章太炎20多岁时,到杭州诂经精舍学习,受教于朴学大师俞樾,并求教于大儒孙诒让、黄以周等人,他在此学习7年,专心研究古文经学和语言文字学,终名扬于学林。章太炎在文字学方面造诣极高,与其弟子黄侃一同构建以《说文解字》为基础的语源学理论,后人称为"章黄学派"。

章太炎在诂经精舍学习时,正值中国遭受甲午战败之耻辱,康有为等人寻求变法,成立强学会,他于是报名入会积极参与维新变法。光绪二十三年(1897)春,章太炎前往上海主持维新派《时务报》工作,发表很多文章批评清政府,寻求国家变革的出路。但他的思想逐渐走向革命,与维新派思想不符,便返回杭州。之后他寻找李鸿章、张之洞阐述变革理想均碰壁。戊戌变法失败后,章太炎逃亡台北,后前往日本留学。

在日本,他结识了孙中山,坚定了他的革命思想。他发文大力批驳改良派,提倡武装革命,推翻清政府。20世纪初,章太炎返回上海,主持《亚东时报》,与唐才常等人一同筹划革命。光绪二十六年(1900),章太炎在上海完成了他的代表作《訄书》,一部系统分析中国政治和社会问题的著述。在书中,章太炎表达了强烈的反满思想,他吸收进化论的历史观,强调思想解放和革命，才能使民族立于世界民族之林。章太炎在书中批驳圣贤，褒贬诸子，提倡异端，成为近代中国第一代反传统的先锋。① 这本书一出版就轰动海内，风行一时，清廷认为此书为害无穷，便下令查禁，并通缉章太炎。

在上海期间，章太炎还作《驳康有为论革命书》，痛斥保皇党和立宪派，主张流血革命，从各个方面揭露立宪派说法的漏洞。此文以强大的感染力，在当时文化界引起很大反响。光绪二十九年（1903），《苏报》刊发此文，清政府勾结租界，逮捕章太炎。章太炎表现出大无畏革命精神，说道"余人俱不在，要拿章炳麟，就是我"。后因法租界干涉，清廷未能如愿处决章太炎，最终租界判决监禁三年。出狱后，再次东渡日本，主办《民报》，宣扬资产阶级革命，在此期间，他的革命思想得到进一步发展，主张革命对象要加上帝国主义。

光绪三十三年（1907），因理念不同，章太炎和孙中山最终分道扬镳。辛亥革命前后，章太炎因对时局误判，力挺袁世凯，但他后来认识到袁世凯的虚伪，参加反袁斗争，一度被袁软禁。1917 年，护法运动失败后，章太炎无心于政治，将主要精力投入讲学中，宣扬国粹，直到 67 岁去世。

五、王国维揭幕现代社科研究

王国维（1877—1927），字静安，号观堂，海宁人。王国维兼通中西学术，尤其醉心于光大中国文化。他是承接古今学术的重要人物，被誉为"中国近三百年来学术的结束人"和"最近八十年来学术的开创者"。

---

① 余艳红：《〈訄书〉中的现代性》，《东岳论丛》2016 年第 5 期。

王国维出身于书香门第,自幼由父亲教授其四书五经、诗词歌赋。王国维 16 岁时中秀才,但之后两次应举均名落孙山。清光绪二十年(1894),王国维考入杭州崇文书院,此后将重心转向学术研究。辛亥革命后,王国维全家受罗振玉资助东渡日本。1916 年,王国维返国,在一所教会大学任教。1923 年,他受逊帝溥仪邀请,任南书房行走,整理大内典籍。次年,溥仪被赶出紫禁城,王国维有意投水自尽,被家人劝阻。1925 年,他任教清华,与梁启超、陈寅恪、赵元任并称"清华园四大导师"。1927 年农历五月初三上午,王国维在昆明湖自沉,留下遗书称"五十之年,只欠一死。经此世变,义无再辱"。

王国维早年不仅精研传统典籍,还阅读了大量西方书籍,如康德和叔本华的哲学著作,并翻译了英国哲学家西额惟克的《西洋伦理学史要》。光绪三十年(1904),他创作了《红楼梦评论》,此书用叔本华的哲学观点分析《红楼梦》的创作艺术,开创了近代红学。

王国维在诗词领域造诣极高,光绪三十三年(1907),他将平生所作 115 首词编订为《人间词》,以人间为名,是他"静观人间哀乐,感慨系之"的集中表现。[①] 之后,他又以自己赏析词的经验,写成《人间词话》,在这部经典著作中,他提出以"境界"品鉴词的理论。"有我之境""无我之境""以我观物""以物观我"等说法已经成为今日学界常用的诗词鉴赏术语。

在日本期间,在罗振玉影响下,他全心转向甲骨文和古史研究。他对甲骨文研究有开创性突破,故其"观堂"被誉为甲骨四堂之一。在研究古文字和古史基础上,王国维提出著名的"二重

---

① 陈鸿祥:《王国维传》,团结出版社 2019 年版,第 163 页。

证据法"。1925年,他在清华课上明言二重证据法和其好处,指出地下之新材料可以补正纸上之材料,印证古书。王国维提倡二重证据法主要目的是为以新材料印证古史,回应当时的疑古派。疑古派否认中国春秋战国以前记载不详的古史,这对于向往传统的王国维是难以接受的。他曾用甲骨文证明《史记》记载的商王世系是正确的,证明了中国商代存在和《史记》为信史。

王国维投湖自尽后,引发极大的社会反响,各大报刊发专文报导,国内外学者纷纷致电哀悼。陈寅恪受命为王国维撰写碑文,其中写道:"惟此独立之精神,自由之思想,历千载万祀,与天壤而同久,共三光而永光。"此碑至今仍立于清华园,激励着后世万千学子。

六、维新思想与革命思想传播

鸦片战争后,沿海的浙江成为列强直接侵夺的窗口,面对帝国主义的剥削和中国积贫积弱的现实,浙江涌现出一大批谋求变革的先进士人和无所畏惧的英雄人物。

求变是浙籍士人的优良传统,从明末清初的黄宗羲到清中后期的龚自珍,都是主张变革的时代先锋。清末士人更是循着勇于变革的传统,高举维新旗帜,浙籍士人汤寿潜、汪康年可谓代表。

汤寿潜(1856—1917),原名汤震,字蛰先,萧山人。汤寿潜于光绪十六年(1890)写成政论性书籍《危言》4卷50篇。"危言"二字来自圣贤之言,孔子曰"邦有道,危言危行",其意思指不畏危难而直言。书中分析了中国所面临的危机,并提出一系列对策和方案,如迁都、健全海军等;同时书中主张改良政治,实行开明专制;经济上,则主张发展资本主义经济。《危言》一书曾深深触动光绪皇帝。汤寿潜考中进士后，先后入职内阁、翰林院。戊戌变法期间，他积极宣扬变法理论，变法失败后，他和蔡元培、张元济等友人将注意力转移到兴办新式教育，辛亥革命时，他一度被革命党人推选为浙江都督。

汪康年（1860—1911），字穰卿，杭州人。汪康年旧学根基很深，光绪十六年（1890）会试落榜后，受当时洋务派领袖之一张之洞邀请，前往湖北，成为张的幕僚。期间，他开始积极投身维新活动。光绪二十一年，得到张之洞支持，他前往上海创办《时务报》，并提出"行善法、育人才、兴商务、讲武备"等一系列维新措施。此后，他又参与创办《昌言报》《京报》《中外日报》《刍言报》，成为中国近代史当之无愧的第一报人。

然而维新无法挽救腐朽的清王朝，有着先进视野的士人纷纷放弃幻想，投身革命。其中浙籍士人代表有章太炎、秋瑾。

秋瑾（1875—1907），字竞雄，号鉴湖女侠，绍兴人。秋瑾出身传统官僚家庭，但她不顾一切冲破旧观念旧家庭的罗网，前往日本留学并加入同盟会投身革命。秋瑾是妇女解放运动的先驱人物，相比于同时期革命党人，她更重视妇女权益解放，通过演讲、办报、教学、创作文艺作品等多种方式宣传妇女解放思想，以其超前的敏锐性精确地把握了女性解放的脉搏，系统提出妇女解放主张和途径，其中最具有前瞻意义的是她认为妇女应该把握自身命运，自我实现男女同权。光绪三十三年（1907年）初，秋瑾为《中国女报》创刊号写了《发刊词》，号召女界为"醒狮之前驱""文明之先导"，可谓是秋瑾开出的救国救时的良方。同年四月十五日，徐锡麟在安庆起义失败，与他相策应的秋瑾不幸被捕，从容就义于绍兴轩亭口。

晚清以来，维新思想和革命思想传播大张旗鼓，这其中，大众传媒充当了时代的号角。浙江人的办报经历也可谓精彩。甲午战后,在深重的民族危机刺激下,浙江社会风气为之一变,争相谈论独立自强、开发民智。办刊办报氛围因此浓厚,影响最大的是《经世报》,主笔为具有维新思想的宋恕、陈虬、章太炎等。

此后,直至清末,浙江报刊趋于鼎盛。涌现出了许多著名报刊,如《浙江潮》《杭州白话报》《全浙公报》《算学报》等,大都言论大胆自由、时代特征鲜明,在普及大众文化、传播新思想新知识、倡导爱国救亡、开启民智等方面发挥了重要贡献。大众传媒的发达,成为推动浙江近代化进程的重要力量。

第二节 浙东史学成就

一、"布衣修史"万斯同

黄宗羲以后,浙东学派①史学成就最高者当属万斯同。万斯同(1638—1702),字季野,号石园,门生私谥贞文先生,鄞县(今宁波)人,出生于明末一个累世勋臣的家庭,天生聪颖,读书过目不忘,后拜师于鸿儒黄宗羲门下。万斯同精于经学,博通诸史,年少时就有才名,后专攻史学,以深研明史著称,有"清代史学第一人"之誉。

万斯同一生最重要的成就之一就是主持修撰《明史》。清代官修明史肇始于入关之初设立的明史馆,康熙十八年(1679)才

---

① 清代浙东学派是以浙东籍士人为主,强调以经史经世致用的学术派别。梁启超对其定义最为精确:"浙东学风,从梨洲(黄宗羲)、季野(万斯同)、谢山(全祖望)起以至于章实斋(章学诚),厘然自成一统,其贡献最大者实在史学。"浙东史学可以说代表着当时史学进步的潮流。

在大学士徐元文的主持下正式开始修史工作。万斯同出于对故朝史事的眷恋，身怀"以任故国之史事报故国"之志，遵其师黄宗羲嘱托，应徐文元之邀北上，馆于徐氏邸舍，不受俸禄，不领官衔，以布衣身份参与修史，成为明史修撰工作的实际总裁者。此后担纲明史修纂的官员几经变动，但都继续延请万斯同主修《明史》。可以说，《明史》五百卷，基本由万斯同手定，是他一生心血的集中体现。

万斯同修明史，集中体现了他的治史思想，其中最重要的就是重视史事实证，坚持考信求真。他虽以明代列朝实录为主要材料，但并不直接采用，而是广泛搜罗杂书志传，以实录为指针对照考证。实录直载其事者，不尚增饰。他书中有错谬者，以实录为证裁，在泛观博览的基础上确定史事的可信度。这种治史方法也与他由经入史、强调史学必须经世致用的观点一脉相承。在他看来，通史的目的不仅在于熟悉过往朝代的典章、制度和文化，更重要的是通古今之变，继而行用于当世。因此史书必须"事信而言文"，以达到传之万世的经世作用。每篇初稿写成后，都要由他逐一核实掌故、补充史事，"每诸君子有所考证未定，必待季野片言，遂俱折服"①。终于在康熙四十一年（1702）万斯同去世之前纂成《明史稿》500卷。在万斯同所修《明史稿》基础上成书的《明史》，既写得详略得体，无烦冗之词，也避免了求之过简、直系编年的弊病，志、表、传部分都有不同程度的新意，被认为"在《二十四史》中，除马、班、范、陈四书外，最为精善"②。追本溯源，万斯同当居首功。

---

①　（清）李邺嗣：《万季野诗集序》，《杲堂诗文集》，浙江古籍出版社1988年版，第562页。

②　梁启超：《中国近三百年学术史》，江西教育出版社2017年版，第89页。

万斯同出于报恩故国的志向，以布衣参史事，以几十年如一日的严谨态度修成明史，成就了清代官修史书最浓墨重彩的一笔，其扎实的治学方法和贵重的君子品格也由此进一步彰显于世。他一生不慕荣利，态度谦恭，与人交往都自称"布衣万斯同"，但京中上至王公，下至学子，无不尊称他"万先生"。同世学者和后代文人无不对其推崇备至，他是当之无愧的浙东史学大家。

二、"史学大柱"全祖望

全祖望是浙东学派继黄宗羲、万斯同之后的又一集大成者。全祖望（1705—1755），字绍衣，号谢山，别号鲒埼亭长，人称谢山先生，鄞县（今宁波）人。全家原为望族，祖辈曾在清初参与过抗清复明活动，抗清失败后，家族日渐败落，到全祖望出生时，已十分清贫。但全祖望天资聪慧，四岁能解四书五经，七岁能读《资治通鉴》，有神童之称。乾隆元年（1736）中进士，选翰林院庶吉士，因不附权贵，于次年辞官归里，此后一直未再出仕，专心致力于学术。全祖望离开官场之后游学全国，以授徒为业，足迹遍布大江南北，曾在绍兴蕺山书院、广东端溪书院讲学，一生勤于著书立说，晚年双目失明仍笔耕不辍，是清代成就最高的史学家之一。

全祖望在治学上十分推崇黄宗羲，自称为梨洲私淑弟子，主张经世致用之学。又受万斯同影响，注重史料考信，精研宋末及南明史事，并在继承黄、万遗风的基础上悉心揣摩、融会贯通，发展出了自己的治史方法。主要表现在重视明清人物传记及碑铭、重视地方文献的搜集与整理、重视学术思想史的梳理与表章三个方面。

　　全祖望治史上承黄、万，当然也表现出以当世人物之碑铭记传为史的特色。为开展明代历史研究，全祖望花费数年搜集了大量珍贵的晚明清初的历史文献资料，并依据精审考核、秉笔直书的原则，利用这些资料编撰了大量明清历史人物的传记志铭，汇集成《鲒埼亭集》一书，补旧史之缺，纠旧史之谬，对研究明清历史有极高的价值。全祖望的另一治史特色是重视地方史研究，尤其是地方文献的校勘辑佚。一生之中曾七次校订《水经注》，对历史地理学的发展做出突出贡献。他还多次主持刊刻乡贤著作，广泛搜罗地方历史文献，积极编撰地方史志，以此"辨章学术、考镜源流"，揭示地方学术文化的发展脉络。他还致力于学术思想史的梳理和溯源，进一步发展了黄宗羲创立的学案体。他不仅对黄氏未竟的《宋元学案》进行了内容上的修订和补充，还在体例上有所创新，添加了序录、表和附录，使案主的学术思想和传承脉络清晰可观，完善了学案体这一新兴的史学体裁。

　　"史学大柱"全祖望集前人所长而融会贯通，一生贫病而笔耕不辍，扭转了宋元以降学术门户森严的沉疴，在史学、经学、目录学、校勘学、档案学等方面均有杰出的贡献，留下了数量丰富的文化著作，其中尤以《鲒埼亭集》《宋元学案》《困学纪闻》最为知名。他以卓越的成就为清代浙东学派继往开来，奠定了其在中国史学史上的崇高地位，被认为是继司马迁之后最有文采的传记史家，对清代的学风产生了深远影响，时人谓雍、乾以降，"其有直言无隐者，唯祖望一人而已"①。

---

　　① 　（清）全祖望撰，朱铸禹汇校集注：《全祖望集汇校集注》之附录，上海古籍出版社 1988 年版，第 2682 页。

三、四库馆臣邵晋涵

浙东史学人才辈出，除了游学民间、著书授业的高人逸士，亦有跻身官场、供笔史馆的史学高材，乾嘉之际的著名史学家邵晋涵正是后者的代表。

邵晋涵（1743—1796），字与桐，号南江，余姚人，是清初史学家邵廷采的从孙。邵廷采师承黄宗羲，得其文史之学而传于家，对邵晋涵的治学道路产生了直接影响。邵晋涵少时便熟读从祖遗文，后又受刘宗周、黄宗羲等浙东学术先辈的影响，家传乡习，贯通经史，涉猎百家。28 岁时中进士，继而入朝为官，历翰林院侍读，官至翰林院侍讲学士兼文渊阁直阁事，曾主持《四库全书·史部》的编校，参与《续三通》《八旗通志》的纂修，在史学和经学方面都颇有建树。

邵晋涵一生最重要的功绩之一就是主持编修"四库全书"。乾隆三十八年（1773），他因文史之才被征入四库全书馆，次年任翰林院编修，总裁"史"部书籍的编纂工作，不仅写作了大量名臣列传，还撰写了史部部分的目录提要，具有解题、评价、批注、答疑等多重功能。在编撰五代史书时，邵晋涵第一个从《永乐大典》中辑出了《旧五代史》，参以《玉海》《册府元龟》《太平御览》等类书及《通鉴考异》《五代会要》等各种正史野史与宋人笔记，定其篇第，辑其遗文，基本上恢复了该书的原貌，使埋没 500 多年的《旧五代史》终得以重见天日，于后世史学有不世之功。

在史学思想上，邵晋涵继承黄宗羲以来的浙东史学传统，主张史以纪实为要，以网罗天下旧闻为事，认为对史事与人物之评价必须谨慎公正，不能为了追求"春秋笔法"而遗失史事之真相，反对随意褒贬人物，强调以史书的体例法度为重。他博闻强记，熟精明代和当朝史事,被认为得黄宗羲一派之真传,经学、史学并冠一时,久为海内共推。

邵晋涵入馆修史 20 余年,多年如一日地以严谨态度考订史事,坚持实事求是。同时他也参与了《续资治通鉴》的审定和宋史的改编。他还坚持研习经学,穷十年之功而成《尔雅正义》,最早将音韵学引入文字训诂领域,开一时风气。也正是这份为学之勤使其在日复一日的编撰中积劳成疾,嘉庆元年(1796)邵晋涵病逝,终年五十四。

邵晋涵的著述虽传世较少,但并不影响他是清代首屈一指的史学名家,清人"言经学则推戴吉士震(戴震),言史学则推君"①。他以四库馆臣的身份,将经世致用、考信求真的浙东史学特色带入官史修撰之中,为清代史学的发展注入了一股新的活力。

四、"史学殿军"章学诚

浙东史学经黄宗羲开山,万斯同、邵廷采传承,全祖望、邵晋涵发扬,至章学诚时进入理论总结阶段,章学诚也因此成为浙东学术最后的集大成者,有"浙东史学殿军"之誉。

章学诚(1738—1801),字实斋,号少岩,绍兴人。章学诚早年屡试不第,迟至 41 岁时才中进士,但自以为性格迂拘,与世不合,始终未入仕途。他一生颠沛流离,穷困潦倒,常年靠朋友接济、充任幕僚或讲学编书维持生计。但其著述极丰,才名极盛,曾先后主修《和州志》《永清县志》等十多部地方志书,创立了一

---

① (清)钱大昕著,陈文和主编:《潜研堂文集》卷 43《墓志铭二·日讲起居注官翰林院侍讲学士邵君墓志铭》,凤凰出版社 2016 年版,第 694 页。

套完整的修志义例,其用毕生精力写成的《文史通义》和《校雠通义》,总结、发展了中国古代史学理论,标志着中国古代史学理论发展到最高阶段。

章学诚的史学成就主要集中在对古典史学的总结和史学思想的提炼上。其中又以"圆神"与"方智","史德"与"心术","史意"与"别识新材"三大史学理论最具特色。

章学诚把古往今来的史书划分为撰述与记述两大系列,而圆神、方智分别是撰述、记述的特点。方,是指体例的严整有序,使之能够储存、容纳尽可能完备的历史知识,即所谓"赅备无遗";圆,是指体例上的灵活变化,使之能够充分反映史家的历史认识,即所谓"抉择去取"。这一理论包含着朴素的辩证思想,指出不同时代不同史书在体例和特点上的变化正是"事屡变而复初"的"天下自然之理"的表现。

章学诚继承发展了唐代史学家刘知几的"史家三长"理论,提出了"史德"与"心术"说。撰写历史者必须具备"史德",即"著书者之心术","才、识、学、德四者之中,以史德为要"[①]。具体来说,就是修史时忠于史职,忠于史实,坚持善恶必书,书必直言,力求做到不虚美,不隐恶,暴露成败,明彰是非。充分尊重历史的客观性。修养这种"心术"必须尽量排除客观环境对主观意识的影响,保持"气平""情正"。

章学诚还尤其强调"史意"和"别识心裁"。他认为史学主要包括史事、史文、史义三个部分,其中史义是灵魂,代表着史家的思想体系。史学之"义意所归"一是明大道,二是主通变,三是贵

---

① (清)章学诚著,叶瑛校注:《文史通义校注》卷3《内篇三·史德》,中华书局1985年版,第220页。

独创,四是重家学,其核心正是"别识心裁"。真正做到尊重传统而又不拘泥于传统,勇于创新,才是史学的生命力所在。

除上述三大史学理论外,章学诚其他重要的史学思想如"六经皆史"说,"知人论世"说,关于通史、历史文学的理论等也都在其代表作中有不同程度的阐述。综合来看,章学诚把浙东学术重视哲学与史学结合这一学术取向发扬光大,在系统总结清以前史学的基础上将中国古代史学理论推向终点,不仅使浙东学派真正成为一个有源有流、脉络清晰的史学派别,更为中国古典史学画上一个圆满的句号。

五、"方志之乡"耀天下

在浙东学派的影响下,清代浙江地方志修纂极为兴盛,名志灿若星辰,继承和发展了东汉以来浙江地区的方志文化,进一步发扬了"方志之乡"的美名。

清代浙江方志在数量上遥遥领先全国。不仅省、府、县三级全面编修志书,而且还编纂了大批的乡镇志、山水志、水利志、海防志、古迹志、游览志、文献志等。明清两代,浙江志书总数连居全国各省之冠。清代浙江编纂的志书仅府、县两级今天可考的就达 320 多种,其他各类志书数量更难以统计,名目之多,种类之全,数量之巨,都为前代所未有。

清代浙江方志佳作频出。许多地方所修方志的质量良莠不齐,浙江所修地方志却常有佳志之赞,带有明显的浙东学术特色,其中比较有代表性的是雍正《浙江通志》、雍正《宁波府志》和乾隆《鄞县志》。雍正《浙江通志》全书共 54 门,比康熙《浙江通志》增加 17 门,其中所增经籍、碑碣二门资料尤为丰富,"所引诸书,皆具引原文,标列出典。其近事未有记载者,亦具列其案牍,视他者体例独善。其有见闻异词者，则附加考证于下方"①。雍正《宁波府志》由浙东学者万经领纂，分 36 门，其中海防、兵制、舆图、山川、形势等有关军事内容颇为详明，明显带有浙东学派"经世致用"的色彩。乾隆《鄞县志》由清代著名学者钱维乔、钱大昕父子修纂。钱大昕精于考证，《鄞县志》取材，或据历代正史，或采地理书，或据旧志，对名公诗文集、稗官小说、家传志状，皆有所录，取材面极广。且志中所引资料皆有出处，是公认的清代佳志之一。

　　清代浙江方志之盛，还体现在方志编纂理论的革新上。自黄宗羲开始，浙东学派的学者都十分重视地方文献的搜集，尤其重视乡邦文献的整理和地方历史的书写。他们经常领衔地方志的编修，在修志实践中发展了方志理论，其中贡献最大的是章学诚。他明确了地方志是历史不可或缺的一部分，指出"志乃史裁""方志为国史要札"，创立方志的"三书""四体"，确立了方志体例结构，提出实际编纂方志时要克服"五难""八忌"②，进行实地调查，只用事实材料，记载要做到简、严、核、雅。章学诚还提出"编志辨体"的思想，认为方志的编纂并不是简单地抄录材料，堆砌成书，而是应当根据体例，把一省、一府的古今情况择要集录、简明综括，突出重点，显示特色。在章学诚之前，方志编纂没有成熟系统的理论，章学诚因此被认为是方志学的奠基者。

---

①　（清）永瑢等撰：《四库全书总目》卷 68《史部二十四·地理类一·都会郡县·浙江通志二百八十卷》，中华书局 1965 年版，第 607 页。

②　（清）章学诚著，叶瑛校注：《文史通义校注》卷 3《内篇三·修志十议》，中华书局 1985 年版，第 843 页。

第三节　文艺繁荣中孕育转型

一、诗坛主流浙派诗

浙派诗是清代诗坛上影响最大的诗歌流派之一。这之前，浙江虽有无数诗坛明星，但只有到了清代，"浙派诗"兴起，浙江诗人群体方成为诗坛中流砥柱。

钱钟书认为，明末清初之际浙江余姚人黄宗羲开启了浙派诗之学统。① 若言黄宗羲对浙派诗之开创之功，主要在于他变革了诗文创作理念。整体而言，明代诗人在诗文创作上推尊唐诗，尤其是"明七子"主张"文必秦汉、诗必盛唐"。但黄宗羲在文法上则推崇宋诗，主张诗歌应该表达作者的真情实感，不必刻意追求辞藻华丽、用典古拙，不用严守格律，用字遣词可以通俗化，但求真实表达创作者的所思所想。可以说黄宗羲开创了浙派诗"尊宋诗"的风气。

黄宗羲在明末清初文坛名声极盛，所以他的诗歌创作思想影响了很多学者。尤其他的弟子海宁人查慎行和鄞州人万斯同极力为宋诗张目，倡导诗当宗宋。到了清中期，宗宋诗的浙籍诗人群体持续壮大，他们的创作使得浙派诗成为诗坛主流，也使得浙派诗发展进入全盛期。主要代表有杭州人厉鹗、杭世骏、金农等，以这些大诗人为中心，形成杭州诗人圈，人称杭州派，他们主张宗奉苏轼、黄庭坚、陆游等两宋诗人的创作理念。其中厉鹗被誉为清中期浙派诗的头领，因对现实灰心而专注于写山水诗，常

---

① 钱钟书：《谈艺录》，生活・读书・新知三联书店2001年版，第430页。

借山水表达变迁无常之思，其诗清空幽远，讲求清冷的格调。

清代嘉兴人金德瑛、万光泰、钱载、王又曾等也形成一个嘉兴诗人圈，人称秀水派，但他们观点相对调和，主张兼综唐宋诗风。除此之外，山阴人胡天游、钱塘人汪师韩也是清代浙江诗史上的重要人物。尽管不同派别的诗人的主张有一定分歧，但他们共同努力推动了清代浙诗的发展，使得浙诗在清代诗坛中占据重要一席。

清代浙派诗风总体上尊崇宋诗，其主要原因是浙籍士人在明清易代时心态发生了变化。清军征服江南过程中，有扬州十日、嘉定三屠的恶行，此后又主要针对江南文人施行残酷的文字狱，江南文人对于异族统治者不满而存故国之思。在这种情况下，相比于整体风格张扬的唐诗，文字坚实、风格沉重的宋诗更能切合浙籍士人的凄凉心境。①

二、主导词坛的浙派词

词兴盛于宋代，宋代浙江词坛便拥有张先、周邦彦、陆游等一众名词人。到了清代，浙籍词人及其创作的浙派词主导清代词坛百余年。清代浙词主要派别有浙西词派、西泠派和柳州派。

浙派词最负盛名的当属浙西词派。清代浙西在地域上主要指杭州、嘉兴、湖州地区。浙西词派的诞生以康熙十八年（1679）《浙西六家词》问世为标志，此集收录朱彝尊、李良年、李符、沈皞日、沈登岸和龚翔麟六家词。其中影响最大，同时被公认为浙西词派创始人的是明末清初秀水人朱彝尊。朱彝尊（1629—1709），字锡鬯，号竹垞，出生于秀水名门，却因明清易代世事变

① 参见张仲谋：《清代文化与浙派诗》，东方出版社1997年版，第137—140页。

迁只能入赘并给达官作幕僚讨生活,这些磨难对他的词风有潜移默化的塑造。朱彝尊词风被盛称为"醇雅清空"。"醇雅"主要指其风格,朱彝尊主张学宋词,追求雅致的词风。故在哪怕偏生活的闺怨词中,朱彝尊创作风格也是悲而不哀,深情而不轻浮。"清空"是指朱词注重用意象营造一种缥缈的意境,以抒发作者触景生情之叹。

康乾时期,朱彝尊的求雅词风在浙西词人间影响很大,出现一众继承其风格的优秀词人。尤其厉鹗一脉传承最著。厉鹗(1692－1752),字太鸿,又字雄飞,号樊榭,钱塘(今杭州)人。他的词尤其擅长通过景色描写来抒发胸怀、寄托情感,如其《百字令》中"风露皆非人世有,自坐船头吹竹。万籁生山,一星在水,鹤梦疑重续",以桐庐七里滩清幽的山水气韵衬托出江湖中一个神隐高士的形象,以寄托他的归隐志向。

清中后期,浙西词派影响持续扩大。乾隆时期,浙西词派创作理念影响了浙西以外的词人,如苏州王鸣盛、吴泰来,扬州江昱等。浙西词逐渐统治了清中期的词坛。随着浙西词派影响力扩大,慕"雅"的词文创作风靡一时,但词的整体质量却出现滑坡,使浙西词派的声誉受损。[①] 一些词人欲挽回浙西词派的创作颓势,如嘉兴人吴锡麟和江苏吴江人郭麐,吴的词主要兼容并蓄各种风格,郭则主张词当平实自然,不必矫揉造作、强行抒情。

除却浙西诗派,清代浙江还有两个重要词派,分别为西泠派和柳州派。西泠派诞生的标志是康熙十四年(1675)《西陵词选》九卷的问世,此集收录杭州词人共 191 家。其中代表词人有毛先舒和丁澎,毛擅长于闺情词,丁擅长于豪放的边塞词。柳州派

---

① 刘深:《清代后期的浙西词派》,《古典文学知识》2007 年第 6 期。

诞生的标志是顺治十六年(1659)《柳州词选》的问世。嘉善县治魏塘镇有名胜柳州亭,因此以"柳州"为词派之名。柳州派代表词人有曹尔堪(1617—1679),嘉善人,其词仿苏轼、辛弃疾,意境雄阔。

三、袁枚与性灵派

袁枚(1716—1798),字子才,号存斋,世称随园先生,钱塘人。袁枚以性格风流和爱好美食而闻名于世,同时他开创了清代诗文创作的重要流派——性灵派,一度成为清代乾嘉诗坛盟主,其创作理念甚至深刻影响了近代日韩等国。

袁枚生活于康雍乾之际,正值清王朝的鼎盛时期。袁枚父辈多以作达官幕僚为生,颇通文墨,故十分重视对袁枚的教育。袁枚自幼好学,尤喜欢吟诗作对,将大量时间投入到诗词歌赋的学习中。乾隆四年(1739),他殿试名列第五,授翰林院庶吉士。袁枚与京城文人雅士乃至八旗子弟交游唱和,一时名声大噪。乾隆七年,袁枚外调江苏,于多地先后任县令七年。为官期间,袁枚感于官场复杂,尤其在其任县令满七年,按例当升迁之际,朝中却因其风流放荡的传闻阻其升官之路。失落的袁枚便在江宁(今南京)购买园宅,名为"随园",之后辞官归隐。

归隐后的袁枚,将重心投入文学创作。同时,他利用随园开展一些活动用以赚钱,主要是借助其文坛盛名,出卖书文和招收弟子。此后30余年间,袁枚的随园成为一个文化中心,许多青年俊彦乃至大量女子入园拜袁枚为师,全国各地的文人学士也来此造访,共论诗文。以袁枚和他的随园为中心,形成一个文学流派,人称"随园派"或"性灵派"。

性灵派的核心理念是"性灵说",该理念源于南朝,强调文学作品应当重视人的自然感情。袁枚进一步发扬了这种学说,主张文学创作应强调"人"的价值,诗文要抒发人的"性灵"。这种创作理念是繁荣的江南经济和随园内闲适雅致的学风的共同作用下产生的。袁枚重情感,无论对亲友,还是对青楼女子,他都讲求以真情相待,因此他讲求在诗歌中表现人的真性情。袁枚反对当时追求复古的诗文,轻视那些追求格调高雅,引经据典的创作。性灵说在当时文化圈中影响甚广,但同时也因"纵情"的理念受到正统士人的批判。

袁枚之后,其门生弟子对于性灵派的诗歌创作思想有所发展,其中代表人物有袁通、王昙和郭麐等。尤其王昙进一步强调个性化的创作,他生性狂傲放诞,其创作更是惊世骇俗,被时人批评为艳俗浅薄。但王昙的创作理念也直接影响了近代大诗人龚自珍的创作。

性灵说追求人的情感的解放,有助于打破严格的封建礼教。但一些文士以"性灵派"为旗号,为自己骄奢淫逸的生活和无限放纵的欲望正名,是一种"自利"的提倡,并没有关心到普罗大众。①

四、俗文学与地方戏

清代,市民文化方兴未艾,人们对俗文学嗜好日浓,促进了俗文学创作手法更趋精致,内容与形式更加多样,成就也更加卓越。

(一)李渔的小说、戏曲创作

李渔(1611—1680),字笠翁,号天徒,兰溪人,生活于明末清

---

① 郑宇丹:《从"言志"到"言己":袁枚"性灵说"与乾隆后期自利性话语的传播》,《国际儒学》2022年第1期。

初。李渔多才多艺，无论是诗文歌赋，还是小说戏曲，都为人称道。近代文学家周作人曾评价李渔："他有他特别的知识思想……非一般文人所能及。"①

李渔祖上以行医为生，家境较为富裕，希望李渔走科举正途，从小对其教育十分重视。李渔19岁时，其父去世，家道中落，他更加发奋读书以求光复门楣，29岁时赴南京乡试，名落孙山。此后，因明末战乱，李渔再没机会参加科举。又因清军在江南施暴，李渔坚决不仕清，断绝了仕途念想，回乡隐居。

隐居三年后，李渔迫于生计前往杭州谋生。因当时勾栏戏馆发达，李渔便将创作转到戏曲小说领域。李渔才情出众，其作品风行坊间，十分畅销，但翻刻盗版也十分盛行。为维护版权和保护收益，李渔举家搬往江南文化中心金陵，自开书铺"芥子园"，刻行销售自创的戏曲小说；他还组织了一个戏班，自编自演。在杭州、金陵期间，李渔创作了大量的知名戏曲小说，其中戏曲主要有《笠翁传奇十种》等，小说主要有《无声戏》《十二楼》《肉蒲团》等。

李渔的创作，十分重视情节上的新奇，力求摆脱前人之窠臼。如其《笠翁传奇十种》中的《凰求凤》一剧中，便描写了三位女子同时仰慕秀才吕曜，都欲以身相许，主动追求男子的事情。在强调男性主导男女关系的传统社会中，李渔的创作令人耳目一新。同时李渔也将对现实社会现象的讽刺寄托于嬉笑怒骂中，他将"科诨"称作"看戏之人参汤也，养精益，使人不倦，全在于此"②。李渔的戏曲小说以通俗易懂的语言塑造了一个个生动

---

① 周作人：《笠翁与随园》，《大公报》1935年9月6日。
② （清）李渔著，单锦珩点校：《闲情偶寄》卷2，浙江古籍出版社2014版，第48页。

形象的人物,展现了当时的世态炎凉,揭示了社会的黑暗面。

在小说戏曲创作之外,李渔也注重戏曲理论的总结,其《闲情偶寄》的《词曲部》和《演习部》两部分,总结了他在戏曲创作方面的独特理解,是我国戏曲史上第一部系统完整的戏曲理论作品。

（二）洪昇《长生殿》

洪昇（1645—1704），字昉思，号稗畦，杭州人。洪昇是著名的戏曲创作家,一生创作戏曲 40 余种,其中《长生殿》自诞生起,便为梨园弟子竞相传演。在当时,他与创作《桃花扇》的孔尚任被并称作"南洪北孔"。

洪昇出身名门世家,其先祖洪皓在南宋时出使金时被拘禁,坚守气节不降,归国后得到重用,此后洪家从宋至明累居高官,成为当地望族。洪昇出生时正值清军攻入杭州,他的家族因祖上名望受清廷拉拢,故其童年还算锦衣玉食,并得到名师毛先舒等指点学问。洪昇 24 岁时前往北京国子监求学,但一直仕进无途,之后因其父被牵扯进三藩之乱,家道开始中落。现实生活诸般不如意,洪昇将注意力转移到戏曲创作中,44 岁这年创作了不朽名著《长生殿》。

《长生殿》是洪昇对唐明皇和杨贵妃爱情故事的改编拓展,其主要内容是讲唐明皇宠爱杨贵妃,沉溺于酒色不理朝政,任用无能的杨国忠处理朝政导致安史之乱。杨贵妃在马嵬坡兵变被杀后,唐玄宗也悲痛死去,后与杨贵妃在天上重温鸳梦。洪昇在剧中批判唐明皇因女色误国的同时,也对李、杨之间忠贞不渝的爱情寄寓同情。李、杨故事史书有载,唐代白居易作长诗《长恨歌》、元代白朴作杂剧《梧桐雨》,可谓家喻户晓。相比于此前的创作,《长生殿》多有创新,使剧情更饱满,人物主线更突出。《长生殿》多处体现了洪昇对腐朽统治者的痛恨、对异族侵扰的谴责,这些都折射了洪昇的家国之思。

《长生殿》写成之后便一纸风行,当时江宁织造曹寅曾邀请洪昇到江宁观看此剧。康熙佟皇后去世时,洪昇在国丧期间观看《长生殿》,遂遭弹劾。又因《长生殿》涉及讽刺胡人,洪昇一度被下狱。最后洪昇仅被逐勒令回乡,没受更重处罚,《长生殿》也能继续流传。自此《长生殿》流传越来越广,近代以来更被多种剧种改编,京剧大师梅兰芳名戏《贵妃醉酒》就由《长生殿》改编而来。

(三)陈端生《再生缘》

陈端生(1751—约1796),又名陈云贞,祖籍杭州,清中期著名的女弹词创作家。她创作的《再生缘》是清代弹词小说中最璀璨的明星,近代大学者陈寅恪、郭沫若都为之倾倒,并投入大量时间研究陈端生和《再生缘》。

《再生缘》的文体是弹词小说,弹词是江南地区一种独特的戏曲形式,最突出的特点是用各种管弦乐器给演出伴奏,其剧本一般称为“弹词小说”,此类小说大多题材是爱情故事。在清代,很多弹词小说的创作者都是女性,江南地区许多才女都将精力用在弹词创作上。

陈端生出生于一个仕宦世家、书香门第,她从小受到严格的教育,知书达礼,20岁左右,嫁给世家子弟范菼。二人婚后举案齐眉,生活十分幸福。但婚后不足十年,范菼被牵扯到乾隆四十五年(1780)科场舞弊案,被发配往新疆戍边。命运弄人,十年后范菼遇赦免罪,在返程中陈端生就已病死。陈端生在闺中时就已写成《再生缘》16卷,后因母亲病故停笔,范菼发配后,在家人催促下又写成一卷。她临终前《再生缘》并未完稿,弹词女作家梁德绳又续写3卷,共成书20卷。

《再生缘》主要讲才女孟丽君对抗命运的故事。她同时受到权贵皇甫少华和刘奎璧的追求,比武招亲中皇甫获胜,但皇甫受到刘的陷害。刘逼迫丽君与其成婚,丽君勇敢逃婚,后女扮男装参加科举连中三元,官拜尚书。丽君在朝中为皇甫家平反,皇甫脱难后也高中武状元。之后,皇甫和皇帝都展开对丽君的追求。陈端生自撰的第17卷中,丽君因被皇帝逼迫而气得昏迷过去,但陈端生创作就此戛然而止。在梁德绳补的最后3卷中,孟丽君最终与皇甫少华成婚。

陈端生的《再生缘》突出了女性的自主意识。在传统才子佳人题材的戏曲中,女性角色对婚姻高度依赖,最终幸福要靠男性来保障。但《再生缘》中,陈端生塑造了女性主体意识鲜明的孟丽君,她为了追求幸福,女扮男装考上了状元,还干出一番轰轰烈烈的事业。陈寅恪曾评价道:"《再生缘》实弹词体中空前之作,而陈端生亦当日无数女性中思想最卓越之人也。"[1]

《再生缘》刊印之后,被改编成多种形式的戏曲,影响很广。文学家郑振铎曾说:"在民间,一般的妇女们和不大识字的男人们,他们不会知道秦皇、汉武,不会知道魏征、宋濂,不会知道杜甫、李白,但他们没有不知道方卿、唐伯虎,没有不知道左仪贞、孟丽君的。"[2]

（四）地方戏

宋代市民文化兴起后,因勾栏瓦舍演出需要,各地出现了形式不一的杂剧。学术界一般认为南宋时,杂剧便演化出戏曲。

---

[1] 陈寅恪:《论再生缘》,《寒柳堂集》,生活·读书·新知三联书店2001年版,第63页。

[2] 郑振铎:《中国俗文学史》,商务印书馆1998年版,第384页。

而南宋时主要的戏曲形式——南曲戏文,就诞生于今浙江温州地区。到了元代,因来自北方统治者的喜爱,浙人也创作和演出北曲杂剧,并吸收其精华。到清代,浙江戏曲形式日趋丰富多彩。

清初浙江影响最广的戏曲是昆剧。此戏起源于苏州昆山,在明万历年间就已传遍浙江各地,其曲风婉约优雅,深受文人士大夫的喜欢。但清代昆剧在浙江实现了地方化,宁波昆剧、永嘉(温州)昆剧、金华昆剧都是地方色彩极浓的昆剧。它们都是以昆剧为主体,结合当地方言、风土人情、民间戏曲而成。

高腔,又称调腔,是宋明南戏的遗留,代表剧种有新昌调腔、宁海平调和松阳高腔。高腔由数只固定的词牌联套构成,常见高腔有九只曲牌组成的"大九只"和五只曲牌组成的"小五只"。其风格典雅清丽,细腻感人,代表曲目有《牡丹亭》《荆钗记》《汉宫秋》,大多为古戏曲目。

乱弹是清代中叶浙江十分流行的戏种。乱弹是以"吹腔"和"拨子"为主要唱调的剧种,"吹腔"唱调风格委婉抒情,并以笛子为主要伴奏乐器。"拨子"唱词为七字、十字的对偶句式,同时用唢呐和板胡伴奏。乱弹主要有浦江乱弹、绍兴乱弹、温州乱弹、黄岩乱弹和诸暨乱弹。

乱弹的迅速发展极大冲击了浙东各地的戏曲,很多昆班和高腔也纷纷兼唱乱弹。清中晚期浙江戏坛出现了兼唱高腔、昆腔和乱弹三种声腔的三合班,这种戏曲是吸收了各种戏腔的声腔和乐器的"多声腔剧种",成为文武兼备和雅俗共赏的戏曲形式,很受观众的欢迎,清代婺剧、绍剧、瓯剧均属于此类。

清后期浙江兴起了各种地方小戏,主要有"滩簧戏",这种小戏早期只有一小丑或者一小旦,后随着剧情丰富发展增加到5

人左右,它通常表演爱情故事,边说边唱,唱调比较通俗,一般用方言演唱。大量极具地方色彩的戏曲中,最具代表性的是越剧。越剧起源于清咸丰年间,一些说唱艺人沿途卖唱劝世歌曲。后艺人们吸取各种曲艺,演出形式越来越丰富,渐渐受到认可和欢迎。

五、近代启蒙文学肇始

近代中国面临数千年未遇之大变局,浙江有识之士开始思变,用诗文发出时代的呼声,引领清末启蒙的思潮。

龚自珍是清代最早的启蒙思想家之一。梁启超曾言:"数新思想之萌蘖,其因缘不得不远溯龚、魏。"①龚自珍主要生活于清王朝由盛转衰的嘉庆、道光年间,他深刻洞察到帝国潜藏的危机。他强烈主张进行变革来挽救危局,他的诗文创作处处体现这种理想,如"我劝天公重抖擞,不拘一格降人才"。同时,龚自珍主张发挥文学的价值,诗、文当求经世致用,反映社会现实,而不是抒发空洞的感情。

龚自珍诗文经世的主张在当时文坛有很大影响,很多求变的士人纷纷效仿,镇海姚燮和嘉兴沈曾植便受其影响。姚燮写诗注重反映百姓的生活疾苦,如控诉英军暴行的《北村妇》和《兵巡街》,反映民生疾苦的《卖菜妇》,其诗被称作"诗史"。沈曾植主张"因诗见道",他认为诗文要关心天下国家,反映国计民生。

到清末期光绪、宣统年间乃至民国初年,随着维新和革命思想的传播,浙江也出现一批引领时代的文学家,提出新主张。代

---

① 梁启超:《论中国学术思想变迁之大势》,上海古籍出版社 2001 年版,第 125 页。

表人物有杭州夏曾佑、余杭章太炎和绍兴秋瑾。

夏曾佑（1863—1924），字遂卿，又作穗卿，是维新变法的干将，他在天津创办《国闻报》，反对传统学术，宣扬西方新学说。此外，他积极倡导"新诗"运动，与谭嗣同、黄遵宪等人共同倡议"诗界革命"。他们主张诗文创作要"善选新语"，即不拘泥于传统诗句用词，多用新词，此派诗中常见西方传入新词。

章太炎虽为革命家，但是他专研古学，倾向于文学复古，尤其对魏晋文学情有独钟。当时学界流行桐城派主张的唐宋散文和阮元主张的六朝骈文，他则提倡魏晋论体文，重视文章严密的论辩逻辑，这体现了章太炎求变应时的文学观。

秋瑾的文学作品从女性视角出发，发出了消灭礼教和解放妇女的时代呼声。她创作的弹词《精卫石》生动描绘了一个勇于对抗命运的先锋女性形象。主人公黄鞠瑞生于充满束缚的家庭，但她不屈从命运，勇敢冲破桎梏，前往海外留学并参加革命，走向了新生活。秋瑾以文学之笔，力求唤醒被礼教压迫了几千年的中国妇女，号召她们独立自主，过自己想要的生活。

第四节 美术发展与变革

一、从浙派到海派

（一）"扬州八怪"之首金农

康雍乾时期，扬州活跃着一个文人书画家群体，后人称他们为"扬州八怪"。言其"怪"，主要因为他们的书画作品不合时俗，另成一派，且他们为人好出狂言，不遵成法。被誉为"扬州八怪之首"，且书画造诣最深的是钱塘人金农。

金农(1687—1763),原名金司农,字寿田,号冬心先生。他出身于江南望族,曾受业于名儒毛奇龄和著名书法家何焯,青年时便文采出众,可谓少负盛名,当时诗坛领袖朱彝尊曾予其高度赞誉。但金农30岁左右,遭变故家道中落,考取功名也不顺利,引发大病一场。痊愈之后,他为调养身心,游历四方达30年。游历途中,他的心境发生很大改变,把名字由"金司农"改为"金农"。司农本是古代掌管钱粮的大官,代表对仕途的追求,他改为以"农"为名,表明他心境淡泊,追求朴实。

游历期间,金农广交天下名士,进行诗文唱和、书画酬对。到64岁时,才定居杭州,全身心沉浸于艺术世界。他的创作中,成就最高的当属书画作品。

金农是清代前期书坛"由碑破帖"的先行者。"碑"和"帖"指书法的不同书写材料及风格。"碑"主要模仿碑刻字体,重心在线条中间,起收要求简洁,力求线条苍茫雄厚;"帖"主要写于布帛,重心在线条两端,强调线条起承转合和互相呼应。清代考据之风盛行后,文人好收藏古碑,此风气影响下,金农大力主张学习碑刻笔法。金农发明了"倒薤法"的用笔方法,这种方法结合行书、隶书、草书的书写优点,十分具有艺术性,有人评价其书法"先生书,淳古方整,从汉分隶得来,溢而为行草,如老树著花,姿媚横出"[1]。

金农的绘画以古朴自然、明朗强烈而著称。他擅长植物画和神怪画,其植物画构图奇古,用笔简朴,其中以画竹、梅最为出名,可谓古拙而有生气;其神怪画擅长于面部表情塑造,其中以钟馗像和佛像最为栩栩如生。金农选择这些图画题材,一方面

---

① (清)金农:《金农集》,浙江人民美术出版社2016年版,第306页。

寄托了他脱俗的追求，另一方面则是为了顺应书画市场的需要，迎合时人趣味。

金农晚年全靠书画营生，但因他当时名声有限和不善经营，经济来源得不到保障，故只能委身于寺庙。金农去世后，他的艺术成就才逐渐被世人所认可。

（二）黄易、奚冈、戴熙的绘画

清代中后期，杭州画坛有三个影响力极大的画家，他们分别是黄易、奚冈和戴熙。他们都擅长融合其他艺术形式的特点入画，黄易和奚冈是"金石入画"的代表人物，戴熙则另辟蹊径。

清中期金石学发展已经很成熟，很多士人喜好碑刻书法。扬州八怪金农、郑板桥等人，他们都是大书法家兼大画家，将金石碑刻笔法融入绘画中。在他们影响下，很多士人纷纷效仿，将此技艺运用于画作中，黄易和奚冈发扬了这种绘画手法，并进一步发展。

黄易（1744—1802），字大易，号小松，杭州人。黄易自幼受家学影响，喜好书法，尤其长于篆隶。黄易一生为达官作幕僚，他借机游历全国，将大量时间用于碑刻原地实物调查和编著金石书籍，使得他对碑刻书法研究进一步加深，并将所得运用于绘画。黄易擅长花鸟画和山水画，其画作多使用曲线而少用直线，用笔、用色效仿碑刻的质感，以求表现出古朴厚重的质感。此外，黄易还绘制了大量碑刻图录，也具有极高的艺术价值。

奚冈（1746—1803），字铁生，号萝庵，原籍安徽，寓居杭州。奚冈性情偏执，一生未参加科举考试。他精通绘画，与当时人黄易、吴履并称"浙西三妙"。奚冈作画融合了隶书笔法和篆刻技巧,用笔挺拔俊俏、章法穿插合度。[①] 他精通山水画和花卉画,他的《岩居秋霜图》描绘出了江南重峦叠嶂、水天一色的秋景,为一代名作。

相比于受时代"金石入画"风气影响的黄易、奚冈,清末画家戴熙的绘画风格可谓自成一派。

戴熙(1801—1860),字醇士,又号榆庵,杭州人。戴熙官至兵部右侍郎,曾参与虎门销烟,他还在杭州参与了抵抗太平军的战争,城破后殉身,曾国藩致挽联,上联言"举世称画师,无人识为血性男子"。正如其为人,其画作将刚正、静穆、雄厚之气流露于笔端。戴熙曾认真模仿很多名画家的作品,如文徵明、董其昌等,形成了自己的绘画风格。他将他自己的绘画风格类比于"诗人之笔"与"词人之笔"两种,以"词人之笔"作画,婉约清雅,多烟波云岫、路柳垣花;以"诗人之笔"作画,则雄阔沉厚,多绘高山大河、长松怪石。[②]

(三)海上画派中的浙籍画家

海上画派,简称海派,是近代上海出现的一个画家群体。在中西文化交融的近代上海,他们融汇中西绘画技巧,改革传统国画技艺,顺应大众审美来开拓市场。最终,他们成为中国近代绘画艺术的主流。浙籍画家可谓海派画家的中流砥柱,其中代表有赵之谦、吴昌硕、任熊、任伯年等。

赵之谦(1829—1884)),字㧑叔,号冷君,会稽(今绍兴)人。赵之谦被公认为前海派书画家领袖人物,他的书画在上海很受欢迎,人争宝之。但他一生居住在上海的时日并不多,仅在 31

---

① 奚榆:《奚冈艺术创作的美学价值》,《艺海》2019 年第 7 期。

② 梅雨恬:《戴熙绘画风格研究》,中央美术学院博士学位论文,2016 年,第 54 页。

岁时短暂到过上海。他之所以被推选领袖，从地域上讲，他是浙江人，海派书画圈以江浙人为主，所以他获得了身份认同。从艺术观念上讲，他精于诗、书、画、印，并将其艺术特点结合起来，追求传统文人画与新式画法的平衡，试图使作品推陈出新，成果也得到了认可。他的艺术创作风格可以归纳为构图上的饱满与厚重、色彩上的鲜亮与鲜丽、笔调上的书意化与金石气。他的艺术创作为后代提供了一种书画美学图式。

吴昌硕（1844—1927），名俊卿，字昌硕，安吉人。他早年在父亲教导下精通金石学。少年时代就经常前往上海与各位书画家交游。他在1912年后定居上海，专心于诗、书、画、印。他在书画诸领域融会贯通，他书法中的墨法，吸取传统绘画艺术的五色之说，达到一种字里行间枯涩润燥相间的效果。他将篆隶和狂草的笔意融入画中，还不拘一格地使用西洋画的色彩。除艺术创作外，吴昌硕作为社会活动家积极参加上海文人雅士的结社活动，并主持各种慈善活动，1914年，他被选为海上题襟馆金石书画会会长，成为海派后期名实相符的领袖。

海上画派中有许多以地域或家族形成的绘画团体，"海上三熊""萧山四任"便是其中的代表。"海上三熊"指浙籍书画家任熊、朱熊、张熊，"萧山四任"指任熊和他的弟弟任薰、其子任预和族侄任颐。其中名气最大、成就最高的是任熊和任颐。

任熊（1823—1857），字渭长，萧山人。任熊主要成就在人物画领域，他成功将文人画和世俗画融为一体。当时人物画构图平稳，色彩淡雅，人物端庄，他却力求改变这种弊病，吸收民间画师画法，作画色彩浓重、艳丽，动作生动夸张，每个人物都个性突出,栩栩如生。[①]

任颐(1840—1895),字伯年,萧山人。他在 25 岁时正式随族叔任薰学画,后又杂采众家之长,形成自己的绘画风格。他重视民间艺术,绘画吸取很多民间传统画的特点。他还吸收了很多西洋画的美术技法,人物夸张奇伟,线条流畅,起笔多顿点,常用钉头描。[②]

二、书坛变革

清代乾嘉时期,受金石学兴盛影响,书法领域出现"由帖入碑"的变革,即由模仿王羲之、赵孟頫等人的书帖转向模仿汉魏碑刻字体。浙籍士人在此过程中贡献突出,如金农、黄易、丁敬、赵之琛等人。

金农、黄易人物事迹前已述。赘言之,金农汉隶造诣极深,将隶书引入楷书和行草中,使各种字体融合浑然天成;黄易则重视考察碑刻,重视收藏金石图版,提供了很多仿写材料,其仿碑也尤为逼真。

丁敬(1695—1765),字敬身,钱塘(今杭州)人。他以篆刻知名,被尊为"西泠八家"之首。丁敬隶书最受后人推重,他的隶书接近汉隶的朴实醇厚,其字形用笔都与《曹全碑》极为相近。此外,丁敬还擅长行书,其行书结体奇崛,线条顿挫分明,很明显受到碑刻文字影响。

赵之琛(1781—1852),字次闲,钱塘(今杭州)人,同为"西泠八家"之一。赵之琛终身布衣,专心投身于艺术领域,精通绘画、

---

① 陈克涛:《海上画派》,上海文化出版 2008 年版,第 26 页。
② 陈克涛:《海上画派》,上海文化出版 2008 年版,第 36 页。

篆刻、书法。早年专注于钟鼎铭文书写,因此他的书法学习金文,大小参差排列,错落有致。他尤精通隶书,用笔方严俊俏,轻重有序,结构匀称,险中有静,顾盼有致。学古却不一味模仿,学书却又不造作。[①]

清道光以后,学习碑刻文字为主的碑学已经成为书法界主流,其中造诣颇深的浙籍士人有俞樾、赵之谦。

俞樾是清后期著名朴学家,书法造诣也极深。俞樾对汉碑深有研究,故他取法汉碑,精研隶书。清代很多宗隶书的书法家将隶书与其他书体的特点相融合,俞樾却追求汉隶的古拙和朴素。俞樾对隶书也有很多创新,隶书的结构一般结体偏扁,而俞樾却将很多字处理得方方正正。总而言之,俞樾的崇古尚古情结十分强烈,不止书法创作,他在日常书札中都直接用汉隶书写。

赵之谦早年学颜体,中年时对六朝古刻产生强烈兴趣,从此书法模仿古碑刻。他成就最高的是魏碑书法,50岁达到"人书俱老"的境界,魏碑书法可以以假乱真,他自称"汉后隋前有此人"。除此之外,赵之谦篆、隶、真、行、草无所不通,是清代精通多种书法艺术的多面手。

三、西泠印社成立与壮大

杭州西泠印社,创始于清朝,至今已有百余年历史,被誉为"天下第一社"。清代乾嘉时期在杭州出现以篆刻知名的"西泠八家",使得杭州成为印学文化的中心。在印学发达的文化氛围中,诞生了"西泠印社"。

---

① 杨艺伟:《赵之琛隶书艺术研究》,河南大学硕士学位论文,2019年,第15页。

西泠,原指杭州西湖畔一块区域,"西"指西湖,"泠"形容水的清幽,故得名。西泠一带,山水交相辉映,花木繁盛,自古为文人墨客所留连,"西泠"也慢慢成为知名士人团体的冠名词。早在清康熙时,陆圻、毛先舒等十位浙派著名诗人就被誉为"西泠十子"。到了乾嘉时期,随着金石学发展,许多士人精研篆刻,出现许多知名篆刻家,"西泠八家"便是其中的佼佼者。

西泠八家,指丁敬、蒋仁、黄易、奚冈、陈洪寿、陈豫钟、赵之琛、钱松。元代开始,篆刻界奉行"印宗秦汉"的理念,但明末篆刻界却转向追求对称、方正,缺乏生气。西泠八家之首的丁敬锐意变革,他追溯元代传统,以秦汉印为主体,但他摆脱印必从《说文解字》的做法,取法于金石碑版的铭文,以古文、隶书、俗字入印。他顺应时代创造了个性鲜明的汉印,线条苍劲古拙,印风古拗峭折。此外,西泠八家均有精深的书画修为,他们提出"以书入印"和"以画入印"的主张,并亲自践行。[①] 晚于西泠八家的学者深深赞同这种印风,纷纷效仿,不久西泠印风大行于天下。

西泠八家非凡的艺术成就和超凡脱俗的篆刻理念受到当时学人的追慕,使得浙派称霸于印坛,杭州成为印学中心。光绪三十年(1904),王禔、丁仁、叶铭和吴隐为标榜前人成就,以"西泠"为名,在杭州创立西泠印社。1913年,西泠印社举行十周年纪念大会,推举书画大师吴昌硕为首任社长,并确立了"保存金石,研究印学"的宗旨。

吴昌硕作为西泠印社的首任社长,代表了西泠印社的制印风格。吴昌硕自幼酷爱金石,尤独爱石鼓文。他继承西泠八家的理念并创新,践行"书从印入、印从书出"和"以书入画"的准

① 诸葛慧:《西泠八家的篆刻艺术成因及其影响》,《中国书法》2012年第12期。

则。吴昌硕一生刻印两千余枚,其印风多重"写意",求古拙、生涩、浑厚、郁勃之气,刻印多因势利导,凭性情发挥。此外,吴昌硕对刀法和印章布局也多有创新。他极大丰富了刀法,综合运用敲击、摩挲、披削、刮擦等各种前人很少用的刀法。在布局方面,他对于印的边栏、结构、文字都有很高要求,力求有"牵一发而动全身"的效果。[①]

西泠印社各位大师不拘成法,开创出印学新流派,西泠印风靡天下。

第五节　斯文鼎盛

一、出版从萎缩到复兴

出版印刷业是明清江南地区的一个重要产业部门。明代后期,三吴地区一度成为南方刻书出版的中心,浙江也因此在全国出版业中占据举足轻重的地位。进入清代,浙江的出版事业却经历了一个由萎缩走向复兴的曲折发展的过程。

清代初期,满清统治者为防止和镇压汉族知识分子的反抗,在全国推行高压的文化控制政策,经常从文人作品中摘取字句,罗织罪名,大兴"文字狱",对地方出版事业造成了毁灭性的打击。浙江地区更是接连发生了震惊全国"庄氏史案"和"吕留良案",两案牵连数千余人,所有名列撰书润色、参校编纂者,以及相关地方官员、刻书工人、送版人、装订工人、贩书商人甚至买书、藏书者均惨遭屠戮,严重摧残了浙江的出版事业。此类层出

---

① 邹涛:《吴昌硕篆刻艺术概论》,《书法》2019年第9期。

不穷的文字狱自顺治开始,历康熙、雍正、乾隆四朝一百余年,使明末欣欣向荣的浙江出版业逐渐萎缩。

经过近百年的高压控制,清代的异族统治在此时趋于稳定,对知识分子的思想钳制有所松动。文人学者也从文字狱中吸取教训,不再轻易言政,转而将学术热情投入到古典文献的考据之中,只考经典,不问世事,开辟了一条新的学术道路。以乾嘉学派为代表,一大批顶尖学者致力于运用训诂笺释、版本鉴定、文字校勘、辨伪辑佚等方法,对两千年来流传于世的文化典籍进行系统性的总结和整理,掀起了一股撰写考据工具书,整理丛书、类书的风气,带动了刊刻丛书的热潮,为萎靡不振的浙江出版事业注入活力。故乾嘉以后浙江刊刻的丛书,数量之多、版本之精为前代所未有,如今仍耳熟能详的就有《知不足斋丛书》《抱经堂丛书》《学海类编》等,象征着清代浙江地区民间出版业的复兴。

清中后期,浙江的地方出版业经过一段时间的发展,进入了商业化的新阶段。与古籍丛书相比,销路更广的大众读物如通俗话本、童蒙课本、时文选本、年画日历等成为出版印刷的主流①。藏书事业也再度兴盛起来,当时的浙江汇集了全国的私人藏书家,丰富的藏书量为出版事业的发展输送了源源不断的书籍资源,藏书文人也多与书商联手,刻书牟利,共同造就了浙江民营出版业的兴盛局面。

与此同时,政府出于宣传统治的需要,也开始相继在一些省市设立官方书局,重刊古籍以兴文教。同治六年(1867年),浙江官书局在杭州正式成立。直到宣统三年(1911)清政府灭亡之前的四十余年间,书局先后聘请一大批知名学者主事校勘,刊刻古

---

① 参看李伯重:《明清江南的出版印刷业》,《中国经济史研究》2001年第3期。

籍一百余种,其中不乏珍本、善本。但由于民营出版业的挤压,又兼后期地方书局多经营不善,不得不向商业化转型,与民营出版业相比处于弱势。总体而言,无论是官营出版业还是民营出版业,与明代相比都取得了重大突破。

二、藏书楼遍及全省

清代浙江藏书之盛,于史可观。袁同礼在《清代私家藏书概略》中说:"有清一代藏书,几为江浙所独占。"[①]鼎盛时期,著名藏书楼遍布全省,试择其要者简述如下:

(一)二卢"抱经堂"藏书

经学大家卢文弨潜心于汉学,乾隆年间以校勘古籍称名于世。其贮书之藏书楼名"抱经堂",时人尊称其为"抱经先生"。卢文弨博览嗜古,尤喜藏书,"奉禀修脯之余,悉以购收,遇有秘抄精校之本,辄婉转借录,家藏图籍数万卷"[②],藏书既富且精。卢文弨与鄞县卢址同时同嗜好,后者藏书楼亦称"抱经堂",于是浙中有"东西抱经""浙中二卢"之称。

(二)鲍廷博"知不足斋"藏书

鲍廷博(1728—1814),字以文,号渌饮,祖籍安徽歙县,从其父起迁居杭州。其藏书、刻书活动主要在杭州。鲍廷博之父鲍思诩喜读书,廷博购置古籍以供之,积之弥久,藏书益富,取《戴记》"学然后知不足"之义,命其藏书楼为"知不足斋"。他的藏书一是来自搜购,二是抄录其他藏书楼的珍本异籍。乾隆年间编《四库全书》时征书海内,廷博命子士恭进其家藏书 626 种,为当

① 袁同礼:《清代私家藏书概略》,《图书馆学季刊》1926 年第 1 卷第 1 期。
② (清)卢文弨著,王文锦点校:《抱经堂文集》,中华书局 1990 年版,第 79 页。

时全国私家献书中最多的一个。《四库全书》著录鲍氏家藏 250 种、存目 129 种。著录之书超过存目，可见其藏书之精。

(三)丁丙"八千卷楼"藏书

丁丙(1832—1899)，字嘉鱼，别号松生，晚号松存，祖籍绍兴，清初丁家迁杭，遂世为杭州人。"八千卷楼"藏书积丁家三代之功，所藏之书不仅很多是修撰《四库全书》的底本，还有日本、朝鲜的刊本、大量名人精写稿本和大儒校本。更重要的是，明清著名藏书楼所藏之书其后多流入其中，"八千卷楼"藏书因此具有极高的历史文化价值，与常熟铁琴铜剑楼、山东海源阁、归安皕宋楼并称为"晚清四大藏书楼"。

(四)皇家藏书楼文澜阁

乾隆年间，政府在杭州孤山建文澜阁以收藏《四库全书》，性质与私家藏书不同，实为清皇家在杭州的特藏。清乾隆四十七年(1782)《四库全书》修成，共抄四份分藏全国，后来，因乾隆帝认为江浙为"人文渊薮"，遂命再缮三份，分藏于扬州大观堂之"文汇阁"、镇江金山寺之"文宗阁"和杭州圣因寺之"文澜阁"，合称"江南三阁"。杭州圣因寺原为清帝行宫，为庋藏《四库全书》而将寺中藏经阁改建为文澜阁。咸丰初年，文汇阁、文宗阁所藏《四库全书》均毁于战火。文澜阁虽然也受重创，阁圮书散，但经丁丙等浙江文化人士的抢救补抄，终使藏书得以抄补，文澜阁得以重新复建。如今"江南三阁"仅文澜阁岿然独存，阁书无恙，弥足珍贵。

清代浙江的著名藏书楼迭出，尤以杭州、嘉兴、湖州、宁波等地为盛，影响极为深远。至清末，全国四大藏书楼浙江竟占其半，藏书之盛，超越了以往任何一个时代。

三、书院与学校并立

有清一代,书院仍是地方教育体系中的重要支柱。清初,政府为镇压复明势力,曾严令禁止民间结社讲学,传统书院受此影响一度陷入沉寂。直到雍正时期禁令正式解除,各地的书院事业又开始兴盛起来。清代浙江书院的数目整体上远超前代,覆盖地区也更加广泛,其中最著名的是敷文书院、紫阳书院和诂经精舍。

敷文书院是清代浙江的一所著名书院,坐落于杭州凤凰山万松岭。书院以明代万松书院为前身,入清后经三次重修,因康熙帝所题"浙水敷文"的匾额得名。书院创设之初曾收到政府所赐田地百亩,其后各朝均为书院拨款授田,并由浙江抚、藩、臬、运四大员按月轮值主课,万松书院实际上成为杭州的官学。紫阳书院创建于康熙四十二年(1703),位于杭州紫阳山麓太庙巷内,由两浙都转运盐使高熊徵、盐商汪鸣瑞等捐资创立。书院历任山长多为知名学者,学术氛围浓厚,自康熙四十二年创设至光绪二十八年(1902)废止,两百年间书院培养学生甚众,在院学生一度多达六七百人,被称为浙江人文渊薮,就学其间者"较蕺山倍之"①。诂经精舍创建于嘉庆二年(1797),位于杭州西湖孤山之南,为清乾嘉时著名学者阮元所创办,由他在孤山上修纂《经籍纂诂》的旧址改建而成,遂因此得名。诂经精舍不重八股应试,所设课程主要为经史、小学、天文、算法等,为浙江培养了一大批人才。

除了传统的书院之外,清代浙江还大力发展学校教育。

在传统学校方面,清代浙江政府不仅在各府、州、县均设有

---

① 孙延钊:《浙江紫阳书院掌故征存录》,《浙江省通志馆馆刊》第1卷第2期。

学校,对各级学生和地方学官的选拔也极其严格,各级学校的教学内容和考试方法也有所不同。同时,各州、县还设有社学与义学。社学设于重要乡镇,凡近乡子弟年十二以上、二十以下,有志于学文者令入学学习。义学设于落后村镇,孤寒生童和农家子弟均可入学学习农学知识。

在新式教育方面,清光绪三十一年(1905)八月,清政府下诏废止科举制度,次年浙江省设提学使司隶属于学部,统辖全省教育事业,新式教育由此兴起。当时,各厅、州、县均设立劝学所作为地方教育行政机关。据文献记载:浙江省自光绪三十二年二月余杭县首先成立劝学所,到宣统元年(1909)七月镇海县最后成立劝学所,全省共有劝学所 76 所,数量在全国名列前茅①。除此之外,清末浙江还涌现了许多新式的高等院校,其中最著名的是求是书院。

求是书院全称"求是中西书院",清光绪二十三年(1897)由浙江巡抚廖寿丰、杭州知府林启在杭州创办,是中国近代史上效法西方学制最早创办的几所新式高等学校之一。学校延聘美国人王令赓为正教习,教授西方自然科学,又聘请中籍教授二人为副教习,分授算学和外语。学生三十人均为地方绅士保送的年龄在二十岁以内的举贡生员。书院学习期限为五年,教学重明体达用,以孔、孟、程、朱诸学为宗旨,实开浙江高等教学之先河。光绪二十七年(1901),求是书院改名浙江求是大学堂,次年又改称浙江大学堂,两年后又改名浙江高等学堂,是今日浙江大学的前身。

总体而言,清代浙江的教育事业较前代有所发展,传统书院仍然发挥着重要的教育功能,与此同时,地方学校系统也进一步

---

① 参看高俊:《清末地方教育行政体制的确立》,《社会科学》2015 年第 7 期。

完善,新式教育亦趁势而起,构成了书院与学校并立的多元的地方教育体系,为浙江培养了一批又一批优秀人才。

四、著名教育家

清代浙江教育事业发达,除了数量众多的知名书院和学堂,还诞生了一批在中国教育史上享有盛名的教育家。

清初,对浙江教育事业影响最大、对后世影响最深远者当属黄宗羲。

黄宗羲在抗清失败后便从事讲学。康熙四年(1665)他在宁波收万斯大、万斯同等二十余人为弟子,授业讲学,一手开创了闻名天下的浙东学派。一生中先后创办了宁波证人书院、绍兴证人书院,又主讲海宁书院、余姚姚江书院,每有所讲,四方学子闻风而至,大江南北,从者骈集,门人弟子遍布天下。黄宗羲严厉批评八股取士的弊病,认为科举制度使学人只用心揣摩剿袭八股制艺,进而导致学术研究的衰废。而"学校之盛衰,关乎天下之盛衰"[①],必须改革旧的教育制度,改变教学内容,才能让学校教育真正发挥出限制君权的作用。时至今日,他的一系列教育思想仍具有重要的借鉴意义。

清中期,全祖望、齐召南、卢文弨等著名学者也在教育事业上有所建树。

活跃于乾隆时期的全祖望虽以史学著称,但晚年长时间从事教育工作,曾任绍兴蕺山书院和广东端溪书院讲席。乾隆十三年(1748)秋,全祖望主讲蕺山书院,一月以后学者闻名云集,

---

① (清)黄宗羲:《余姚县重修儒学记》,《黄梨洲文集》,中华书局2009年版,第396页。

以至学舍不能容。次年,全祖望以郡守无礼辞职归家,但仍有从学者 500 余人在戴山寄食以待。天台人、著名学者齐召南(1703—1768)曾在杭州敷文书院主持讲席长达 11 年之久,经学大师卢文弨也曾主讲江浙崇文、钟山、龙城等书院 20 余年。他们以著书育人为己任,长年讲学全国,桃李天下。

清末,俞樾、孙诒让、黄以周等人也为浙江教育的发展做出了重要贡献。

俞樾曾先后主讲苏州紫阳书院、上海求志书院、德清清溪书院、湖州龙湖书院、杭州诂经精舍,毕生从事教育工作,两浙知名之士出其门下而"蔚为通材者,不可胜数"[①]。

孙诒让(1848—1908),字仲容,号籀廎,瑞安人,是晚清重要的学术大家。孙氏一生致力兴办地方教育事业。中日甲午战争后,他痛感祖国积弱,认为必须发展新型教育事业以培养人才,在家乡瑞安创办了专攻数学的书院,手订十二条章程和二十六条学规,对学生德育、智育的培养作出严格要求。光绪二十一年(1895)他又创办方言馆,学生专修外文,后又陆续创办瑞平化学学堂、瑞安蒙学堂、毅武女校、宣文女校、温州师范学堂,应邀主持温州、处州两府十六县的教育工作,筹资派遣优秀学生出国留学。在他的影响下,浙江各府县学堂创办颇多,他本人也因成绩卓著,声望甚高,曾经多次政府学部的聘任,专心发展地方教育事业,是中国近代教育史上举足轻重的人物。

清末著名经学家黄以周(1828—1899),字元同,号儆季,定海人,也一生从事教育活动,曾执教江阴南菁书院,成绩亦著。

---

① (清)缪荃孙编、王兴康等整理:《续碑传集》卷 70《儒学五·俞樾》,上海人民出版社 2019 年版,第 3050 页。

嘉兴人沈曾植也曾被湖广总督张之洞聘为武昌两湖书院史席。沈曾植是清末著名学者，其学综览百家，著述丰富，曾深刻影响过王国维。

从清末到民初，浙江教育大家辈出，他们以先进的教育思想和卓越的教育实践推动了地方文教事业的发展，促进了清代浙江文化的繁荣。

第六节　传统科技发展与近代科学产生

一、数学天文研治者众

晚明空疏蹈虚的学术，在民族命运转折之际，受到深深质疑。"与经典研究相比，一直处于边缘的学科，如地理、天文、数学、金石碑铭和考据学开始发展，成为全新科目；那些希望在经典中找到圣贤原文的学人也都对此有研究。"[1]

清代浙江科技兴盛，数学历算尤为突出。据不完全统计，清代共有240名历算学家，基本集中在江、浙、皖三省，其中浙江有近50人，从清初到清末前后相继，代不乏人。

清代浙江数学的开山祖首推余姚的黄宗羲。明末清初，西学东渐，研究天文、历算者日益增多，黄宗羲尝言"勾股术"，著有《勾股图说》《开方命算》《测圆要义》《割圆八线解》等，开清人研究数学之风气。

康熙年间，浙江研治历算者甚众。其著名者有吴任臣、胡

---

① 　（法）程艾蓝著，冬一、戎恒颖译：《中国思想史》，河南大学出版社2017年版，第6页。

亶、戴梓、黄百家、陈訏、陈世佶等人，以陈訏最著名。陈訏（1650—1722），字言扬，海宁人。著有《勾股引蒙》10卷，介绍了笔算四则算法、开平方、开立方、勾股算术与平面三角法，是后人学习数学的重要入门之书。

乾隆年间，浙江著名的数学家有王元启、张永祚。王元启（1714—1786），字宋贤，号惺斋，嘉兴人。潜心研究律历勾股之术，著有《勾股衍》《角度衍》《九章杂论》等书。张永祚，字景韶，号两湖，钱塘人。精于天文历算，尝校勘二十二史天文、律历两志。

嘉庆年间，浙江治天文历算的著名学者有徐养原、许宗彦、张豸冠、朱鸿、张鉴、臧寿恭、黄履等人。其中杭州人黄履，是一位精通数学、物理、天文的女科学家，制有寒暑表（温度计）和千里镜（天文"取景器"），实开现代天文照相术之先导。

此一时期，阮元任浙江巡抚，提倡绝学，知历明算，风气大开，数学之盛，遂居各省之首。这一时期名盛全国的八大数学家，浙省就有项名达、徐有壬、戴煦、夏鸾翔、李善兰5位，其中又以戴煦和李善兰较为知名。

戴煦（1806—1860），字鄂士，钱塘（今杭州）人，曾与项名达共同研究三角函数的幂级数展开式和椭圆求周术。撰有《对数简法》《续对数简法》《外切密率》《假数测圆》，不仅创立了二项式平方根的级数展开式，还发现了指数为任何有理数的二项式定理，与牛顿定理暗合。

李善兰（1810—1882），字壬叔，号秋纫，海宁人。他精研数学、天文学和植物学，撰有《四元解》《对数探源》《椭圆新术》《级数回术》等数学专著，在尖锥术、垛积术和素数论等方面均有重要成就。此外，他还致力于翻译国外的科技著作，曾翻译了古希腊数学名著《续几何原本》下半部分、《重学》《谈天》《植物学》等多种国外科学作品。其代表作《垛积比类》从研究中国传统的垛积问题入手,获得了一些类似现代组合数学的成果。驰名中外的"李善兰恒等式",是 19 世纪中国数学界的重大成就,受到国际数学界的高度赞赏。

数学与天文是清代浙江富有活力的科学学科,源源不断的数学人才相继涌现,共同书写了浙江科技发展史上璀璨的一页。

二、农业水利技术达到新高度

清代浙江科技繁荣,农业水利学亦有卓越成就。经过近千年的发展,长江流域的农业生产力水平和技术在清代都达到了新的高度。有清一代,浙江农业水利事业十分发达,涌现出了张履祥、陈潢等杰出科技专家。

张履祥(1611—1674),字考夫,又字渊甫,号杨园,桐乡人,明末清初著名的理学家和农学家。他生于下层知识分子家庭,少孤家贫,早年师从刘宗周,倡导朱子学。后隐居田园,一边教书一边参加农耕,积累了大量的农业生产经验。顺治年间,他在湖州沈氏农书的基础上写成了《补农书》。从内容上看,《补农书》重视植桑并兼顾水稻生产,对于耕种、蚕桑、养鱼、酿酒乃至养猪羊和农家经营、农民生活技艺都有记述,反映了长江下游地区农业生产的实际情况,具有重要的指导意义。因其有益于民生日用,该书在清代曾广泛流传于东南各省,并为各府县方志所摘引,是我国农业史上的珍贵遗产之一。

陈潢(1637—1688),字天一,号省斋,钱塘(今杭州)人,清代著名的治理黄河专家。陈潢自幼聪颖过人,博学多才,但不喜八股文章,专爱农田水利书籍,曾多次到宁夏、河套等地实地考察,精研治理黄河之学。顺治十六年(1659),河道总督靳辅起用陈潢治理黄河。陈潢遂为治河跋山涉水，上下数百里进行实际考察，在实践中制定了科学的治河方案。他继承和发展了明代治河专家潘季驯"筑堤束水，以水攻沙"的理论，主张把"分流"和"合流"结合起来，把"分流杀势"作为河水暴涨时的应急措施，而以"合流攻沙"作为长远安排。为了使正河保持一定的流速流量，他还发明了"测水法"以测量水的流速和流量，创造出"坦坡""减水坝"以减弱水势，并将治水经验总结成《河防述言》《河防统纂》两部重要的水利著作。在他负责治河期间，黄河安澜无患，百姓安居乐业，许多治水方法也为今日所沿用，可谓中国河防水利科学史上一座重要的丰碑。

三、近代自然科学研究开展

晚清浙江人出国学习科学知识的热情高涨，他们对自然科学有着深入的了解和系统的掌握，回国后，热心于科学研究、教学和宣传活动，对知识的功利色彩明显转淡。

后来成为新文学旗手的周树人，曾在江南水师学堂、矿物铁路学堂以及日本仙台医学专门学校较全面地学习了自然科学，从光绪二十九年(1903)即开始发表自然科学方面的论文。

留学生们重视自然科学基础研究，把穷尽客观事物的规律性，认识和掌握科学真理作为最高目的。这一时期发表的科学论文和科研活动，内容涉及地理、地质、物理学、生物学等诸多科学领域，虽然水平还未居上乘，但对于浙江来说，已经开辟出一片自然科学的新天地。①

---

① 参见汪林茂：《浙江通史》第 10 册《清代卷》（下），浙江人民出版社 2005 年版，第 282—283 页。

第九章　民国时期：旧统新造

　　民国开元，结束两千年帝制，开创亘古未有之新局。尔后，袁世凯窃国，北洋军阀混战，日寇入侵，国共争锋。知识界于此国事蜩螗之际，上下求索，荷担民主科学启蒙事业。一边弘扬传统、赓续文脉，一边从西方盗来文明的火种，开出新局。传统与求变交织，东与西交融，剧烈的转型促成知识体系重构，新式知识分子群体形成。从五四新文化运动始，到新民主主义文化终，其间经历几番新陈代谢，马克思主义传播渐成燎原之势，从而决定了中国人命运抉择的最终方向。民国，浙江文化星空尤显灿烂，一波又一波兼融古今、学贯东西的文化英才或走出浙江，或扎根本土，不但在各个文化领域导夫先路，引领潮流，且巨子辈出，众所钦仰。他们在历史时空中绘就了光辉璀璨的一页。

第一节　学术思想新陈代谢

一、传统学术思想成就

民国时期,学术思想流派纷繁,激烈交锋,在这一动荡方殷的局面下,人文积淀深厚的浙江,传统学术思想保持着其发展惯性,不但没有出现颓势,反而产生了一些学术巨子。

儒学方面的巨擘,自然非"一代儒宗"马一浮莫属。马一浮与梁漱溟、熊十力一起被尊为现代新儒家的"三圣",甚至被称为"现代中国唯一纯粹的儒家学者"。贺麟说:"马先生兼有中国正统儒者所应具备之诗教、礼教、理学三种学养,可谓为代表传统中国文化的仅存的硕果。"①

马一浮(1883—1967),幼名福田,后改名浮,字一佛,后字一浮,号湛翁,绍兴人。他于古代哲学、文学、佛学造诣精深,书法成就杰出,合章草、汉隶于一体,自成一家。他曾经游学西方多年,也曾经深受佛学影响。20世纪20年代中期,他折返儒学,潜心研究,终成"一代儒宗"(梁漱溟语)。

抗战爆发前,马一浮孑然一身,隐居于杭州陋巷,潜心研究中国传统学问。1938年,马一浮应浙江大学校长竺可桢之聘,任"特约讲座",还为浙大写作了校歌。1939年,在四川筹设复性书院,任院长兼主讲。他在这一段时光中所主讲的"六艺论",是他毕生最主要的核心性思想学说。

"六艺"即经孔子整理而成的《诗》《书》《礼》《乐》《易》《春秋》

---

① 贺麟:《五十年来的中国哲学》,上海人民出版社2019年版,第28页。

等"六经"的儒学经典体系。但马一浮更喜欢用"六艺"这一名称，因为它不仅是指六部经典，也是广义地指以这六种经典为代表的知识系统及学科分类之意。马一浮着重阐述了"六艺该摄一切学术"的基本观点，认为六艺之学可以统摄古今中外一切学术，不但可以取代经、史、子、集的传统学术之分，而且可以代替现代学术及学科专业的分类，乃至"世界人类一切文化最后之归宿，必归于六艺"①。当国难危重之时，马一浮"如此突出中国传统文化的地位，目的在于提高人们对自己民族文化价值的认识，而不致陷于自鄙和盲目崇洋"②。进一步而言，在马一浮那里，"六艺论"决不仅仅是一种知识系统，更是一种价值系统，是马一浮据以表达自己对传统儒学经典体系的一种全新的理解，承载了马一浮对儒学思想的系统建构。③

钱玄同（1887—1939），原名钱夏，字德潜，又号疑古、逸谷。五四运动前夕改名玄同，湖州人。他的经学研究别开生面。作为五四文化运动的一员猛将，他不再执守文化保守主义的立场，大胆打破千年陈说。他将"疑古玄同"作为别号，提倡从辨古书之真伪，审史料之虚实入手，研究经史子集。他在《答顾颉刚先生书》提出，"六经"并非孔子"托古"的著作，"'六经'的大部分固无信史的价值，亦无哲理和政论的价值"④。

钱玄同的"六经与孔子无关"是中国近代学术史上一个无法绕开的革命性论说。此说可谓离经叛道、非圣无法，被传统学人

①　马一浮：《马一浮全集》第一册，浙江古籍出版社 2013 年版，第 45 页。

②　楼宇烈：《理学大师马一浮》，《中国民族博览》2020 年（17）。

③　朱晓鹏：《论马一浮对六艺论儒学经典体系的重建》，《浙江社会科学》2021 年第 3 期。

④　钱玄同：《答顾颉刚先生书》，《读书杂志》第 10 期，1931 年 6 月 10 日。

视为洪水猛兽,当然也引发新潮学术阵营的重视。顾颉刚极表赞成,并不遗余力地加以宣传。同为浙江籍的经学家周予同在当时就接受了钱玄同的"六经与孔子无关"说。继而又引发了钱穆的进一步论证,甚至还得到了"傅斯年的修正"①。

二、社会科学完成转型②

民国时期是中国学术文化由传统演进到现代的转型期,"民国学术呈现出不同于清代学术的历史形态。它以引进西方学术制度为主导,以现代学科体系为架构,以新型的大学、研究院为学术单位,以生产新学术成果为导向,从此中国学术进入一个迥异于传统学术的历史新阶段"③。浙江知识界拥有诸多既具有深厚古典学术素养,又谙熟西方学范的学贯中西式精英人才。在他们的推动之下,浙江人文社会科学实现现代转型,产生了许多富有见地,具有开创性成就的现代学术范式的学术著作。

这一趋势早在清末就见端倪。当时,随着西方学术思想的传入,近代学术开始摆脱经学的束缚,逐渐成为一门独立的学科。新史学是最早从传统史学演变递嬗而形成的近现代学科。"就中国史学发展而言,史学能获得完全独立,不能不归功于这一时期的古史研究。传统史学一直依附于经学,古史尤其如此。在五四之前,离开经学几无古史可言。"④而对古史的怀疑、考释、重构方面,浙江学者成就卓著,罗振玉、王国维、钱玄同是其中的

---

① 李长银:《非破无以立:钱玄同"六经与孔子无关"说考论》,《史学理论与史学学刊》2008 年第 1 期。

② 参见《浙江通志》编纂委员会编:《浙江通志·哲学社会科学志》相关章节,浙江人民出版社 2018 年版。

③ 欧阳哲生:《民国学术之历史定位》,《史学理论研究》2020 年第 1 期。

④ 马天祥:《中国近代学术史》,武汉大学出版社 2007 年版,第 230 页。

杰出代表。夏曾佑、章太炎、陈黻宸、蒋梦麟、张尔田、朱希祖、何炳松、金兆梓、陈训慈、缪凤林、张其昀、华岗、范文澜、吴晗、胡绳等浙籍史学家在史学理论、断代史和通史研究、古典文献学方面均做出了探索和贡献。

浙江学者在传统金石学向近代考古学转型中起到承前启后的催化作用,涌现了一批如叶昌炽、罗振玉、王国维、孙诒让、马衡、唐兰、夏鼐、陈梦家、王仲殊等近现代著名考古学家。他们总结、反思传统金石学,找寻开启近现代中国考古学的钥匙,并以扎实而丰富的考古活动与研究,开创并发展近现代中国考古学事业,使浙江成为中国近现代考古学形成、发展的学术重地。

民国时期,浙江最负盛名的哲学家要数杭州人张东荪,他凭借着"西学为体、中学为用"的新哲学体系,或挑起或主战民国时期中国哲学界的东西文化论战、科学与玄学论战、唯物辩证法论战,舌战群儒,一时风头无两。

美学研究和美学教育领域里,浙人占有重要的学术地位。王国维是中国近代美学的奠基者。蔡元培提出美感教育,是中国审美教育事业的开创者。鲁迅的文艺美学,在中国现代美学发展史上有着极大的影响力。

晚清民国时期,浙江是资产阶级民主革命的重要阵地,涌现了一批具有强烈批判精神和民主思想的革命家、政治家和思想家,在政治思想领域,产生了许多富有战斗力的名篇力作,其中有章太炎的《訄书》、汤寿潜的《危言》、朱执信的《建国方略》、朱镜我的《社会主义的发展》、陈黻宸的《政治之原理》、陈叔通的《政治学》、楼邦彦的《不列颠自治领》以及戴季陶的《三民主义之哲学的基础》等。

鸦片战争之后,西方经济学传入中国,浙江是传播较早的地区之一。清光绪二十四年(1898),张元济主持出版严复翻译的《原富》,是西方经济学传入之始。五四运动之后,马克思主义经济学在浙江开始传播与研究。不少浙籍与任教浙江的学者将马克思主义经济学与西方其他经济学思想结合,探讨当时中国的经济问题。马寅初《中国经济问题》、方显廷《中国农村经济之复兴》等,都是这一结合的成功之作。

民国时期,浙江文学理论研究走在时代前列。钱玄同倡导白话文和文学革命。鲁迅无论在文学理论、创作还是对古代文学研究方面,均有非凡业绩。他的《中国小说史略》是研究中国小说史的开山之作。1923年,俞平伯的《红楼梦辨》,为新红学的奠基之作,他与胡适并称"新红学派"的创始人。周作人、郁达夫、茅盾、冯雪峰都是中国新文学开创期间重要的文学理论家,从不同的方面丰富了中国现当代文学的理论宝库。

中国近现代的教育学是从引进西方教育学开始逐渐建立起来的,浙江学者在这个过程中,作出过重大贡献。蔡元培在北京大学推行"囊括大典、网罗众家、思想自由、兼容并包"的办学方针,使北京大学成为新文化运动的堡垒。蔡元培教育思想的最重要方面,是从理论与实践结合上倡导了以艺术为核心的美育教育,提出以"美育代替宗教"的观点。经亨颐,则是中等教育改革的先驱者。他顺应时代潮流,在他所主持的学校大胆改革,支持"一师"学生与旧势力的斗争,重视学生的人格培养,他的教育思想和实践都获得很大成功,不愧为全省教育界的灵魂人物。竺可桢担任浙江大学校长,手订"求是"校训、在他主持下,浙江大学经历抗战岁月,在两迁途中已经然成为英才云集的著名大学。杨贤江则对马克思主义教育学说在中国的传播和创立中国无产阶级教育理论作出卓越贡献。

在社会学、新闻学、心理学、图书馆学、体育学、艺术学等新兴学科领域，浙籍学人都有重要创造，标志着浙江社会科学基本完成现代转型。

三、马克思主义传播

近代以来，中国思想文化伴随着民族命运跌宕起伏的洪流而狂飙突进，思潮与主义、方略与道路，或你方唱罢我登场，或彼此交锋辩难，知识精英忧国忧民、上下求索的精神在此中得以淋漓尽致的展现，而浙籍人士的身影尤显活跃。

民国创建，民主共和制度取代了延续长达两千多年的君主专制，自由、民主、平等观念成为主流，对陈旧的思想观念产生巨大的冲击，政治、文化、社会领域气象一新。1917年，蔡元培出任北京大学校长，对北大进行成功再造，使之成为学术文化中心，广结群贤，浙籍教授由此云集北京。1915年，《青年杂志》创刊（1916年第二卷改名为《新青年》），以此为标志，五四新文化运动拉开序幕。浙人钱玄同、沈尹默、周作人、鲁迅都是《新青年》的骨干、猛将，做了大量卓有成效的启蒙工作。他们高擎民主、科学的旗帜，鼓吹"打倒孔家店"，对孔子和儒学为代表的旧礼教、旧道德进行猛烈抨击；宣扬"文学革命"，提倡用明白晓畅的白话文取代晦涩陈腐的文言文。

五四学生运动后，新文化运动从思想启蒙转向社会改造，尤其是俄国革命的成功，激发起中国知识分子改造社会的热情。马克思主义开始在中国大地迅速传播。

浙江学者较早从事马克思主义学说的介绍、传播、研究和运用。"一代儒宗"马一浮是把德文版《资本论》带回中国的第一人。国民党员朱执信于光绪三十二年（1906）1月在《民报》第2

号发表《德意志社会革命家小传》，重点评介了《共产党宣言》《资本论》的主要内容，论述中多次援引马克思原文来论证其观点。

1916 年，邵力子与叶楚伧在上海创办《民国日报》并任主编、主笔。1919 年《民国日报》特辟《觉悟》副刊，积极宣传新思想、新文化，支持五四运动。"五卅"运动以前，《民国日报》与《觉悟》副刊，还发表过许多共产党人如恽代英、邓中夏、肖楚女、杨贤江、蒋光慈等的著述，刊载了纪念列宁和"十月革命"的文章，介绍了马列主义经典著作的译文。

1920 年，陈望道回到家乡义乌，利用《共产党宣言》日文、英文两种版本，完成了它的第一个中文全译本。同年 8 月，在共产国际的资助下，全译本作为社会主义研究小丛书的第一种正式出版。初版印了 1000 册，不胫而走。到 1926 年，出了 17 版，数年间即广泛传播。在当时及之后相当长的历史时期之内，它成为广大先进知识分子阅读和研究马克思主义，解放思想、改造旧世界之钥匙。

1928 年，朱镜我翻译恩格斯的《社会主义从空想到科学的发展》出版，这是这部著作的首个国内单行全译本。1930 年，华岗翻译出版了《共产党宣言》的国内第二个全译本，结尾处第一次准确译出了"全世界无产阶级联合起来！"吴亮平在共产主义运动文献的译介和研究方面有突出贡献。他在国内首次完整翻译了《反杜林论》，该书多次被再版翻印，影响巨大，被毛泽东赞为"功盖群儒"。

浙籍知识分子在宣传马克思主义和确立马克思主义信仰方面立下了筚路蓝缕之功，他们的不懈努力为共产党组织在浙江成立和发展做了思想、理论上的准备。

第二节　教育与科技奠基现代化

一、教育改革活动

清末兴学活动中,浙江各地广泛兴办教育会组织。民国元年,即 1912 年,浙江教育总会更名为浙江省教育会,章太炎为会长。次年,时任浙江第一师范校长的经亨颐被推选为会长,他在会长任上达八九年之久,成为浙江教育制度改革的灵魂人物。五四运动前后,省教育会主导了浙江教育界的改革行动。创办《教育周报》,译介国外先进的教育思想和教育方法,探讨教育改革的实施办法,旨在提高浙江人的现代教育意识。1919 年改名为《教育潮》,经亨颐在第一期发表文章《动学观与时代之理解》,提出教育要紧跟时代的发展而不断地改造和增进的观点。欧美留学生学成归国后,西方现代教育思想开始被大量介绍到中国。五四新文化运动更是高扬民主和科学旗帜,教师和学生精神面貌为之一新。顺应日新月异的时代潮流,浙江的"教育观念、教学制度、管理手段等趋于个性化、民主化和科学化"[①]。

首先是改革国文教学。在这个议题上,浙江一直走在全国前列。劳乃宣大力提倡文字改革,开全国风气之先。1919 年,鉴于国文教学充满学究气和八股气,浙江省第一师范校长经亨颐决定该校和附属小学的国文科教授一律改用白话。教师夏丏尊、陈望道等人自己动手编国语丛书、新式标点用法。次年,北京教育部方下令自 1920 年秋季起国文科一律改称国语科。此

---

① 张彬等:《浙江教育发展史》,杭州出版社 2008 年,第 232 页。

议下达后，全省风动，连偏僻的泰顺县也请求省里拨公益款为派习国语及参观之用，其请求函中云："在彼通都大邑，素称文化发达之区尚且汲汲讲求，而我山陬僻壤，当此潮流鼓荡之际，讵可拘拘自守？"

其次是探讨中学教改。1919 年，教育部通令各地中学可根据当地情况增减部定科目和教学时间。浙江最早打出教学改革旗号的是浙江省立第一师范学校。此后，不少中学陆续出台了改革方案，总的倾向是课程设置趋于多重性，教学制度趋于灵活性，受到学生的欢迎。

一些先进的学校还进行了教授方法改革的实验，到 20 世纪 20 年代，国外不少先进的教学法已经为浙江很多的中小学所采用。[1]

二、近代教育体系形成

1922 年教育部颁布新学制，也称"壬戌学制"，新学制既受杜威实用主义教育思想的影响，也体现了新文化运动以来所倡导的科学与民主精神。新学制颁布后，浙江省即着手研究具体的实施方案，在短时间内使全省的小学教育有了较大发展，学前教育得到一定重视，中等学校学习时限延长，加强职业教育。

南京国民政府成立后，浙江经历了两次省级教育行政机构变革。1927 年 8 月，浙江成为全国最早试行大学区制的省份之一，由国立第三中山大学行使浙江省教育厅的职责。1929 年 8 月，大学区制被废止，浙江省教育厅得以恢复，教育制度化进程

---

① 金普森等：《浙江通史》第 11 册《民国卷》（上），浙江人民出版社 2005 年版，第 351 页。

加速。20 世纪 20 年代起,浙江对全省的教育格局做了较大调整,一方面增设高等学校,发展高中教育,提高学校的层次;另一方面调整中等教育结构,着重发展师范教育,使全省教育体系的格局更为合理。

实施义务教育是近代教育不同于传统教育的一个重要标志。1927 年 7 月,国民政府成立后即训令普及义务教育,通过多设乡镇初级小学、设立短期小学等办法发展短期义务教育,1932年,省教育厅颁布办法,规定每个乡镇至少设立初级小学一所,乡镇小学经费由各乡镇公所按亩或按户摊捐。是年,各县市纷纷按此办法敦促设立乡镇初级小学。最初几年虽然成效不错,但毕竟囿于当时实际条件,无力大范围普及,所增设的学校数量仅及所需的十分之一。于是,短期小学成为应对实际需要的重要补充手段。1935 年至 1936 年间,浙江各地,无论是城市还是乡村,短期小学均有较大发展,且形式多样。短期义务教育对于义务教育的推行具有更为实际的意义。省钱省时、灵活易行的短期小学取得较大成效,1929 年全省学龄儿童平均入学率为22%,至 1935 年,已达 44.94%,高于同期全国的 34.16%。

为了进一步普及乡镇小学,浙江尽量利用旧有的教育资源,加大对私塾改良的力度。1932 年起,教育厅颁布一系列章程,通过举行私塾登记、提高塾师业务水平、规范私塾办学标准等措施,加大对私塾改良的力度。私塾改革颇见成效。在政府大力推行义务教育而经费、师资皆告匮乏的背景下,私塾改良既能承担义务教育任务,又不用政府掏钱,不失为应时之良策。[①]

在近代新式学堂陆续创办的同时,以民众为主要对象,以

---

① 张彬等:《浙江教育发展史》,杭州出版社 2008 年,第 277 页。

"开启民智"为主要目标的社会教育也开始受到人们的关注。清末,浙江有识之士就有意识地加以提倡。清光绪二十八年(1902),罗振玉发表《学制私议》,提出为谋教育普及,应设立图书馆、博物馆、简易学校、陈列所等。民国肇兴,蔡元培担任教育总长,在教育部官制中增设社会教育司,与普通教育司、专门教育司并立。1917年,浙江省教育厅成立时,社会教育作为全省教育事业的重要部分列入第二科的执掌范围。

民众教育机构形式多样,既有社会式民众教育机构,又有学校式民众教育机构。民众教育馆是推行社会教育的综合性机构,具有多种教育功能,如传播健康知识,培养科学信念,指导识字和阅读,宣传国民党党义,出版通俗民众读物,提供娱乐机会等。民众教育的开展,对扫除文盲、传播近代文明、改造社会风气、激发民族意识,推进社会近代化进程起到积极作用。

三、新式学校创办与发展

上承清末兴办新学的热潮,民国时期,浙江新式学校既有创造又有发展,类型繁多,质量优越。不但有新式中小学堂、综合院校、师范学校、医学校、工业学校、体育学校,甚至有森林学校、畜牧兽医学校这类小而专的学校。

(一)浙江省立第一师范学校

浙江省立第一师范学校是中国最早建立的六大高等师范学校之一。其前身是清光绪二十五年(1899)设立的养正书塾,后迭经改名,至1913年始定名为浙江省立第一师范学校。

清光绪三十四年(1908),校舍落成于杭州贡院旧址,占地134亩,为当时全省规模最大的新式学堂。

省立一师实为精英荟萃之地。沈钧儒、经亨颐先后担任过校长,浙江现代文化史上许多重要人物曾在此任教,比如陈叔通、鲁迅、李叔同、夏丏尊、陈望道、李叔同、朱自清、叶圣陶、蒋梦麟等人。学生群体亦竞呈风流,有成为革命志士的俞秀松、施存统、汪寿华等,有文化名流徐志摩、郁达夫、丰子恺、潘天寿、曹聚仁、柔石、冯雪峰,有科技精英姜立夫、陈建功等。

群星璀璨,思想活跃,创造性的文化活动踵事增华。浙江最早的美术展览、浙江最早的音乐会、中国最早的人体写生教学、中国最早的现代版画艺术实践、中国人编撰的第一部西洋美术史、中国音乐史上最早的合唱曲、中国最早的美术史教科书、浙江最早宣传社会主义的刊物《浙江新潮》、《共产党宣言》首部中文全译本、中国新闻学史上第一本诗刊、浙江最早的新文学团体等等,这一连串浙江乃至中国"之最",统统与它有着直接或者间接的关系,足以说明省立一师在浙江乃至中国近代教育中的"江湖地位"。[①]

省立一师是浙江五四新文化运动的中心,校长经亨颐厉行变革,引进了被称为"四大金刚"的陈望道、夏丏尊、刘大白、李次九,更激发了该校的激进色彩。学生运动领袖创办的《浙江新潮》,是浙江传播新文化、新思想的一面旗帜。1917秋,当局查封《浙江新潮》,并免去经亨颐的校长职务,从而引发著名的"一师风潮"。可见在浙江近代政治史上,省立一师的地位也是极为耀眼的。

(二)春晖中学

春晖中学坐落于湖光山色的白马湖畔。光绪三十四年(1908),上虞乡贤陈春澜慨捐20万元,创办春晖学堂,1919年,经亨颐被校董会推为校长,1922年招生开校,1923年招收女生,

---

① 参见郑绩、周静、俞强:《启智开物》,浙江古籍出版社2013年版,第38页。

实行男女同校。

春晖中学是当时中国中等教育的突出代表和成功典范。杰出的教育思想家、改革家经亨颐,将理论运用于实践,缔造了一所蜚声省内外的学校。春晖中学是经亨颐"纯正教育"理想的实验田。所谓"纯正教育"就是教育回归本真,不受外部任何非教育因素的干扰,促进学生个性的健康发展、人格的健全为目的。春晖中学不向政府立案,完全摆脱了旧学体制。学校自订学则,民主管理,教学内容新颖,如国文教材,多采用青年学子喜欢的新派作家的作品。除了文理科目,也重视美育、体育,旨在养成健康、自然、健全、适应时代趋向的现代人格。除必修课外,学校开设多门选修课,还有丰富多彩的课余活动,激发着学生广泛的学习兴趣。春晖中学还独树一帜地创立了协治会,取师生协作、共同管理学校之意。

受经亨颐先进的教育理念和人格魅力感召,一时间偏僻的白马湖畔群贤毕至。蔡元培、何香凝、黄炎培等名流来往其间,夏丏尊、朱自清等名师更是举家迁此,讲席之盛,唯有北方南开中学可堪比拟。师友相从、师生相得、煦然相乐,洋溢着五四新文化时期特有的欣欣向上的精神面貌。

遗憾的是春晖中学的辉煌并未能持续很久,1925 年起,夏丏尊、丰子恺、朱光潜、朱自清等名师相继离校,星光逐渐暗淡。1938 年,经亨颐去世,正式宣告了春晖中学早期办学历史的终结。

(三)浙江大学

1927 年 2 月,北伐军攻克杭州。6 月,国民党中央决定在全国设立 4 所中山大学以纪念孙中山,其中第三中山大学设在杭州。1928 年,改名为国立浙江大学,是一所综合性的大学。浙江大学的创办是蔡元培一手促成。1927年4月,他被任命为南京国民政府教育行政委员会委员,随即提议成立大学院,管理全国学术及教育行政事宜,其目的是借此实现教育行政独立,避免受到政治的干扰。他同时推行大学区制,让专家管理教育,便于使教育行政与教育学术合而为一。浙江大学的建立可以说是蔡元培这一主张的试验品,且获得成功。"从这个意义上来说,蔡元培倡导的大学区制以及决定在浙省试行大学区的举措,对于浙江高等教育的发展起了推动和促进作用。"①

抗战前夕,学校规模及系科设置均有所发展。至抗战爆发前,全校共有3个学院16个学系,综合大学的规模初步形成。

1936年,国民政府任命著名科学家、中国近代气象学和地理学奠基人竺可桢为浙江大学校长,此后,浙江大学办学跃上新的台阶。在竺可桢长达13年的主校时期,浙江大学完成了成长壮大的历史阶段。1937年,抗战爆发,竺可桢带领浙大不断西迁,师生颠沛流离于隆隆炮火中,他本人也饱受亲人离散之痛。然此艰危竭蹶的境地并未挫伤竺可桢的教育理想。在办学实践中,竺可桢推行通才教育、教授治校的措施,手订"求是"校训。由是,浙江大学不但没有因战乱而衰落,反而集结了来自全国各地、各个领域的专家学者,在艰难环境中坚持科研与教学,完成了众多享誉学界的研究成果,培养了许多日后的栋梁之才。历经战火淬炼而成长的浙江大学,一跃而成"东方剑桥大学"。

(四)国立艺术院

国立艺术院的创设是浙江高等教育的又一大成就,且同样出自蔡元培的亲手擘画。他担任大学院院长后,锐意推行以美

---

① 张彬等:《浙江教育发展史》,杭州出版社2008年,第313页。

育代宗教的教育理念,对中国艺术教育的发展产生了深远影响。为谋全国艺术教育之普及,1927年,在风景优美的西子湖畔,国立艺术院落址于斯。著名画家、广东梅县人林风眠出任院长,其麾下罗纳着中国艺术界最精粹的力量,有林文铮、吴大羽、李金发、潘天寿、李苦禅、蔡威廉、姜丹书……共有教职员30多人。学校以培养专门艺术人才、倡导艺术运动、促进社会美育为宗旨,分预科和本科,修业学限为5年。

国立艺术院成立后,林风眠与其他艺术家们积极探索艺术教育规律,做了两件开创性的事。一个是创立了专门培养后备生的艺术高中部,开艺术院校设立附中的先河。另一个是设有研究部,此为中国艺术院校招收研究生之始,且培养出李可染、张眺等出色的艺术人才。

1929年,教育部下令国立艺术院改为国立杭州艺术专科学校,学制3年。1937年7月,日本开始全面侵华,艺专在战火中不断迁徙,所到之处坚持教学与发展。抗战胜利,全部师生复员杭州,次年,以系种分,已有学生国画61人,西画71人,雕塑25人,应用美术36人,未分专业60人。[①]

(五)之江大学

相比前述几所学校,之江大学有着独特的宗教色彩与教会背景。它的前身是崇信义塾,清道光二十五年(1845)由美国基督教长老会差会创办于宁波。同治六年(1867),迁至杭州,改名为育英义塾。光绪二十三年(1897),复改名为育英书院,开始发展高等教育。

---

① 《浙江通志》编纂委员会编:《浙江通志·美术志》,浙江人民出版社2019年版,第504页。

　　育英书院原址在杭州城内,格局较小。光绪三十二年(1906),董事会决定将书院扩充为大学,选定钱塘江边六和塔秦望山二龙头一带为新校址,并更以"之江学堂"之名。至1911年迁新址时,有中外籍教职员12人,学生117人。之江学堂注重英语教学,历史、地理、逻辑、经济等课程,都选用英语教科书。1914年,改名为之江大学,是为当时浙江的最高学府。

　　之江大学虽具有相对独立性,但随伴随中国社会的急剧变迁,其自身也在不断调适中发展。诸如实行新学制,分文理两科,设立奖学金基金,注重职业教育等。1920年,之江大学在美国获准注册,取得学士学位授予权,实现了由初级学院向完全大学的升格。南京国民政府成立后,国家开始收回教育主权。1929年底,校董会以多数通过向中国政府注册的决定,并将其办学宗旨阐述为:"遵照国民政府所规定之教育方针,用基督博爱、牺牲、服务等精神,造成道德化、学术化、实用化之人才,以供给社会之需要。"1931年,教育部核准立案,并将校名定为私立之江文理学院。从此,这一具有浓厚"神圣"色彩的教会大学被纳入到国家教育体系,融入浙江高等教育的发展潮流之中。

四、自然科学知识体系初创①

　　民国时期,浙江科技现代化形态雏形已成,但基础条件还比较薄弱。省政府在继续委派留学生出国学习西方先进科学的同时,建立科学试验和培训机构,培养科技人员。科技人员被列为国家职工,队伍逐渐形成。政府开始有科技拨款用于科研机构

---

　　① 参见《浙江通志》编纂委员会编:《浙江通志·科学技术志》相关章节,浙江人民出版社2021年版。

建设和科研活动等,民政、建设等政府部门开始兼管科学实验室和成果推广工作。1931年,浙江大学陈建功、苏步青创建数学讨论班。浙大又先后建立蚕桑、生物、物理、化学、化工等研究机构,在基础理论与应用研究方面取得一批成果,其中函数论、原子核研究在当时居国内外先进水平。

浙江于清末出现科学团体,民国又有新团体成立。浙江中医协会成立于民国初年,这在全国是一个比较早的省级中医团体,各府各县也都拥有自己的中医团体,而且也有相当规模,这在全国是比较突出的。西医药学术团体虽不如中医团体声势浩大,但在向民众传播卫生知识,建言政府改良医事卫生上发挥了作用。1925年,中国工程师学会杭州分会成立,是国内第四个成立的分会。群众性学术团体"在继承优良的传统文化,传播外国进步的文化科学,促进中外文化交流,推进近代文化向前发展及促进经济建设方面"起到重要作用。①

民国时期,秉持着"科学救国"的信念,浙江青年学子远赴海外留学,回国后传播西方近现代科学知识,翻译西方近代科学著作,使当时世界前沿的化学、物理、数学、地理、气象、生物等学科知识相继传入浙江。

化学是在20世纪初,由出国留学的学者传入,其中黄岩人王琎,是国内现代分析化学开拓者,又是开创以科学方法研究中国化学史的元勋。

现代数学开拓者陈建功、苏步青,20世纪20年代在日本留学。他们学成回国后在浙大组建国内第一个集体研究数学组

---

① 金普森等:《浙江通史》第11册《民国卷》(上),浙江人民出版社2005年版,第329页。

织——数学讨论班,取得了具有国内外先进水平的成果,陈建功与苏步青分别成为函数论和微分几何学的开创者。平阳人陈立夫在现代数学界泽学众望,培养了一大批有成就的数学家。

地质学的传入者为章鸿钊,他从日本回国后,在浙江杭州、富阳、临安、於潜、天目山一带进行地质调查与研究,完成《中国杭属一带地质》一文,成为国内地质学发展史上的先导。同为著名地质学家的还有翁文灏,在中国地质学教育、矿产开探、地震研究等多方面有杰出贡献。

1918 年,竺可桢留美归来,筹建中央研究院气象研究所,推动各省市气象台站建设,为中国现代气象、地理学发展奠定基础。

生物学传入者之一是贝时璋,早期留学德国,首先提出细胞重组观点,对细胞学的发展起了重要作用。

20 世纪 30—40 年代,浙江自然科学基础性研究,以浙江大学为主要基地,把现代科学理论与实验结合,开展数学、化学、物理、地质、地理、气象、生物等学科研究,取得重要进展。

第三节　文学艺术多元融合

一、文坛独领风骚

(一)五四新文化运动时期

浙江文学传统向称深厚,近代以来接受欧风美雨的熏沐,开出了更为绮丽的花朵。民国是浙江文学的辉煌时代,星光熠熠,精作累累,在全国造成了空前的影响力。被后世史家所津津乐道的中国新文学"浙军",他们或扎根故土,或走向全国;或为某文学流派的开创者,或为某文学主张的领军人物。可以说,整个民国时期,浙江文学都独领风骚,灿若星河。

浙江现代文学自五四新文化运动始。运动发生前夕,浙江知识精英纷集北京、上海两地,参与、引领了这一中国历史上澎湃汹涌的文化浪潮。"不必罗列当时浙人参加新文化运动人数之众,只以'一刊一校'为例就可以凸显浙江学人引领文化新潮的显赫地位。"①"一刊"指《新青年》杂志,自 1918 年编辑部改组扩大,先后参与编辑工作的浙江学人有钱玄同、沈尹默、鲁迅、周作人等,占了当时杂志编辑的近一半。"一校"即北京大学。北大校长蔡元培是浙江人,大力引进"新派人物",使北京大学成为浙江学人和作家的堡垒。浙江人不负时代所望,扛起了文学革命的大旗,引领着中国新文学的方向。与此同时,留守本地的作家群也各自精彩,他们呼应着时代潮流,执着地探索、创造,造就了浙江文化辉煌的新起点。

鲁迅是新文学的开拓者、奠基者。他于 1918 年加盟《新青年》杂志,又于 1920 年受聘为北京大学中文系讲师。1918 年 5 月,他在《新青年》发表小说《狂人日记》。此是中国现代小说的开端。他的小说结集为《呐喊》《彷徨》《故事新编》,它们以"表现的深切和格式的特别",成为中国现代小说的一个高峰。其在现代小说理念的刷新和新小说形式的创造上都显出拓荒意义,并把中国现代小说提升到很高的位置。②鲁迅创作的另一个开创性成就,是散文文体的革新与创造。他总共有《坟》《热风》《华盖集》《三闲集》《二心集》等 16 个杂文集行世,不但作品数量惊人,

---

① 沈善洪、费君清主编:《浙江文化史》(下册),浙江大学出版社 2009 年版,第 493 页。

② 王嘉良主编:《浙江 20 世纪文学史》,浙江大学出版社 2009 年版,第 43 页。

且有着鲜明独特的战斗风格,深刻遒劲、辛辣活泼。鲁迅堪称中国现代文学史上最伟大的杂文家。

五四新文学时期也是文学社团风起的时期。1921年,文学研究会成立于北京,12位发起人属浙江籍的有周作人、茅盾、朱希祖、孙伏园、蒋百里等5位,这是中国现代文学史上的第一个文学社团。文学研究会作为体现"为人生"文学主张和提倡现实主义文学创作的新文学社团,其理论主张大都由浙江作家提出。说他们是这一社团的灵魂人物,殆不为过。

新文学初创期的另一个重要社团是创造社,1921年6月在日本东京建立。郁达夫乃该社健将。创造社同仁在"为艺术而艺术"的旗帜下,投身于带有浓重浪漫色彩的新文艺创作。而郁达夫是这一艺术主张的热烈奉行者,也是该社最有成就的小说家。

其他如语丝社、新月社、未名社等文学社团,浙江籍作家都是主将、骨干。浙江本土影响大的社团则有晨光文学社、湖畔诗社。1921年,晨光文学社成立于省立第一师范学校校园内,汪静之、潘漠华、冯雪峰、应修人都曾是该社的重要成员。他们因诗结缘,1922年,印刷出版合集《湖畔》,一炮而红,从而催生了中国新诗史上一个重要流派——湖畔诗派。

(二)20世纪30年代

五四落潮后,苦闷徘徊的气氛弥漫文坛,而以北洋军阀统治下的北方尤甚。不堪死沉之境的新文学作家又纷纷南下广州、上海,寻求新的文学热土。在上海,他们成立了左翼文学家联合会,掀起声势浩大的左翼文学运动,形成了新的文学高潮,即文学史上所称的"30年代文学"时期。此一时期,左翼文艺蓬勃发展,文艺主潮日渐强化救亡意识和阶级意识,新文学的主导倾向由个性解放向阶级解放、民族解放转化。但与此同时,文学的多元发展趋向日益明显,出现了思潮迭起、流派纷呈的文学发展新格局。① 浙江作家在此一方新天地中汇聚风云,又是一番轰轰烈烈的作为。

左翼文学以鲁迅为盟主,茅盾则是一员大将。他的中长篇小说具有巨大的思想深度和广泛的历史内容,被左翼文学公认为主流,文学史上称之为社会剖析小说。与茅盾同时期的浙江左翼作家柔石、殷夫、王任叔、楼适夷、魏金枝等取材于浙东地区反映尖锐的阶级对立、农民反抗斗争的小说,从不同层面提升了左翼小说的社会剖析价值。

左翼文学之外,尚有一众名声卓著的非主流作家。身在北京的周作人,提倡"闲适"小品,其散文韵味清远,为北方文坛"盟主"。徐志摩是"新月派"领袖,在中国新诗史上贡献非凡。表现出"现代主义"创作倾向的作家群,代表人物有浙江人施蛰存、戴望舒、穆时英等,严守"艺术独立"思想,创作自成一家,在文艺史上也占据重要一席。这些都充分体现了浙江文学多元、丰富的面貌。

(三)全面抗战时期

1937 年 7 月 7 日,日军挑起卢沟桥事变,全面抗战爆发。国土沉沦、山河破碎,浙籍作家南渡北归,有人出走异乡,有人回归故土,无论如何选择,他们的创作都与"抗日救亡"的时代脉搏、民族命运紧紧相连。茅盾、夏衍、丰子恺、夏丏尊等辗转于上海、香港、武汉、重庆,郑振铎、胡愈之、陈望道等坚守在"孤岛"上海,艾青、陈企霞、陈学昭等去了延安抗日根据地。更多的作家则撤到以金华为中心的浙西南,创办刊物,发表文学作品,开创了浙

---

① 　王嘉良主编:《浙江 20 世纪文学史》,浙江大学出版社 2009 年版,第 58 页。

江新文学史上又一兴隆局面。

　　1937年底，国民党浙江省政府撤退到金华，进步人士与知识分子也逐渐荟聚此处。以金华为中心，浙江作家与撤至此地的众多外省籍著名作家、艺术家一起，开展"战时东南文艺运动"，创造了战时文艺繁荣。中国共产党在金华成立了中共东南文化工作委员会，简称"东南文委"，以邵荃麟为书记，领导进步的抗战文艺。特殊的战争环境，成就了浙江本土现代文学少有的兴盛局面。

　　（四）解放战争时期

　　抗战胜利，浙江省政府迁回杭州，东南文艺中心无形中解体了。接踵而来的解放战争，致使中国又面临着不同道路和命运的抉择。在这一历史阶段，因为长期的战争环境影响，浙江文学发展稍有回落，但依然努力回应时代问题，绽放自身光彩。

　　大多数浙江作家生活在国统区，在反压迫、反独裁，争民主、争自由的浪潮中，他们用作品表达鲜明的进步立场。茅盾的长篇小说《锻炼》等，从不同角度反映国统区的社会现状。冯雪峰在极端不自由的言论环境中，以寓言为载体，批判黑暗的现实，极富战斗色彩。王西彦辗转各地，在乡土生活与知识分子生活两个领域持续开垦，成为40年代最重要的小说家之一。

　　进入解放区的浙江作家不算多，文学成就也相对薄弱，但他们努力适应新的文学环境，取得不同程度的成绩。

　　由于大规模战争环境，总体而言，浙江文学发展稍有回落，在全国产生重要影响的有"七月诗派""九叶诗派"。七月诗派以提倡革命现实主义和坚持自由诗写作而独树一帜，九叶诗派注重在诗歌里营造新颖奇特的意象和境界。浙江诗人艾青、穆旦、冀汸、袁可嘉等人的作品为连绵战争中的文坛带去一抹鲜亮的色彩。

二、美术中西融合①

"近代美术的变化,是在辛亥革命前夕,由于新学的兴起而开始发生;辛亥革命胜利后,随着美育和新文化的倡导而日益发展。"②民国的浙江美术与时俱变,进入转型期和融合期。这一历史性方向的重要推手是蔡元培。1917 年,他在《新青年》杂志上提出"以美育代替宗教"的主张,并发表了《美术的起源》《美术的进化》《美术与科学的关系》等理论文章,为现代美术启蒙提供思想指导。他还身体力行,在他的推动之下,国立艺术院得以成立。国立艺术院的设立对现当代浙江美术的格局与走向产生了至关重要的影响。在蔡元培、李叔同、林风眠等先锋人物的引导下,浙江美术走上了兼收并蓄、中西交融的发展新进路。

在悠久的历史中产生了无数名作与名家的传统美术,在这一激变的历史时期,流风所至,亦发生了深刻的内在质变。浙江画家没有固守门户,求新求变,融会贯通,自出机杼,开一时代之艺术风潮,出现了许多引领画坛的代表人物。如吴昌硕、林风眠、黄宾虹、关良、经亨颐、陈之佛、谢之光、陈半丁等。吴昌硕是中国美术史上承前启后的大家,"诗、书、画、印"四绝。于右任说他"元明清以来及于民国,风流占断百名家"。他擅长写意花卉,以书法入画,形成富有金石味的独特画风。以林风眠、黄宾虹为代表的浙江画家在继承传统的同时,力图变革出新,走出一条截然不同的创新之路。林风眠是"中西融合"最为主要的代表人物,他尊重中外绘画和民间艺术的优秀传统,融汇中西文化传统

---

① 参见《浙江通志》编纂委员会编:《浙江通志·美术志》,浙江人民出版社2019 年版,第 10、11 页。

② 王伯敏主编:《中国美术通史》第 7 卷,山东美术出版社 1988 年版,第 6 页。

于一炉，创造出独特画风。黄宾虹的山水画具有"黑、密、厚、重"的艺术特色，创"五笔七墨"，画风兴会淋漓，浑厚华滋。李可染评曰"中国山水画三百年来，黄宾虹一人而已"。

民国时期的浙江书法承接清代金石余脉，吴昌硕作为民国书坛的代表人物。他继承赵之谦的"金石学"精神，致力于石鼓文的研习与探究。黄宾虹、潘天寿、王个簃、来楚生、吴茀之、诸乐三等浙江书家均受其影响，形成吴派书法格局。在"美术革命"思潮的影响下，民国时期的浙江书法也呈现出多元化的局面，注重个性，形成个人风格。诸如李叔同楷书早期师法魏碑，出家后禅意浓郁，自成一格，世称"弘一体"；沈尹默楷书以汉魏碑版为宗，书风流美精致；马叙伦对唐楷浸淫极深，楷书典雅清丽；魏铖、余绍宋、夏丏尊均以北碑笔意融合楷书，风格独具。沈曾植、罗振玉、余绍宋、张宗祥与马一浮等，兼有学者与书法家的双重身份，他们的行草演绎了浓浓的学者书风。

民国时期，油画成为浙江美术的重要画种，并迎来了发展的黄金时代。1928年，国立艺术院提出的办学口号是："介绍西洋艺术，整理中国艺术，调和中西艺术，创造时代艺术"，由此吸引了一大批全国最有声望的油画家到杭州任教，其中有林风眠、吴大羽、李超士、王悦之、李风白、方干民、吴作人、吕霞光、朱德群、倪贻德、关良、赵无极等，以他们为中心，形成了一个生机勃勃的油画圈，造就了民国时期浙江地区油画创作的兴盛局面。

民国初，浙江涌现出一批在全国有重要影响力的漫画家，主要有张聿光、钱病鹤、沈伯尘、丰子恺等。钱病鹤的《老猿百态》开中国漫画长篇组画的先河，沈伯尘于1918年创办的《上海泼克》为中国首本漫画刊物。丰子恺则以取材新颖，手法别致，充满生活情趣的"子恺漫画"别开生面。叶浅予的《王先生别传》，张乐平的《三毛流浪记》很受欢迎。

浙江版画有着优秀的传统,民国尤其是抗战时期,这一画种在烽火遍地的时代,显示出力与美的艺术力量,大受瞩目,大放异彩。1931可谓中国木刻运动元年。此年,新兴的木刻社团在沪、杭等地先后成立,浙江出现了"一八艺社""野风画会""木铃木刻研究会"等木刻团体。同年,鲁迅在上海创办"木刻讲习班"。鲁迅对木刻情有独钟,称之为"现代社会的魂魄"。在一代文学宗师的倡导下,中国新兴木刻运动声势煊赫。又同一年,在国立杭州艺术专科学校出现了新的进步版画团体——"木铃木刻研究会"。1938年后,野夫、林夫、杨可扬、金逢孙等木刻艺术家活跃在浙江各地,先后组织"浙江战时木刻研究社",举办木刻函授班,组建"浙江省木刻用品供销合作社",刊行《木刻艺术》杂志,使浙江成为中国新兴木刻运动的重要阵地。

民国是西泠印社的重要发展时期。1913年,西泠印社举行建社10周年纪念大会,正式定名西泠印社,修启立约,发展社员,公推艺术大师吴昌硕出任首任社长。一时之间,群贤毕至、群英荟萃,李叔同、黄宾虹、马一浮、丰子恺等均为西泠印社社员。西泠印社迅速发展,声望日隆,跃然为"天下第一名社"。

三、剧苑盛衰互见

戏曲本是土生土长的艺术,但在传统与现代激烈交锋,且战祸不断的时代,戏曲也不能置身于影响之外。民国戏剧因此呈现出兴衰不一的特点。

在一向众芳争妍的剧坛,迎来全盛时光的唯有浙江本土戏越剧。越剧,又名绍兴文戏,由浙江嵊县当地的说唱曲艺"落地唱书"发展而成。越剧形成于清末民国初,在不长的时间内即发展成为江、浙、沪一带影响最大的剧种,真可谓是剧苑后起之秀。越剧如此迅猛的势头,得益于越剧从绍兴嵊县闯进上海滩后,勇于变革,从原来的男班转为男女混演,再到女班完全取代男班。女子戏剧唱腔优美婉转,在上海大受欢迎。从 1917 年进入上海,到 1919 年站稳脚跟,越剧越演越旺,涌现出"三花一娟"(即施银花、赵瑞花、王杏花和姚水娟)等一众女旦名角,后来,姚水娟、袁雪芬、尹桂芳、徐玉兰等更是红透半边天。自 20 世纪 40 年代开始,越剧除盛行于浙江、上海外,还流布到江苏、江西和福建等地,成为浙江的代表性剧种。

与越剧红极一时相对照的是其他一些戏剧的寥落。因为失去市场,昆剧许多大班社解体。至 20 世纪 40 年代,才组成国风苏昆剧团,兼唱昆曲与苏滩,继续演出,苦心维持,使这一古老剧种不致灭绝。新昌调腔、宁海平调等,大都生存困难,衰相毕现。乱弹与徽戏,抗战期间,受战乱影响,也衰败了。

而体现盛衰互见的另外一些事实则是清末形成的说唱滩簧类小剧种,此时呈现出活泼健盛的生命力。甬剧、姚剧、湖剧等滩簧小戏,通俗易懂、贴近老百姓的现实生活,拥有广大的观众。地方小戏睦剧、杭剧、滑稽戏也在此时形成。流行于杭州以及宁波、绍兴、上海、苏州一带的滑稽戏,充满生活情趣,大受欢迎。京剧比清末更风行。嘉兴、湖州一带的"水路京班",迅猛发展;杭、宁、温各地纷纷自办京班。京沪名角,梅兰芳、程砚秋、杨小楼等轮番来浙献艺,总能掀起观剧热潮。

浙江是中国话剧重要的策源地和诞生地之一。李叔同是中国话剧的奠基人与开创者,首开话剧演出先河,他和留日同学组织"春柳社"演出戏剧,反串"茶花女"一角粉墨登台。回国后,致力于将西方艺术介绍给国人。茅盾和夏衍创作的《清明前后》

《上海屋檐下》等作品,在中国话剧史上具有重要的影响和地位。1912年10月,浙江第一新剧模范团在杭州成立,拥有演员100余人。20世纪三四十年代,因政治形势需要,浙江涌现出众多话剧社团,常演剧目有《死里求生》《铁蹄底下》《放下你的鞭子》等,体现了话剧贴近时代,善于表达人民心声的特点。

四、银坛初绽芳华①

浙江电影的历史,是从外国人来放映电影开始的。清光绪三十四年(1908)五月,杭州拱宸桥新开阳春茶园,杭州人第一次在这里观赏到无声电影,大开眼界。民国初,基督教的传教士,为吸引教徒,经常去衢州、常山等地放映电影。民国中期,德、英、美、日等国商人,以放映电影为手段,到各县推销肥田粉、香烟等商品。

宣统元年(1909)沪杭铁路通车以后,杭州商人在城站旅馆楼顶搭棚,开设楼外楼茶园(游艺场),也曾放映过电影。由于过往旅客众多,影戏新奇,营业好,翌年,上海商人在后来的铁路文化宫旧址建立城站模范戏院,1913年改建为杭州城站第一舞台,以演京戏为主,曾一度兼映电影。此后十年间,全省出现第一批中国人经营的影戏园。虽设备简陋,存在时间短暂,但彼时全省电影业已现雏形。20年代起,全省各地开始建立专业电影院。如此,从大城市到中小城镇,从临时、流动到固定,从兼映到专业,浙江的电影放映业逐步建立和发展起来了。

早期,各地放映的影片主要是法国片以及英、美、德国拍摄

---

① 参见《浙江省电影志》编纂委员会编:《浙江省电影志》,第4—12页,中国书籍出版社1996年版。

的新闻纪录、喜剧、舞台艺术短片。20 年代开始，在杭州等地上映的有外国侦探片、闹剧片，如《迷魂党》《疯手大盗》等，特别是法国喜剧演员林戴、美国喜剧大师卓别林和基顿主演的滑稽影片，受到观众的喜爱，因而外国影片放映的比例逐年上升。1921年起，杭州等地开始上映国产长故事片，如描写洋行买办图财谋杀妓女案件的《阎瑞生》，社会讽刺剧《难夫难妻》，"教孝、惩恶、劝学"的社会片《孤儿救祖记》，社会伦理片《冯大少爷》以及反映妇女问题的《弃妇》《春闺梦里人》等；同时上映外国的"最新侦探长片""五彩欧美风景"《火车盗》《马戏奇缘》《黑箱奇案》《谁是盗魁》和"外洋滑稽新片"等，都曾吸引了不少观众。1925 年，友联影片公司拍摄的反映"五卅惨案"的实况纪录《五卅沪潮》在上海遭禁映后，由《影戏春秋》主编、萧山籍的汤笔花带到杭州，经与军警当局斗争后，在杭州影戏院连续放映 7 天，激发了杭州人民的反帝爱国热潮。

浙江人很早就对电影这一艺术进行了探索。1933 年，由夏衍编剧、程步高导演的影片《狂流》公映，影片第一次向观众展示中国农村真实的画面，整个影坛为之震动，誉之为"中国电影新的路线的开始"。袁牧之编导的《马路天使》则是 20 世纪 30 年代声片艺术探索之集大成者。抗战期间，沈西苓编导的《中华儿女》，史东山编导的《保卫我们的土地》《胜利进行曲》《八千里路云和月》等，都立足于揭露侵略者罪行，歌颂中华民族的伟大抗争。这些影片，不仅面向社会和时代，反映人民反帝反封建的要求，符合当时民族民主革命的时代需要，而且在艺术形式和风格上也有突破和创新。

但在沦陷区，日、伪统治下的 8 年，浙江电影银幕上出现历史的大倒退。30 年代中期已经销声匿迹的武侠、神怪、恐怖、色情片又沉渣泛起,风靡一时。由于日军晚间戒严,影片来源枯竭,物价飞涨,观众锐减,杭州影戏院、宁波中华大戏院等相继停业,全省电影界一片萧条。

抗战胜利后,浙江电影放映业渐次恢复发展,以播放美国影片为主,冲击着民族电影的发展。解放战争期间,经济崩溃,民生凋敝,社会混乱,电影市场萧条。至1949年中华人民共和国成立前夕,全省仅剩下10家电影院、一个电化教育队,而且房屋设备简陋,机器破旧,无力更新维修;至于电影制片、机械、教育等,更是一片空白。

第四节　新闻出版为时代发声

一、新闻事业曲折发展

(一)民国初期

辛亥革命胜利,民国肇始,万象更新,新闻也迎来了一段自由发展的时期。清政府颁布的限制言论和出版自由的法律失去作用,南京临时政府起草的《中华民国暂行报律》建立起自由新闻法制,以保障人民的言论出版自由。《浙江军政府临时约法》也规定人民享有"言论著作集会结社之自由",这是浙江历史上第一次正式给包括报刊在内的出版物以明确的法律地位。工商业、农业以及教育、文化等有了一定发展,这也刺激了受众对专业报刊的需求。民族工商业的发展,印刷业的进步,为大量印刷报刊提供了物质基础。中、高等教育发展,为新闻事业发展输送新型人才。社会教育普及,则造就了广泛的、渴望从媒体获取新知的读者群。在上述因素的推波助澜之下,北洋时期的浙江新闻事业短暂繁荣。"在武昌起义后的半年内，浙江新创办的报纸就有 20 余家，为当时全国创办报纸最多的几个省市之一，仅次于京、沪、津、广。1912 年至 1913 年，全省先后创办报刊约 50 家，原有继续出版的报纸 5 家。"①

民主政治实践也促动了民初新闻界的活跃态势。不同政见、不同政党都热衷于创刊办报，宣扬己派的观点立场，一时之间，代表不同立场的报刊平等竞争，且都拥有自己的作者队伍与读者群。民国初年，全国新创办的报刊，绝大多数是政党报刊，浙江情形大致如此。占据主导地位的是拥护孙中山的政见势力，在他们的主导下，呼唤民主共和成为民初浙江报坛的舆论基调。如同盟会员创办的《汉民日报》《平民日报》《浙东公报》，都贯彻孙中山的思想和主张，以维护共和政体为己任，积极推介三民主义。一代报人邵飘萍的新闻职业生涯就是始于《汉民日报》，他担任该报主笔，锋芒初露，在不到两年时间里，他以"振青"为笔名的各种评论文章就有 92 篇，篇篇呼唤共和民主，矛头直指袁世凯为首的军阀官僚。许多民办的报刊，也着力传达支持共和的民众呼声。如《东瓯日报》在发刊词中，阐明其宗旨是"振作国民精神，鼓吹共和政体"。

因传播科学、推进实业的需要，这一时期也出现了专业报刊，如《农友会报》《浙江省农会报》《浙江兵事杂志》《广济医报》等，这是民国初期浙省社会富有生机活力的表现。

民初短暂的新闻繁荣始于新闻自由，终于言论钳制。袁世凯窃取辛亥革命果实后，渐次管控、取消新闻自由，出台了一系列旨在全面管制新闻出版界的专门法律和法规。新闻出版自由

---

① 王文科、张扣林主编：《浙江新闻史》，浙江大学出版社 2010 年版，第 65 页。

昙花一现,新创办的报刊寥寥无几,不少报刊当年或次年即停刊,有些只出过一两期,另有多家报刊被查封。至五四前夕,全省报刊只剩下一二十家。

(二)民国中、后期

五四运动狂飙突进,唤起了浙江人士的政治激情,纷纷组织政治性社团和报刊,一时之间,沉寂多年的新闻界重又热闹起来。1919—1920 年,全省新办反帝爱国报刊 30 多家,以温州的《救国讲演周刊》和杭州的《浙江新潮》为代表,先进报纸是报坛重要力量,进步学生成为新闻军主力。

1924 年,国共合作,实行反帝反封建的统一战线,国民革命形成高潮。受此形势的激发,国民党浙江地方党部的机关报,也往往吸纳中共党员参与或主持。如国民党省级机关报刊《浙江周刊》,以指导推动国民革命为宗旨,宣扬国民党"一大"宣言和中共提出的民主革命纲领。据现存 11 期《浙江周刊》,共刊出 71 篇文章,其中 12 篇为中共党员宣中华所撰。《杭州民国日报》,为国民党浙江省党部机关报,宣中华兼任报社社务委员会委员,主任编辑先后为中共党员杨贤江、戴邦定、唐公宪。宁波、绍兴、金华也相继创办《民国日报》,都是统一战线报纸。

1927 年,蒋介石、汪精卫相继策动"四一二"反革命政变和"七一五"反革命政变,统一战线破裂。国民党右派集团在全国实行新闻统制,浙江报界格局随之剧变。在十年内战时期,国民党浙江当局在控制利用一些民办报纸的同时,陆续创办各级党政机关报刊,从而由省党部的《杭州民国日报》牵头,以各地区党政报纸为骨干,基本上形成全省国民党报系网络。①

---

① 王文科、张扣林主编:《浙江新闻史》,浙江大学出版社 2010 年版,第 132 页。

1934年6月,《杭州民国日报》更名为《东南日报》,胡健中为报社社长。同时成立东南日报有限公司,陈果夫任董事长,陈立夫任监事长。董、监事大都是国民党中央委员和省党部委员。除了《中央日报》之外,全国有如此强大后台的媒体独此一家。成立股份公司,有减轻政府色彩而增加民办色彩的本意,扩大销售市场,开了政府报纸实行企业化经营管理的先河,在中国新闻史上具有创举性意义。《东南日报》销路遍及东南各省,边疆省份如云南、甘肃均有,欧美、日本也有订户。

1927—1937年期间,战争在全国范围内没有消停过,不过在浙江,基本告别了原先战乱局面。这10年中,工商业、运输业等有不同程度发展,近代化进程加快。工商业的相对发展和繁荣,为浙江新闻事业注入了大量资金。主要依靠广告收入的报刊越来越多了。

这个时期的报刊,并不局限于政治性的,各行各业都有。1930年6月,全国第一张儿童报——《儿童时报》在绍兴创刊,1931年9月迁往杭州,更名为《中国儿童时报》。该报发行量最高达2.5万份,遍及江浙沪地区,不少旅居日本、朝鲜、泰国及东南亚地区的华侨也直接汇款订阅。

1927—1937年,仅杭州就有过70多种综合性新闻报纸。浙江当时报纸数量在全国各省市的排名中,一直名列第二,仅次于江苏。此间,浙江还出版过许多杂志,前后至少在170种以上,在全国也是名列前茅。这些杂志范围很广,各个门类都有,遍布各个机关、部门、学校、团体等。值得一提的是,当时出版的众多报刊不都集中在几个城市里,各县甚至有不少镇,都出现过数量不等的报刊。浙江边远地区各县新闻事业落后状态有了彻底改变,虽然它们与发达城市相比仍有相当的距离。①

经卢沟桥事变,全面抗日战争爆发。日军南进,杭州沦陷,曾经走在全国前列的浙江新闻事业遭受了沉重的打击。但随着战局的稳定,在国共第二次合作的推动下,浙江的新闻事业逐渐恢复起来,主流报刊都以"唤起民众,抗日救亡"为宗旨。据不完全统计,全面抗战八年间,全省先后创办抗日救亡报刊280余家。

当侵华日军逼近杭州时,《东南日报》着力宣传抗日,组织"募捐劳军"等活动,派记者分赴平汉线、津浦线和淞沪前线采访,及时刊出战地记者发自前线的报道。副刊《战垒》,由中共党员和进步文化人编辑或撰稿,颇有名气。迫于战事吃紧,1937年12月,迁往金华出版,以后虽辗转迁移,仍少有停版。

国民党浙江党团政军报纸,影响力较大的有《浙江潮》《战旗》《民族日报》等。1938年2月,《浙江潮》创办于金华。省政府主席黄绍竑邀请知名进步民主人士严北溟任发行人兼主编。严北溟以中共党员为骨干组成编辑班子,并广泛联系社会上共产党人和知名学者、作家,建立阵容强大的写作队伍。其办刊宗旨为:"将以奔腾澎湃的雄姿,排山倒海的气势,推动浙江三千万民众踊跃参加抗日自卫,以争取最后胜利。"

1945年8月,日本投降,抗战胜利。《东南日报》战时云和分社当即返杭准备出报;身在重庆的社长胡健中,派员赴沪筹办《东南日报》上海版。此一时期的《东南日报》坚持国民党立场,对于解放战争歪曲事实,颠倒黑白的报道屡见不鲜。但其内部

---

① 何扬鸣、冯章国:《简析1927—1937年的浙江新闻事业》,《浙江传媒学院学报》2016年第6期。

聚集了一批编辑和管理人才，其中多有中共党员和进步人士。他们凭借该报"党的立场，自由色彩"编辑方针，在经手编发的一些新闻、言论及副刊中，不时透露民主、自由、解放的信息。

在胜利的鼓舞下，抗日战争后期逐渐下滑的浙江新闻业较快地得以复苏，其中多数是民间所办报纸。解放战争时期是中国光明与黑暗、进步与反动两种前途决战的时期。这个时期，浙江发生三次较大的"抢米"风潮，学生运动、工人罢工更是此起彼伏。在这些斗争中，民办报刊相当活跃，及时作出积极反应。[①]1948年后，由于当局新闻统制愈显严苛，加之经济凋敝、物价飞涨，民办报纸大多难以为继，至1948年4月，全省报纸已由百家左右下降到不足20家。

（三）中国共产党的新闻事业

1921年，中国共产党诞生。自1924年始，有了属于浙江共产党阵营的报刊，如《觉悟》《宁波评论》《火曜》等，以传播马克思主义为宗旨。

全面抗战时期，中国共产党主导的新闻事业蒸蒸日上。1938年11月成立的中共浙江省文化工作委员会和1940年春成立的中共东南文化工作委员会，通过多种渠道和形式，领导了浙江及东南地区的文化工作。大批中共党员和进步人士被吸收到浙江国统区的各个部门工作。在支持和帮助省政府主席黄绍竑和各级政府创办抗日报刊的工作中，宣传抗战、宣传抗日民族统一战线、宣传中共的全面抗战主张，是工作的重点。抗战时期，中共在浙江全方面、多层次、持续不断和成果丰富的新闻活动，不仅在抗战时期是极其突出的，而且也是中共党史、中共宣传史

---

① 王文科、张扣林主编：《浙江新闻史》，浙江大学出版社2010年版，第196页。

上辉煌夺目的一笔。[①]

抗日根据地的创建,对中共领导的新闻事业产生了新的影响。1942 年,中国浙东区委成立后,发行《时事简讯》,这是《新浙东报》的前身,也是浙东敌后抗日根据地第一次出现的区党委机关报。1944 年 4 月,《新浙东报》在慈(溪)北创刊,它不仅是宣传抗日的报纸,更重要的是指导各地斗争、工作的党报。

解放战争时期,浙江国统区报业日趋衰落,浙东、浙南革命根据地新兴的报纸事业却是蓬勃发展。浙东有《四明简讯》《金萧报》《新路南报》《浙东通讯》,浙南有《时事周报》《工农报》《新民主半月刊》等。根据地报纸及时传达中共中央的声音,翔实报道解放战争胜利的消息,鼓舞浙江人民争取最后的胜利。

二、图书出版薪火不绝

(一)出版

浙江出版根基深厚,兵荒马乱之际,出版事业非但没有没落,反而在不断变化的政治经济文化环境中,调适出版路径,改进出版技术,从而取得又一阶段的成就。

传统书籍的刊刻依旧发挥着传承文明薪火的作用。这与浙江文化界人士热心搜集、整理古籍与地方文献,并作出相当成绩是不可分割的。古籍和地方文献许多是采用传统的雕版印刷技术出版的,这一传统刻书方式在浙江一省尚绽放着最后的光芒。出版的大型丛书很多。如 1915 年,四明文献馆刊全祖望辑《续甬上耆旧诗》120 卷,卷帙浩繁。"四明丛书"规模更为浩大,由张

---

① 何扬鸣:《抗战时期浙江中共新闻活动的再研究》,《浙江传媒学院学报》2011年第 5 期。

寿镛与他的儿子历时 19 年辑刊而成。前后共收书 178 种,以张氏约园名义刊行。它辑刊于战火纷飞的年代(1930—1949),困难重重。张寿镛父子为保存故乡文献,不畏艰难,历尽艰辛,凭借深厚的文献功底与深沉的桑梓情怀,终于完成这一浩大的文化事业。丛书校勘精湛,用纸精良,为人所称道。

北洋政府时期,浙江出版业新旧纷呈,除了雕版印刷魅力不减之外,影印技术已从国外传入。以海宁陈乃乾影印古籍成绩最为卓越。陈乃乾是版本目录学大家。1921 年,他编成"百一庐金石丛书"10 种,自费影印出版。王国维作序。此后数年,陈乃乾大量影印书籍。1931 年,辑王国维《观堂遗墨》影印出版。著名甲骨文学家罗振玉,也是文物收藏家、出版家。他与王国维合作,整理、校刊了大量图书。诸如他根据所得敦煌书目,择其优者摄影,先后编成《鸣沙石室佚书》《古籍丛残》。这些书都是残卷,是世间罕见之本,具有重要的文献价值和历史价值。湖州嘉业堂刊刻的诸多丛书,多为精品、孤品。

20 年代中期以后,浙江现代化出版机构日渐增多。铅字印刷技术的使用,使图书出版大大普及了,机关单位、文化教育部门乃至个人都可以编印图书。这一阶段,图书门类齐全,教育、政治、医药卫生、农业、商业、通俗文艺、旅游地理等类的书籍都为数不少,体现了教育文化日渐发达、经济增长、人民生活内容多元的新时代图景。不过就内容来说,还显得比较稚嫩,也说明这一时期的现代图书出版尚处于起步阶段。

全面抗战爆发,沪杭两地的出版机构多南撤至金华、丽水,浙江出版业态势为之一变。根据能查考到的当时图书目录,以金华为中心,遍及丽水、龙泉、云和、绍兴、宁波、永嘉等地,书刊出版单位在 100 家左右(个人出书未计入)。全省从 1937 年 8

月至 1945 年 7 月,共出版图书 697 种。① 抗战主题成为出版主旋律,毛泽东的《论持久战》一再刊印。《最后胜利论》《守住我们的家乡》《抗战新歌曲选》《抗日名将剪影》《日本必败》《武装保卫浙江》等等,这些带有鲜明抗战气息的书籍,在艰难岁月中,为广大前线将士与人民群众传达了抗战到底、抗战必胜的信念,坚定了国人坚持持久作战的勇气与决心。

抗日战争胜利后,浙江省政府各机关、团体、学校纷纷迁回杭州,商务印书馆杭州分馆、中华书局杭州分局、正中书局等先后迁回杭州开业,但由于政局动荡、经济凋敝,出版业也不景气,当时杭州的民营出版社中尚有一定规模,还在继续出书的只有两家。一家是创办于 1935 年的新医书局,又称宋经楼书局,以出版医药类图书为主,还有一家是创办于 1944 年的中国儿童书店。其他地方,即便是曾经出版实力雄厚如绍兴、宁波等,衰败到偶尔出一两本书而已。

与国统区出版业衰退形成对照的,则是革命根据地的欣欣向荣。主要机构有浙东抗日根据地的浙东韬奋书店、燎原出版社、鸡鸣社、金萧报社、新浙东出版社、新路南出版社、台属出版社。出版的图书,主要有毛泽东著《论联合政府》《中国革命与中国共产党》《目前的形势和我们的任务》《新民主主义论》,刘少奇《论共产党的修养》,《中国人民解放军宣言》《将革命进行到底》等。出版的图书内容密切结合实际,引导广大工农兵干部和群众,为实现最后的胜利而战。

民国时期的浙江,有一个突出特点是,大量文化人出走

---

① 《浙江通志》编纂委员会编:《浙江通志·出版志》,浙江人民出版社 2021 年版,第 154 页。

"异乡"，利用地缘之便，涌入当时最为开放、最为活跃的上海，从事各种文化活动，并取得傲人的成就，学术界、文学界、戏剧界、电影界、报界莫不如此，出版界表现也同样出色。其中，成为出版界翘楚的有：张元济主持的商务印书馆，陆费逵、沈知方创办的中华书局，章锡琛、章锡珊兄弟创办的开明书店，沈知方创办的世界书局，屠思聪创办的世界舆地学社，钱君匋创办的万叶书店。

（二）藏书

民国时期，浙江藏书楼延续着古典的辉煌，赓续文脉、保存文献，功不唐捐。

嘉业藏书楼，位于湖州市南浔镇，为近代藏书家刘承干所建。藏有宋元明各代精椠、《十三经注疏》，历代地方志 1200 种，以及自行刊印的书籍。嘉业楼全盛时藏书 57 余万卷，18 万余册，多得自著名藏书旧家。清人徐松从《永乐大典》辑出的《宋会要》，也由嘉业堂延人整理清缮，得以保存。1933 年起，因家道中落，嘉业堂藏书陆续出售。解放前夕，为了使这一珍贵的文化遗产免遭兵燹，周恩来总理下令保护好藏书楼。1951 年后，刘承干亲自将藏书楼、所余藏书及书版等无偿捐献给国家。

伏跗室地处宁波市区孝闻街 91 号，是浙东现代著名藏书家、目录学家冯贞群的藏书楼。冯贞群继承其父"求恒斋"遗书 2000 册的基业，节衣缩食，搜访古籍，利用当时废科学、兴学校，社会风尚以为古籍已濒临无用之际，精心搜集明清以来宁波诸家书楼流散之籍，罗列室中，手披目览，若遭虫伤，即为修补。经 60 年积累，先后整理古籍近 11 万卷，碑刻 533 种，多为善本。1963 年，冯贞群弥留之际，嘱其家属将藏书悉数无偿捐献给国家。

　　文澜阁《四库全书》于民国期间的两次大规模补抄与战中西迁,书写了浙江人呵护与延续文明火种的执着情怀。民初,文澜阁《四库全书》归藏浙江图书馆,不久即兴起两次大规模补抄。第一次称"乙卯补抄"(1915—1923),由浙江图书馆前馆长钱恂主持,在北京、杭州两地同时补抄,共补抄缺书32种,购回旧抄182种。时任教育厅长张宗祥紧接"乙卯补抄"之余绪,发起组织"癸亥补抄"(1923—1925),计补抄缺书缺卷211种、2046册,重校丁抄213种2251册。经此两抄,文澜阁《四库全书》大体复旧。

　　全面抗战爆发后,为保护《四库全书》及其他珍本安全,浙图紧急赶制木箱,准备迁移。1937年8月4日,文澜阁《四库全书》分装140箱离馆迁出,突破重重难关,辗转万里,东存西藏,终于1938年12月23日,完整抵达重庆青木关。抗战胜利后,即谋阁书返浙。经过审慎筹划、又得到严密护送,历经50天艰难跋涉,1946年7月5日安抵杭州。时距阁书迁出已经8年又11个月。《四库全书》完璧回归,补抄者、保藏者、护持者之一片苦心孤诣终成正果。

　　浙江是中国兴办近代图书馆较早的省份之一。肇始于杭州藏书楼(清光绪二十六年建)的浙江图书馆,是全国最早的省级图书馆。辛亥革命后,特别是"五四"运动后,浙江的图书馆事业发展较快。民国时期历次全国图书馆调查统计,浙江的图书馆数均居前几位。1935年10月出版的许晚成编《全国图书馆调查录》,收录全国27个省、市图书馆2520个,浙江有213个,与江苏并列第二位。1937年抗日战争全面爆发后,由于日本帝国主义的侵略,浙江的图书馆遭受严重损失。有的在辗转迁移中损失了大量图书,有的馆舍和藏书全部被毁。抗战后期及抗战胜利后有所恢复。据 1949 年初浙江省立图书馆调查统计,全省图书馆数 225 个,藏书总数 185 万册。①

---

① 参见《浙江通志》编纂委员会编:《浙江通志·图书馆志》,浙江人民出版社 2021 年版,第 43—45 页。

第十章　中华人民共和国：千文万华

　　1949年10月1日，中华人民共和国庄严宣告成立。中国历史展开新篇章，为文化发展开辟了新道路。新中国成立以来，文化发展既跌宕起伏，又波澜壮阔。浙江文化在此时代巨浪中，历经改造与奠基、探索与挫折、振兴与繁荣等阶段。十年"文化大革命"，使浙江文化遭受空前厄难。改革开放后，浙江人民锐意进取、求新求变，文化事业全面发展、峥嵘竞秀。进入21世纪，面对新时代新机遇新挑战，浙江省委省政府加强了顶层设计，擘画文化大省、强省的建设蓝图，为文化发展打开更广阔的空间。红船精神、浙江精神的提炼与弘扬、社会主义核心价值观的涵育与践行，既是基于对浙江数千载历史文化演进之路的深刻认识，也是引领浙江文化发展的精神向标。浙江文化以坚实的脚步砥砺前行，再创辉煌。

第一节　全新开局　曲折前行

一、竞相启航

1949 年浙江解放后，党领导全省人民开创社会主义新纪元并全面展开社会主义建设，社会主义事业在探索中前进，在曲折中发展。浙江刚刚解放时，农村凋敝、工厂歇业、经济萧条、物价飞涨、匪特猖獗，民不聊生，经济濒临崩溃的边缘。面对困难和贫穷落后的处境，中共浙江省委领导全省人民迅速医治战争创伤，建立和巩固人民政权，努力恢复国民经济，全面展开新民主主义建设，建立了五种经济成分并存的新民主主义经济制度，完成了新民主主义革命的遗留任务。开展了抗美援朝运动，进行了一系列社会民主改革，开展了"三反""五反"运动和整党整风。经过 3 年多的艰苦奋斗，全省工农业生产得到了全面恢复和初步发展。

（一）教育

1949 年 8 月，省政府和杭州市军管会开始对全省各类教育进行一系列改革，以革除旧教育制度的影响，并初步构建新的教育模式。12 月，省政府贯彻全国第一次教育工作会议精神，确定"教育为国家建设服务，教育为工农开门"的总方针，有计划、有领导、有步骤地对旧教育进行接管、清理、整顿和改造。1953 年 2 月，成立省人民政府文教委员会，指导全省教育工作，强调改进教学方法，提高教学质量。

1949 年，全省各级教育行政部门先后接管、接办原有公立幼稚园和部分外国教会办的幼稚园，陆续新办一批幼稚园。1951

年 6 月，省文教厅发出通知，要求"有重点地开展幼稚教育"。11
月起，全国统一改称为幼儿园。1952 年，全省幼儿园（班）共 777
所（处），1015 个班，在园幼儿 3.45 万，教职员工 1937 人。

浙江解放后，全省各市县军管会先后接管国民政府的公立
小学。下半年，较原国民政府时期，小学校数和在校学生数都有
所减少。随着一系列调整、充实政策的出台，数据回升。1951 年
下半年，小学校数和在校小学生数均超过解放前。1952 年，农村
土地改革基本完成，农民生活得到一定改善，农民送子女入学的
热情高涨，小学教育有所发展。

1949 年 12 月，省政府规定各公私中学的设立、立案、停办均
由省文教厅决定，撤并设在杭州的省立建国中学，将其高中部并
入省立高级中学，其初中部并入省立杭州初级中学。全省原有
的 50 所简易师范学校，除嘉兴市，海宁、余姚、象山三县的各 1
所简易师范学校无法归并允许保留外，未设立县立中学的，改为
县立初级中学；有县立中学的，并入县立中学或省立师范学校，
全省县立中学增加到 70 所，基本保证每个县均有中学。1954
年，全省在整顿巩固的基础上发展高中，着重办好一批高级中学
和完全中学，高中招生增加到 0.91 万人，高中在校学生达到
2.25 万人。

1949 年 5 月，杭州市军管会接管浙江大学。8 月，省政府和
杭州市军管会宣布解散国立英士大学，将部分科系并入复旦大
学，大部分师生和校产则并入浙江大学。1950 年 1 月，国立杭州
艺术专科学校调整少数系科后，改名为中央美术学院华东分院。
3 月，浙江中苏友好协会创办了浙江中苏友好俄文专科学校。
1951 年，省文教厅为培养急需的中学师资，与浙江大学联合创办
浙江师范专科学校，当年招生 244 人。经过两年多的接管、恢

复、整顿工作，至 1951 年底，全省列入统计的普通高等学校 4 所，计在校学生 0.38 万人，教职工 0.17 万人。

新中国成立之初，涤荡旧文化、旧教育，普及新文化、新教育成为提高人民素质的当务之急。扫盲运动成为这一宏大目标的重要抓手。1949 年 5 月，全省 15—45 周岁的 1000 余万名青壮年农民中，文盲、半文盲的约 900 余万人，占 90%；51 万名职工中，文盲、半文盲的约 36 万人，占 70%，5.5 万余名机关干部（包括旧政府留用人员）中，文盲、半文盲的 0.69 万人，约占 12.5%。11 月，省政府发布《关于配合群众运动开展冬学的指示》，明确冬学以识字教育为重点，结合进行政治时事教育和生产知识教育，全省办起冬学 4761 处，有 22.8 万人参加学习。1950 年 12 月始，开展城市职工业余教育。至 1951 年，全省机关学校共 76 所，各类补习学校 59 处。1952 年，省政府成立扫盲工作委员会，同时试验推行速成识字法。至是年底，全省农民实际扫除文盲 20.9 万人。[①] 随着扫盲、业余教育卓有成效的开展，人民文化程度逐步提高，为新文化建设奠定了基础。

（二）科学技术

中华人民共和国成立后，浙江省委省政府注重发挥科学技术对恢复发展国民经济的先导作用，重视科学工作，积极为科学研究创造必要条件。1950 年 12 月，省科学技术普及协会筹委会宣告成立。次年 3 月，中华全国自然科学专门学会联合会杭州筹委会成立。省内恢复和新建一批科研机构。1952 年，全省全民所有制单位工程、卫生和科研技术单位专业科技人员有

---

① 《浙江通志》编纂委员会编：《浙江通志·政府志》，浙江人民出版社 2021 年版，第 396—397 页。

9570 人,到 1955 年已增加到 15600 多人。

20 世纪 50 年代初,浙江大学、浙江师范学院等高等学校,有计划开展基础性研究,并相继成立浙江省数学、地理、化学、物理等学会,开展学术交流。1952 年,全国高等学校院系调整,一批著名科学家调离浙江,研究工作基本处于停滞状态。比如,随着陈建功、苏步青等一批著名数学家调离浙江,浙大数学系撤销,仅留下一个高等数学教研组。物理学方面的成就有,浙大王显谟推导出电子俘获及 β 衰变的各种跃迁几率公式,束星北首次阐释电磁波方程的"超前解"的物理意义,王淦昌建立云雾室进行宇宙射线研究等等。1952 年,院系调整后,浙大物理系撤销,物理学研究停顿。生物学则展现了较好的发展势头。院系调整后,自 1952—1958 年,浙江师范学院生物系、浙江省动物研究室、杭州植物园和杭州大学生物系先后成立,并建立同位素和生物化学两个实验室。自然科学其他领域也有相应成果。

新中国成立以后,浙江的农业科学技术迅速发展,精耕细作水平在国内领先。20 世纪 50 年代除了充实原有农业、蚕桑、园艺研究机构外,还建立茶叶、棉麻、水产、林业、水利粮食的农业研究与开发机构。[①] 20 世纪 50—60 年代中期,浙江在进行大规模经济恢复和发展的同时,开展手工业、私营工业的社会主义改造和调整、改组。为适应经济建设的需要,先后建立了化工、建材、纺织、农机、冶金、邮电、地质、轻工等一批省级科研机构,开展有计划的科学研究与技术开发。在新建的大中型企业中也开展群众性的技术革新。有些成果,达到了当时的国际先进水平。

---

① 王锋:《建国后浙江乡村科技事业发展历程与启示》,《广东农业科学》2010年第 1 期。

新中国成立以后,浙江省重视发挥科技生产力作用,促进科技与经济、社会协调发展工作。50年代,主要通过科学技术的普及和学术交流,提高劳动者科学技术水平,促进工农业生产的发展。团结和组织广大科技工作者,围绕国民经济恢复期的经济和思想文化建设的中心任务,面向工农兵大众,广泛运用讲演、讲座,制作幻灯片和挂图,科普展览等方式,普及科学技术。1950—1956年,浙江省科普工作走在全国前列。

(三)文化事业

新中国成立初期,"接管、改造、恢复、发展"成为浙江文化工作的新特点、主旋律。1949年5月7日,奉中国人民解放军华东军区司令部、政治部电令,杭州市军管会发出第一号布告,宣告杭州市军管会正式成立,由谭震林担任主任,谭启龙、汪道涵担任副主任。军管处下面所设文教处,是管理浙江文化的权力机关,负责文教接管工作,具体接管民众教育馆、各类学校、研究机构、报纸刊物和广播电台,以及电影、戏剧等文艺团体。随着接管工作的顺利进行,文化秩序得以初步重建,为文化健康发展奠定了坚实的基础。

1950年10月,浙江省人民政府文教厅文化局成立。设戏改科、艺术科、科普科等部门。1952年初,省文化事业管理局成立。1949—1953年,杭州、宁波、绍兴、温州、嘉兴、金华、衢州、丽水、舟山、台州都成立了本区域文化管理部门。至此,全省形成了统筹管理文化的行政格局,使文化有了集中的统一领导,为改造旧文化、建设新文化提供了制度保障。

新的文化事业机构纷纷成立。1950年11月,省文联筹委会发起人大会在杭州举行,选举产生省文学艺术界联合会筹备委员会。次月,中华全国文学工作者协会杭州分会成立。以此为标志,浙江文艺事业的新征程开启了。

20 世纪 50 年代,一些原来在浙江的作家和从外地调入以及从部队转业的作家,如陈学昭、黄源、许钦文、汪静之、谷斯范、冀汸、方然、莫洛、唐湜等人,他们精神焕发,作品沛然,起了领头的作用。各条战线涌现出一批业余作者,并在此基础上产生了新一代作家,如福庚、郑秉谦、沈虎根等。他们的作品描写火热的斗争和工农兵生活,格调清新明快,语言朴素无华,富有生活气息。① 文坛创作主流是书写新人新事,讴歌新社会新时代,显现出社会主义文学的新质。1951 年创办了综合性通俗文艺刊物《浙江文艺》,这是新中国建立后浙江第一个公开发行的文艺刊物。1956 年文学月刊《东海》创刊。浙江当代文学呈现出初步繁荣的景象。

1951 年 3 月,毛泽东为中国戏曲研究院成立题词"百花齐放,推陈出新",指出戏曲改革的原则。浙江戏曲通过改革获得新的生机。当时全省流行的戏曲形式繁多,主要剧种有京剧、越剧、甬剧、绍兴大班等 27 种。共有戏院书场 150 个,艺人 8500余人,据 1952 年 10 月 8 日的《浙江日报》,每天的戏院观众达 5万余人,以越剧最受欢迎。为了适应新民主主义建设的需要,必须对传统戏曲进行改革,取其精华,弃其糟粕。1951 年 1 月,浙江召开全省戏曲改革工作会议,开展"改戏、改人、改制"的"三改"工作,成立越剧、婺剧、绍剧等实验剧团,清除传统剧目中格调低下的内容和表演,挖掘、抢救、整理、排演了数以百计的群众喜闻乐见的传统剧目,使一些濒临灭亡的古老剧种重获新生。

---

① 《浙江省文学志》编纂委员会编:《浙江省文学志》,中华书局 2001 年版,第 268 页。

在戏曲改革中，还组织老艺人学习党的文艺方针政策和文化，为文艺工作者逐步树立主人翁思想和为人民服务观念，提高思想觉悟打下了良好基础。①

新中国成立后，以江丰、莫朴为首的一批来自解放区的美术家南下浙江，进入美术学院，带来了延安的革命现实主义传统和文艺思想。1950 年，创立于民国时期的国立艺术专科学校改称为中央美术学院华东分院，刘开渠任院长。1958 年 6 月，复更名为浙江美术学院，潘天寿任院长。美术的表现主题、创作思想，随着社会思潮而动。中国画领域，在"改造中国画""民族主义与形式主义讨论"等运动中，对于中国画的"彩墨化"改变和"人物画"的特别重视，催生了"浙派人物画"的异军突起，代表画家有李震坚、周昌谷、顾生岳。他们的作品以中国传统笔墨为基础，大胆吸收花鸟画、山水画笔墨技巧，并巧妙融合西方的造型方法和观念，从而形成独特的艺术观念和艺术面貌。

1955 年，中国科学院哲学社会科学部当选的第一批 61 位学部委员中，浙江籍学者就有 13 位。这一时期比较突出的研究成果有：夏承焘的《唐宋词人年谱》和《唐宋词论丛》、姜亮夫的《瀛涯敦煌韵辑》等。"一代词宗"夏承焘继承历代词学之长，对传统词学作以多方面的开拓与创新，对于建立当代词学，推动全国词学研究的发展和研究队伍的形成起到奠基作用。② 中华人民共和国成立后，他领军浙江词学研究并获得巨大发展。浙籍历史学家范文澜主编的《中国历史简编》，从 1952 年开始在 40 年代

---

① 中共浙江省委党史研究室：《中国共产党浙江历史》第二卷（1949—1978）上册，中共党史出版社 2011 年版，第 183—184 页。

② 《浙江通志》编纂委员会编：《浙江通志·哲学社会科学志》，浙江人民出版社 2018 年版，第 448 页。

原著基础上修订,分别于 1953 年、1957 年、1964 年由人民出版社出版一至三编,该书被学术界誉为"第一部以马克思主义为指导编写的中国历史",在当代中国史学界和学术界产生了很大影响。敦煌学是领先于国内外的优势学科。20 世纪初中国"敦煌学"创始期,罗振玉、王国维有奠基之功,后来夏鼐、姜亮夫、徐森玉等众多浙籍学者,对敦煌学也有较深涉猎。

1949 年 5 月 9 日,中共浙江省委机关报《浙江日报》创刊,新华通讯社浙江分社成立并开始发稿。5 月 25 日,浙江新华广播电台(浙江人民广播电台前身)开始播音。这三件事,宣告社会主义新闻事业在浙江的兴起。浙江新闻事业的发展进入了一个崭新的阶段。[①]

随着全省各地陆续解放,浙江根据中央指示精神,把发展新闻事业的重点放在建设以党报为主体的报刊网上。在完成接管和处置旧有报刊的同时,汇集革命战争中培养的和地下党组织拥有的新闻人才,积极创办各级党报。到 1956 年社会主义改造基本完成时,《浙南日报》《甬江日报》《金华大众》《杭州日报》等 10 家地市级党委机关报,《临海报》《萧山报》《慈溪报》等 26 家县级党报已相继面世。省总工会创办了《浙江工人报》,这是继上海《劳动报》创刊后的全国第二张工人日报,省农委创办《农民大众》报,团省委创办《浙江青年报》,省邮电部门办《浙江电讯》报,省交通部门办《浙江交通报》。解放 6 年多时间,全省创办的报

---

① 《浙江省新闻志》编纂委员会编:《浙江省新闻志》,浙江人民出版社 2007 年版,第 8 页。

纸突破 50 家。[①]

　　1949 年 5 月 3 日，中国人民解放军的一个班接管了国民党的浙江广播电台；25 日，浙江新华广播电台宣告成立并开始播音；6 月 9 日，改名为杭州人民广播电台（省级台）；1951 年 4 月 6 日，改称浙江人民广播电台。1950 年 1 月 1 日至 1958 年 9 月 29 日，浙江先后建立温州、宁波、舟山、杭州 4 座市（地）级广播电台。1951 年 10 月，临海县城关镇建成全省第一个城镇有线广播站，使广播深入大街小巷。1952 年 9 月，金华市城区有线广播站建立，在浙江首次将 300 多只广播喇叭装入居民家。1954 年 7 月，新登县建起浙江省第一座县级有线广播站，在全县 14 个乡 45 个行政村安装有线广播喇叭，使全县近半数的干部群众都能经常听到中央电台、省电台的重要新闻节目和当地新闻。[②]

　　1950 年 11 月，根据政务院和国家出版总署关于出版、发行、印刷实行专业分工和组建地方出版社的指示精神，浙江省成立大众出版社。这是中华人民共和国成立后浙江省建立的首个国营出版机构。1956 年，在私营工商业社会主义改造中，对私营图书发行业和印刷业实行全行业社会主义改造，各地私营图书发行单位大多并入国营的新华书店，杭州的 96 家私营印刷厂联合组建为公私合营的西湖印刷厂。至 1956 年底，完成了对私营发行业、印刷业的社会主义改造，并初步塑造了书刊出版、印刷和

---

　　① 参见《浙江省新闻志》编委会：《从挫折走向繁荣——浙江新闻事业发展轨迹简介之三》，《新闻实践》2006 年第 12 期；潘祥辉：《中国区域媒介转型的制度经济学分析——浙江传媒业 60 年转轨为例》，《"传播与中国 复旦论坛"（2009）——1949—2009：共和国媒介、媒介中的共和国论文集》，2009 年 12 月。

　　② 《浙江通志》编纂委员会编：《浙江通志·广播电视电影志》，浙江人民出版社 2020 年版，第 16 页。

发行专业分工的浙江出版系统。[①]

随着浙江省各地市陆续解放,军事管制委员会接管了国民政府时代留下的民众教育馆。至 1949 年 10 月 30 日,浙江全省共接管 18 个民众教育馆,建立 37 个人民文化馆。到 1952 年 10 月,全省共有省、县人民文化馆 95 个,区文化站 136 个。文化馆的工作是从 1 个识字班、1 个几十本图书的阅览室发展起来的。它运用广播、黑板报、幻灯、戏剧、图书、音乐、画片、唱机等各种工具,开展识字教育、时事宣传、文化娱乐、科学普及等任务,成为群众文化活动的主阵地。文化馆和文化站还辅导和帮助建立许多业余文化组织。[②] 1954 年底至 1955 年春,全省俱乐部发展到 3000 个,农村业余剧团 7581 个。1956 年起,广大文化馆干部深入农村,帮助基层建立群众文化工作网,农村俱乐部得到快速发展。

戏曲、曲艺、电影都是深受群众喜爱的文化娱乐形式。1954 年,全省电影放映机构从 1949 年的 10 个发展到 100 个,观众达 2170 万人次,其中文化系统放映队共放映 8036 场次,吸引观众 1029 万人次,上座率 47.6%。全省专业剧团每年演出 4.4 万场次,其中面向工人、农民和士兵巡演 1 万余场次,观众达 4500 余万人次。

中华人民共和国建立之初,各项事业百废待兴,文物保护作为国家文化事业的重要组成开始走向正轨。1950 年,浙江省文物管理委员会成立。5 月,省政府颁布《关于保护历史文物的决

---

① 《浙江通志》编纂委员会编:《浙江通志·出版志》,浙江人民出版社 2021 年版,第 6 页。

② 中共浙江省委党史研究室:《中国共产党浙江历史》第二卷(1949—1978)上册,中共党史出版社 2011 年版,第 182 页。

定》,要求"军队、机关、团体、人民对于所在地具有历史意义之文物,均须尽力保护,不得加以破坏或任其毁损"。随后,宁波、金华、嘉兴、温州、绍兴、临海、余姚等文物较丰富的市县相继设立文物保护管理机构或组织。20 世纪 50 年代,全省掀起大规模基本建设和大兴农田水利高潮,为加强文物保护,省政府及各地人民政府相继颁布一系列文物政策法令,要求开展文物调查和征集工作,严禁盗掘古墓,防止基本建设和工农业生产损毁文物,加强生产建设中的文物保护和发掘,为全省文物保护工作的正常开展提供政策保障。从 1953 年起,省文管会将工作重点转移到基本建设中的文物保护与考古调查发掘方面,开始按科学的考古方法开展文物工作。1953—1956 年,省文管会组织力量对全省建设工地开展考古调查与清理,抢救了一大批文物;并进行地面文物调查与保护问题的研究,在历史文献查考和实地调查的基础上提出保护名录,对残损严重的文物实施抢救性维修。[①]非物质文化遗产保护方面,1955 年开始,各地开展了广泛的普查发掘工作,搜集各种民间音乐舞蹈,不少民间艺术精品被发掘出来,如奉化的《布龙》、长兴的《百叶龙》、永康的《十八蝴蝶》、舟山的《舟山锣鼓》等等。

(四)体育事业

浙江古代体育取得了较高的发展水平,尤其是武术、棋类、水上活动、民俗体育等方面,特色鲜明、成就突出。民国时期,浙江近代体育逐步发展,至 20 世纪 30 年代已基本形成体系,学校体育普遍开展、社会体育广为流行、运动竞赛趋向成熟。

---

① 《浙江通志》编纂委员会编:《浙江通志·文物志》,浙江人民出版社 2021 年版,第 7—8 页。

中华人民共和国的成立为现代体育的发展提供了坚实的基础和广阔的空间。20世纪50年代,人民群众尤其是青少年,热烈响应中共中央和毛泽东主席"健康第一""发展体育运动,增强人民体质"的号召,积极参加体育运动,为建设祖国、保卫祖国而锻炼身体。全省群众性的体育活动如火如荼开展起来。各工厂、机关、学校和部队普遍开展了"准备劳动与卫国体育制度"活动,广播体操蔚然成风,成为社会新风尚。据1951年对39个县、市的统计,已举行县、市体育大会53次,参加的运动员12万人次。1951年11月,在杭州举行了浙江省第一届人民体育运动大会,11个代表团、693名运动员参赛。1952年,又在杭州举行浙江省民族形式体育大会,并成立了中华全国体育总会浙江省分会。1954年10月,浙江省第二届体育运动会在杭州市体育场举行,一共9个代表队、运动员787人参加。这次大会有23人打破14项全省最高纪录。

二、艰辛探索

1956年,生产资料私有制的社会主义改造基本完成后,中国共产党人开始努力探索和开辟一条中国自己的建设社会主义道路。1956—1966年,是中国共产党领导人民探索社会主义文化建设的十年。浙江文化事业在省委省政府领导下,也进行了艰辛探索,取得了许多重要成果,但是探索中有失误,尤其是后期文化建设的指导思想偏离正确方向,"左"的思想与实践逐渐居于主导地位,经验与教训同样深刻。

(一)"双百"方针引领文化春天

1956年4月25日,毛泽东在中共中央政治局扩大会议上作《论十大关系》的报告。28日,他在讲话中指出:艺术问题上的百家齐放,学术问题上的百家争鸣,应该成为我们的方针。1956年6月,中国人民政治协商会议浙江省委员会邀集各民主党派地方组织的代表和高等学校的教授专家举行座谈,在全省范围内揭开学习"双百方针"的序幕,随后各高等院校、文化团体等召开讨论,一致认为这是一个正确的方针,是解放思想的有力措施。浙江文化事业一片春光浪漫。

浙江学术界独立思考、自由讨论的空气开始形成,在自然科学和社会科学领域展开争鸣,出现"向科学进军"的新气象。社会科学工作者,一方面积极学习毛泽东的《论十大关系》《关于正确处理人民内部矛盾的问题》《中国共产党第八次全国代表大会第一次全体会议文件》等著作和文献,努力探索适合我国国情的社会主义建设的道路,参加了当时在全国范围内展开的一些重要理论问题的争鸣与讨论,发表了不少论著,发挥了一定的作用。新新建了若干科学技术研究与开发机构,科技人员数量增加。为加强全省科技工作的领导,1958年4月成立浙江省科学工作委员会,主管全省科技工作。取得了多项科技成果,并广泛开展科技普及和学术交流活动。

戏曲改革推陈出新,绽放光彩,经过传统剧目的整理和传统表演艺术的改革,许多在解放前濒临灭绝的剧种获得新生。昆剧《十五贯》于1956年由"《十五贯》整理小组"根据清朝朱素臣写作的传奇《十五贯》改编而成。1956年浙江昆苏剧团在杭州胜利剧院首演。同年4月晋京演出,以精湛的表演、精彩的剧情而受到观众欢迎,出现了"满城争说《十五贯》"的盛况。1956年5月18日,《人民日报》发表社论《从"一出戏救活一个剧种"谈起》,认为"《十五贯》不仅使古典的昆曲艺术放出新的光彩,而且说明了历史剧同样可以很好地起现实的教育作用,使人们更加重视民族艺术的优良传统,为进一步贯彻执行'百花齐放,推陈出新'的方针树立了良好的榜样"。昆剧《十五贯》的巨大成功对促进全国戏曲事业发展产生了重要影响和推动作用。1957年,浙江绍剧团排演的新编绍剧《大闹天宫》(后改名为《三打白骨精》)同样在全国引起热烈反响,该剧1961年被拍成彩色戏曲影片后,发行到70多个国家和地区,并于1963年获得大众电影"百花奖"最佳戏曲片奖。

随着杭州《西湖》杂志和其他地区文学杂志的创刊,以及报纸文艺副刊的开辟,浙江在文学、美术、书法、摄影等文学艺术领域涌现出一批在全国有影响的创作作品。1957年,初创于1904年的西泠印社在沉寂多年之后,在"双百"方针的春风吹拂下再度重设并恢复正常活动。1958年,潘天寿以中央美术学院华东分院为中心,着手中国画建设,他提出的"中西绘画应该拉开距离",对浙江绘画产生深远影响。

全省基层的文化设施包括有线广播、电影院、剧场、图书馆、文化馆(站)等配套文化设施普遍建立健全起来。1957年,全省有纪念馆2个,电影俱乐部18个,电影院27座,电影队216个、剧团138个、剧场134座、图书馆31个,文化馆94个、文化站138个,极大满足了人民群众对文化的需求。

(二)"大跃进"、整风、反右派等运动对文化事业的影响

1958年2月,浙江省人民委员会部署开展教育事业"大跃进",掀起扫除文盲工作高潮。4月,基本实现乡乡有中学。11月,全省高等学校从8所发展到60所,其中绍兴、上虞、嵊县、诸暨等县兴办高等学校11所。是年,全省有556人脱离文盲状态,扫盲总数达到过去8年扫盲总数的8倍;全省中学由1957年的433所增至1206所,在校生28.33万人。1959年,各地在

缺资金、缺场地的情况下，社社队队办幼儿园和托儿所。全省小学生增至 369.96 万人，比 1967 年增长 71％，全省学龄儿童入学率提高到 84.18％。[①]

1958 年，浙江文艺战线根据文化部部署的文化工作"大跃进"的要求，贯彻执行"文艺为无产阶级政治服务、为生产服务、为工农兵服务"的方针，掀起群众文化活动和文艺创作高潮。电影放映单位在 1957 年 216 个的基础之上又增加 278 个；农村俱乐部发展到 33 万余个，基本上做到社社有俱乐部，部分乡、社的俱乐部已发展到生产小队；大部分乡（镇）建立民办文化站或中心俱乐部。在"大跃进"高昂氛围中，省人委对群众文化活动提出人人能读书、能写会算、能唱歌、能绘画、能表演、能舞蹈、能创作等要求，因脱离实际而未能实现。

为了适应农业合作化的迅猛发展，全省出现了解放后第一个办报高潮，其特点之一是各县党委在这一时期纷纷办报。1957 年，中共中央开展整风运动，并请党外人士帮助整风，随后发展成为反右派斗争。浙江的省、地级党委机关报对此作了大量报道，并刊发许多反右派的文章，其中《浙南大众》对"包产到户"的批驳，成为浙江新闻界的一大事件。1957 年，浙江新闻界内部开展反右派斗争，伤害了广大新闻工作者的工作热情。其中浙江日报社 17 人被错误定性为右派分子。[②] 经过大鸣大放、反右、整编下放、专题整改等几个阶段，浙江日报社的这次运动

---

① 《浙江通志》编纂委员会编：《浙江通志·政府志》，浙江人民出版社 2021 年版，第 424—425 页。

② 1957 年 6 月，反右派斗争又迅速在全国全省展开，且被严重扩大化，全省有 13553 名知识分子和党政干部被错划为右派分子。参见中共浙江省委党史研究室：《中国共产党浙江历史》第二卷（1949—1978）上册，中共党史出版社 2011 年版，第 446 页。

经过一年多时间结束。三年国民经济困难时期，由于财政不支，纸张紧缺，全省县级党报全部停办，至 1962 年，省内发行的报纸仅 6 家。[①]

1957 年，为贯彻"双百"方针，浙江人民出版社开始出版学术界人士的研究成果，组织出版《陆放翁诗词选》《于谦诗选》等书稿，受到读者欢迎。1957—1960 年陆续推出的"革命故事丛书" 28 种，不仅具有地方特色，也是对青少年进行革命传统教育的生动教材，多次重印，累计发行 226 万余册。1958 年，在全国"大跃进"形势下，该出版社把"放卫星""大普及""高指标"当成指导思想，出书品种翻了一番。在"大跃进"影响下，不少地方出现了大办出版社之风，杭州和其他一些地(市)县办起了 13 家出版社。编辑出版工作盲目追求高指标，全省年出版图书从 1957 年的 290 种猛增到 874 种，增加 2 倍多；期刊从 1957 年的 18 种增长到 35 种，增加近 1 倍，不少书是"剪剪贴贴"重复之作。1959—1960 年，根据上级要求，大幅削减选题数量，出版品种也随之下降。接着，由于受国民经济三年暂时困难影响，纸张供应紧张，一般图书出版大幅度下降，中小学教科书的印刷也发生了困难。[②]

文学领域，从胡风案件和反右派斗争开始，意识形态领域和文艺路线越来越表现出"左"的倾向，过分强调文学的革命功利作用和为当前的政治运动服务，创作题材狭窄，表现手法单调，影响了浙江文学的发展。1964 年，《东海》在整风学习后停刊，浙

---

① 《浙江通志》编纂委员会编：《浙江通志·报业志》，浙江人民出版社 2020 年版，第 172—173、11 页。

② 《浙江通志》编纂委员会编：《浙江通志·出版志》，浙江人民出版社 2020 年版，第 224、8 页。

江便没有了公开出版的文学刊物。一些著名作家被划为右派，一大批创作势头良好的后起之秀被剥夺写作权利。在政治狂热中，产生了大量假大空、标语化、口号化的所谓"文学作品"。

（三）短暂繁荣

从 1958 年底始，中共中央和毛泽东觉察到"大跃进"和人民公社化运动中出现的严重问题，着手纠正"左"的错误。在思想文化领域，也采取了相应的措施。1959 年 1 月下旬，中宣部召开宣传工作座谈会，检查 1958 年群众文化、学术思想、文艺创作等领域出现的浮夸风和"左"的错误。经过努力，从 1958 年底到 1959 年上半年，意识形态领域"左"的倾向得到一定程度的纠正，文化战线紧张局面有所缓和。但是，1959 年 8 月，庐山会议后期开展"反右倾"运动，思想文化领域也从纠正"左"转到反右，批判重新成为主旋律，浙江不少知识分子又受到冲击。直至 1961 年 1 月中共中央召开的八届九中全会，全会批准"调整、巩固、充实、提高"的八字方针，思想文化调整随之展开。1961 年起，又分批摘掉一部分"右派分子"的帽子，安置好他们的工作与生活。省人委指出，在自然科学学术问题上，鼓励各种不同学派和不同见解自由探讨；在社会科学领域，要批判继承历史文化遗产，吸收有价值的东西；在文艺创作上、作家、艺术家有选择和处理题材的自由，提倡风格多样化，发展不同的艺术流派。[①] 此后几年，浙江文化事业出现了短暂繁荣景象。

各项文化事业稳定发展、持续向好。1962 年，在"大跃进"中创办的 13 家出版社除个别并入浙江人民出版社之外，其余的先

---

① 《浙江通志》编纂委员会编：《浙江通志·政府志》，浙江人民出版社 2021 年版，第 429 页。

后停办。浙江人民出版社出版的《常用同音字典》获联合国"耐西姆·哈比夫"纪念奖。到 20 世纪 60 年代中期,全省有电影放映单位 643 个,农村电影放映点 2.5 万个,公共图书馆 35 个,农村图书流通站和图书室 4579 个。至 1965 年底,各地文化馆(站)普遍建立,全省共有群众教育馆 2 个,文化馆 83 个,全民文化站 148 个,民办文化站 348 个。它们不仅是普及科学文化知识的主要阵地,也是政府与群众沟通的重要渠道,承担了大量的社会动员与政策宣传工作。[1] 1964 年 9 月 7 日,《人民日报》发文指出:浙江省广大农村普遍建立了俱乐部。各地俱乐部建立后,运用各种文艺形式向农民群众进行阶级教育和革命传统教育,占领和扩大了农村社会主义思想阵地。这一时期,大编大演现代戏,全省出现戏曲创作和演出的热潮。戏剧舞台上出现"江南活武松"盖叫天、昆曲名家周传瑛等一批著名艺术家。

1961 年和 1962 年,按照"调整、巩固、充实、提高"八字方针,全省各级各类教育进行了多次调整。"大跃进"期间不顾条件、一哄而起创办的大批幼儿园、中小学、中等职业学校、高等院校或予撤销、或予合并,因"大跃进"超常规发展而带来的混乱现象基本得以纠正,教育质量随之逐步恢复并不断提高。1964 年起,又试行两种教育制度,陆续新办或改办一批半工(农)半读学校,由各系统业务部门举办的高中段职业类半工(农)半读学校在中等职业教育中的比例渐增。其时,浙江教育仍以普及小学教育为重点,为满足农村学龄儿童(尤其是女童)就近、便利入学的需求,农村耕读(简易)小学大量兴办,小学教育普及程度随之大幅

---

[1] 《浙江通志》编纂委员会编:《浙江通志·公共文化志》,浙江人民出版社2021年版,第 26 页。

提高。至 1965 年，全省学龄儿童入学率已达 85.41％。中学教育则在压缩事业规模的同时，加大布局调整力度，中学集中于城市和县镇的原有格局得到改变。高等学校经压缩，虽由 1960 年的 50 所减至 1962 年的 12 所，在全省教育结构中所占份额甚少，但院系结构有所完善，增补了丝绸、中医、林学、水产等高等院校，杭州大学也由师范类院校渐向综合性大学发展。[①]

随着调整政策的实施，全省科技事业取得长足发展。到 1965 年，全省科研开发机构调整为 56 个，科技人员 2095 人，各类专业技术人员 44494 人。并取得粮食两熟丰产技术、海带南移养殖、淡水鱼人工繁殖、双水内冷发电机以及血吸虫病防治等科研成果，对提升农业生产技术、发展工业经济、解决人民温饱与健康问题发挥了积极作用。

文物保护事业发展较为全面和迅速。1959 年，中国科学院考古研究所夏鼐提出"良渚文化"命名，是这一时期浙江史前考古的重要成果。1961—1965 年，受国民经济调整的影响，配合基本建设的考古工作明显压缩，侧重于文化保护单位的推荐公布和文物整理研究。1961 年，国务院公布第一批 180 处全国重点文物保护单位，杭州六和塔、岳飞墓、宁波保国寺名列其中。随着第一、二批省级文物保护单位的公布，初步建立了覆盖全省的文物史迹网。

1959 年浙江第一位运动健将姜玉民在全国第一届运动会上获多枚金牌。群众体育、学校体育呈现新景象。1958—1965 年，三年中全省新建的体育场馆就达 300 多个，进一步丰富广大人

---

① 《浙江通志》编纂委员会编：《浙江通志·教育志（一）》，浙江人民出版社 2019 年版，第 13 页。

民群众的文化体育生活,也有效提升了全民健康素质。省体委于 60 年代建立起来的运动队,运动成绩逐步提高。篮球、乒乓球、田径、游泳和航海模型等项目都产生了新成绩。在 1965 年第二届全国运动会上,浙江省代表团共获 2 金、8 银、3 铜,破 56 项省纪录。

三、挫折与徘徊

1966 年 5 月,"文化大革命"爆发。此后十年内乱,文化领域成为重灾区。在"无产阶级专政下继续革命的理论"指导下,极左思潮泛滥,"文化大革命"前的文学艺术、学术、教育、新闻出版工作遭到全面否定,文化战线的负责人,广大知识分子遭受冲击甚至迫害,有卓越贡献的著名文化人蒙受不白之冤。① 但是,"文化大革命"时期的浙江文化并非一片空白,在一片肃杀的寒冬中,依旧结出了一些难得的文化成果,体现了在挫折中文化事业既大面积停摆又不屈从于政治高压,坚韧发展的时代特征。

1968 年 3 月,浙江省革命委员会成立。4 月,确立一切权力归省革委会,实行党、政、财、文的一元化领导。1968 年 8 月,省革委会作出《关于组织和加强毛泽东思想宣传队的决定》,部署各地组织工人毛泽东思想宣传队进驻大专院校和杭州各中小学校,占领上层建筑领域。9 月 7 日至 11 月 9 日,由省革命委员会直接领导和组织的工宣队 2000 余名队员,分三批驻扎浙江大学、杭州大学、浙江农业大学、浙江医科大学、浙江中医学院、杭州外国语专科学校、浙江歌舞团、浙江日报社、省教育厅等 22 个单位,开

展革命大批判,对知识分子进行再教育,实行工宣队领导一切。①

　　教育质量急剧下降。"文化大革命"时期,广大教师被定性为属"改造"之列的"资产阶级知识分子",在城市学校任教者被大批"下放"至农村参加惩罚性劳动,在农村公办小学任教者则全被遣散"回队任教",不拿工资,只记工分。教育行政领导和学校干部则大多以"走资派""牛鬼蛇神"身份被施以残酷斗争。高等学校自 1966 年起,连续 4 年停止招生,1970 年后开始改行以"群众推荐、领导批准和学校复审相结合"办法,招收工农兵学员;全省高等学校数由 12 所撤并为 7 所,省内仅有的 1 所师范学院被停办拆散长达 7 年,致使高等师范教育中断。中等技术学校和中等师范学校多数停办,半工(农)半读学校均被撤销,职业中学也全数下马,全省中等教育结构出现单一化态势。又在师范教育遭受严重破坏、合格师资来源断绝的情况下大量发展中小学,并以层层"戴帽"方式发展中学教育,大批小学、初中骨干教师随即被拔高至初中、高中任教;民办、代课教师比例日增,约占中小学教师总数的半数以上,其中农村小学民办教职工比例更高达 72.8%。其时,按"教育革命"要求,大、中、小学学制均被缩短,各级学校招生考试也被取消,正常的学校管理制度悉被否定。学校教育突出阶级斗争"主课",大量增加生产劳动时间;文化知识教学则以"革命化"要求和实用主义观点取舍内容,支离破碎,不成结构;又批判师道尊严,倡导"反潮流",导致教学秩序混乱,教师无所适从。由此,全省各级各类学校的教育质量均

下降到历史最低点。①

科学研究事业备受摧残。部分科技人员下放劳动,一批科学家蒙受错误批判甚至迫害致死,部分科技仪器和图书资料散失。然而,广大科研和管理人员,出于对科技事业的强烈责任感,克服重重困难,仍然坚持试验研究,普及推广新技术。1972年批判极左思潮后,科研人员归队,还新建了一些研究与开发机构,到1976年全省有科研机构88个,科技人员2978人。加上高等学校的科研力量,共创科技成果720多项。刚刚起步的社会科学研究事业遭受了严重的摧残和破坏。研究机构被撤销,群众性学术组织被解散,资料散失,人员有很大一部分处于被批斗之中,甚至身居"牛棚",失去人身自由。但考古学的发掘和研究在此期间有所突破。尤其是1973年11月,余姚"河姆渡遗址"的发现和发掘,其考古成果实证了长江流域与黄河流域同是中华文明的摇篮,震惊我国考古学界和历史学界,轰动海内外。

大批文艺工作者失去创作自由,文学艺术百花凋零。文学园地一片荒芜,虽然也出版了一些作品,但由于强调以阶级斗争、路线斗争为纲,缺乏艺术生命力。舞台艺术经历浩劫。全省147个专业剧团绝大多数被砸烂。大批表演艺术家横遭批斗,盖叫天、姚水娟等著名演员被迫害致死。昆曲《十五贯》和绍剧《于谦》成为重点批判对象。浙江代表性地方剧种女子越剧也被诬为"六十年代的怪现象"而遭"彻底砸烂"。但是艺术创作依然顽强生存下来,出现了一些有影响的作品,如越剧《半蓝花生》、婺剧《大路朝阳》等。当然,这些作品大多被贴上"阶级斗争"的标

___

① 《浙江通志》编纂委员会编:《浙江通志·教育志(一)》,浙江人民出版社2019年版,第14页。

签,带有那个时代的特色。① 京剧则一枝独秀。1968 年 7 月,省革委会调集多个京剧团的部分人员,排演"革命样板戏",1969 年4 月,在此基础上成立浙江省京剧团,该团拥有一批著名艺术家。新中国 17 年发行的中外影片被全盘否定、全部禁映后,银坛荒芜。全省电影院、队,除偶尔上映组织批判所谓"毒草"影片外,主要组织上映"毛主席接见红卫兵"等各种新闻纪录片。随后,陆续组织"革命样板戏汇映",上映《智取威虎山》《红灯记》《沙家浜》《红色娘子军》《奇袭白虎团》《白毛女》《海港》《龙江颂》等舞台戏剧片。

新闻出版事业严重受挫。1966 年 12 月 30 日凌晨 3 时,"浙江省革命造反联合总指挥部"等 20 多个造反派组织查封了浙江日报社,夺了浙江日报编委会的权。当日起改出《新华电讯》。次年 1 月 10 日,在造反派的把持下,《浙江日报》复刊,同日发表社论《欢呼〈浙江日报〉新生》。"新生"后的《浙江日报》,连续发表文章批判省委、省政府领导人,刊登批斗他们的照片。短短几个月的时间里,造反派在夺取全省各级党政领导权的同时,也夺了所有报社、广播电台、广播站的领导权。1967 年上海"一月风暴"后,全省图书出版、发行、印刷单位先后被"造反派"群众组织夺了权,正常出版秩序被打乱,当年初版图书仅 37 种。多数期刊停止出版,仅剩由群众组织所办的《工农兵画报》。在 1971 年以前,除印制毛主席著作和编辑出版《学习文选》之外,一般图书基本上不出版。新华书店除发行毛主席著作等少数图书外,大部分图书被封存,停止发售。

---

① 《浙江通志》编纂委员会编:《浙江通志·舞台艺术志》,浙江人民出版社2021 年版,第 13 页。

体育事业遭到严重破坏。体委机关陷于瘫痪,群众体育工作放任自流,训练工作几乎停顿。不过这期间也取得了难能可贵的成绩。1968年,浙江省人民体育馆竣工,观众座位5308个。1973年,浙江省青少年业余体育学校成立。历年来,也举办、参加了一些赛事。1974年,在伊朗德黑兰举行的第七届亚运会上,浙江运动员获400米接力赛亚军,并打破全国记录。

第二节　春潮涌动　百舸争流

一、拨乱反正　扬帆前行

1976年10月6日,中共中央粉碎"四人帮","文化大革命"结束。由于"四人帮"长期把持文教工作的领导权,文化领域是十年动乱的重灾区,拨乱反正工作就显得尤为重要。在中央一系列方针政策的指引下,中共浙江省委着手纠正知识分子工作中的错误。从1977年起,浙江省委、省革委会就开始着手平反"文化大革命"期间造成的冤假错案;同时认真落实有关知识分子政策,注意改善知识分子的工作条件和生活条件。1979年初,省委、省革委会同时进行错划右派的改正工作,大批被错划成右派分子的文化界人士恢复了名誉。

全国范围内,从1977年开始,文艺界对"四人帮"宣扬的"三突出论"①等文艺理论进行批判和清算。1978年4月,文化部召开揭批"四人帮"大会,为受迫害的文艺工作者平反。为了适应

---

① "三突出论",即为:在所有人物中突出正面人物,在正面人物中突出英雄人物,在英雄人物中突出主要英雄人物。

新时期文艺事业发展的需要，1978 年 8 月，浙江全省文学艺术创作大会召开。会议强调文艺战线要拨乱反正，繁荣创作，为实现新时期的总任务作出贡献。1978 年 9 月，浙江省委、省革委会为京剧表演艺术家盖叫天等一批被迫害致死的文化戏剧界知名人士补开追悼会或举行骨灰安放仪式，予以公正评价。1979 年 3 月，全省文学艺术界联合会和各协会理事会议在杭州举行。会议宣布浙江省文学艺术界联合会、中国作家协会浙江分会、中国戏剧家协会浙江分会、中国美术家协会浙江分会、中国音乐家协会浙江分会、中国曲艺工作者协会浙江分会恢复工作。这是省文联及各协会在停止活动 10 多年之后召开的第一次会议。[①]

在教育科技等其他领域，也都采取了具体的恢复和发展的措施，为营造健康发展的文化环境奠定基础。至 1980 年，全省教育战线平反冤假错案、恢复名誉的人员数以万计，其中仅落实经济政策的就有 7000 余人，一大批知识分子重新走上教育岗位。在科技人员队伍中开展普查工作，对用非所学进行有计划的调整，调整重点是理、工、农、林等自然科学专业，使广大科技人员能够重新发挥自己的特长，也为粉碎"四人帮"以后国民经济和社会各项事业的恢复与发展，提供了急需的人才。[②]

经过卓有成效的拨乱反正工作，有效肃清了"左"的思想根源，妥善处理了大量的历史遗留问题，广大知识分子卸下精神枷锁，甩下精神包袱，心情舒畅，重新焕发了创作、创造的热情。中共十一届三中全会召开后，长期笼罩在社会上的"以阶级斗争为

---

①　中共浙江省委党史研究室：《中国共产党浙江历史第二卷》(1949—1978)下册，中共党史出版社 2011 年版，第 858 页。

②　中共浙江省委党史研究室：《中国共产党浙江历史第二卷》(1949—1978)下册，中共党史出版社 2011 年版，第 819—820 页。

纲"的紧箍咒被打破,人们的思想获得空前解放与自由。"中国思想界为寻求'文革'悲剧的深层原因,掀起对传统文化、马克思主义文化和西方文化重新解读和阐释的热潮","并尝试探索中国的现代化道路,各种思想激荡、碰撞,对中国文化发展产生巨大而深刻的影响。"①经过长达十余年的文化荒原景象,广大群众尤其是广大青年求新、求知和希望了解外部世界的欲望空前高涨。恢复高考之后,文化需求更呈井喷之势。杭州市新华书店出现读者漏夜排队购书的情况。浙江人民出版社顺应这一求知热,最大程度地利用当时的编辑出版力量和能够采购到的纸张,重印一批青年自学图书,初步满足了恢复高考后学生升学求知的需要。1978年5月起,杭州13家影(剧)院恢复上映戏曲艺术片《红楼梦》,观众通宵排队买票,10天共映561场,观众603770人次,出现满城争看《红楼梦》的奇观。当时社会上的"文化热"由此可见一斑。

1979年10月,在中国文学艺术工作者第四次代表大会上,邓小平发表了热情洋溢的祝词,强调指出:"我们要在建设高度物质文明的同时,提高全民族的科学文化水平,发展高尚的丰富多彩的文化生活,建设高度的社会主义精神文明。"1982年9月,党的十二大报告全面深刻地阐述了社会主义精神文明建设的问题,明确把社会主义精神文明确定为社会主义的重要特征,是社会主义制度优越性的重要表现。1986年9月党的十二届六中全会讨论通过了《中共中央关于社会主义精神文明建设指导方针的决议》,这是我党历史上做出的第一个专题论述社会主义精神

---

① 欧阳雪梅主编:《中华人民共和国文化史(1949—2012)》,当代中国出版社2016年版,第208页。

文明建设的决议。决议阐述了精神文明建设的战略地位和根本任务，明确提出在建设社会主义物质文明的同时必须努力建设社会主义精神文明。在党中央的正确领导下，浙江社会主义精神文明建设和文化艺术事业呈现出空前繁荣的新局面。

二、教育事业　优先发展

浙江素有耕读传家、重教兴学的优良传统。改革开放以来，历届省委、省政府把教育摆在优先发展的战略地位，不断深化教育改革，各级各类教育快速、健康、协调发展。

1978年全国教育工作会议的召开，标志着我国教育改革的开始起步。浙江省委召开专门大会，认真贯彻全国教育工作会议精神，以恢复高考制度为契机，大力推进教育整顿、调整和规范，全面恢复正常教育秩序，推动我省教育步入健康发展的轨道。1985年全面贯彻落实《中共中央关于教育体制改革的决定》精神，推动教育进入加快发展提高的新时期。浙江在全国率先进行了民办高校、高等职业学校、独立学院和改制办学的探索，是第一个制订促进和规范民办中小学发展政策性文件的省份。教育制度改革创新激发教育活力，民办教育蓬勃发展，积极发展职业教育，成人教育生机益然。

基础教育全面提升。早在1981年6月，省政府就在全省教育工作会议上提出了要"采取切实措施，充实和加强小学，抓紧普及初等教育"的任务。1985年，省六届人大三次会议通过了《浙江省实行九年制义务教育条例》，出台了新中国成立以来的第一部九年制义务教育地方法规，首次把义务教育的年限从小学提高到初中；明确了让儿童接受义务教育是政府、社会和家庭不可推卸的共同责任，使农村孩子受教育权得到了法律和制度上的保护。在各方的共同努力下,1997 年底,浙江第一批通过原国家教委"两基"总验收,成为全国第三个通过验收的省份。这标志着浙江农村基础教育发展取得了历史性突破,标志着浙江基本完成了普及九年制义务教育、扫除青壮年文盲的历史性任务,成为全国第三个通过"两基"总验收的省份。

高等教育实现大发展。为解决大学资源过于分散、总体实力不强的问题,经国务院批准,1998 年原浙江大学、杭州大学、浙江农业大学、浙江医科大学实行强强联合,合并组建新的浙江大学,成为当时国内学科门类最齐全、办学规模最大的一所高水平、高层次的综合性大学。随后,原宁波大学、宁波师范学院、浙江水产学院宁波分院合并组建新的宁波大学,绍兴师专与绍兴高专合并组建绍兴文理学院,浙江水产学院与舟山师专合并组建浙江海洋学院,浙江经济高等专科学校与嘉兴高专合并组建嘉兴学院。为突破高等教育发展严重滞后,成为制约整个教育乃至全省经济社会发展的"瓶颈"的问题,1999 年省委省政府作出建设六大高教园区、大力发展高等教育的战略决策。六大高教园区建设有力地推动了浙江高等教育大发展、大突破。

积极发展职业教育和成人教育。自 1998 年浙江省第一所独立设置的高等职业学校——金华职业技术学院经教育部批准正式成立以来,到 2002 年通过对部分职工大学、独立设置的成人高校、高专的改革、改组和改制,以及有条件的中专学校的合并、扩建和升格等途径,建立和筹建 40 多所独立设置的高等职业学校。

民办教育生机勃勃。1984 年,浙江诞生了全国第一所民办高校——浙江树人大学,打破了高等教育由政府独家办学的格局。1993 年,出台了全国第一个促进和规范民办中小学发展的省级政策性文件，首次把民办教育纳入政府工作议程。1998 年省政府出台《关于鼓励社会力量参与办学的若干规定》，1999 年全国第一所由公办普通高校改制的"万里学院"建成。到 2002 年，浙江省普通高校共获准建立了 20 个独立学院，成为浙江省本科层次高等教育的重要力量。①

进入新世纪，浙江坚持科学发展观，以育人为本、德育为先，全面实施素质教育，不断提升教育质量，逐步形成了"结构和谐、内涵丰富、特色彰显"的教育发展格局。2004 年，成为全国首个基本普及 15 年教育的省份，全省教育综合实力位居全国前列。

习近平同志在浙江工作期间高度重视教育工作，将科教兴省、人才强省纳入"八八战略"，作出了一系列引领性、前瞻性的重大部署。2005 年 7 月，浙江启动实施了"农村中小学家庭经济困难学生资助扩面工程""农村中小学爱心营养餐工程""农村中小学食宿改造工程"和"农村中小学教师素质提升工程"（简称"四项工程"）。通过"四项工程"的实施，有效改善了全省特别是欠发达地区农村中小学师生教学、生活条件，保障了广大农村孩子"念上书、念好书"的权利。同年，创办国内第一所中外合作的高校宁波诺丁汉大学。2006 年 8 月，制定了《浙江省教育强省建设与"十一五"教育发展规划纲要》，绘就加快实现教育现代化、建设教育强省的施工图、路线表。在"八八战略"的指引下，浙江始终把教育摆在优先发展的重中之重位置，教育普及走在全国前列，进入高质量发展新阶段。

---

① 参见郭耀邦：《浙江教育：30 年事业改革和发展的历程》，《浙江社会科学》2008 年第 12 期。

三、科技进步　日新月异

1978 年 3 月,中共中央召开全国科学大会,邓小平同志从理论与实践相结合的高度,精辟阐述了科学技术是第一生产力、科技人员是工人阶级的一部分等马克思主义观点,纠正了长期以来轻视科学技术和歧视知识分子的偏向,为制定新时期发展科学技术的基本方针和各项政策奠定了可靠的思想理论基础。1979 年,中共浙江省委召开全省科学大会,贯彻中央关于发展科学技术的方针、政策,并采取多种措施落实知识分子政策,平反了一大批科技人员中的冤假错案,使科技人员长期受到压抑的积极性得到了释放;在较短时间内恢复和重建了一大批科研机构、科技管理机构和学术组织;增加科技机构的人员编制,增拨科技经费,发展对外科技交流合作,全省科技工作迅速恢复,科技事业得到了蓬勃发展。

1981 年 3 月,浙江省石油化学工业厅举办省内第一个技术交易会,开创了国内有组织开展技术交易活动的先河,迈出了技术的商品化和市场化配置、激活科技资源要素的第一步。1982 年,党中央、国务院提出了"经济建设必须依靠科学技术,科学技术工作必须面向经济建设"的战略指导思想,并成为我国包括科学技术工作在内的整个社会主义现代化建设的基本方针。根据这一方针和国家科委部署,浙江科技工作重点进行了调整,着重围绕经济建设和社会发展需要发展科学技术,先后组织实施了科技攻关计划、星火计划、火炬计划等 6 个专项计划,并取得了显著的经济效益和社会效益。1986 年,我国启动"863"计划,随后开始实施"火炬计划",拉开了发展高新技术及产业的帷幕。浙江 1989 年开始组织实施火炬计划,开发高新技术。1990 年 3

月建立杭州高新技术产业开发区，1991 年经国务院批准为国家级高新技术产业开发区。

1987 年，浙江在国内较早制定出台了第一部规范科技活动的地方法规——《浙江省技术市场管理条例》，为培育和发展技术市场、促进技术交易活动的健康持续发展，提供了重要的法律保障。1993 年根据技术市场的发展，又修订了技术市场管理条例。1997 年 11 月，省人大常委会第四十次会议通过《浙江省科技进步条例》，从法规上对科学技术研究开发与推广应用、高新技术及其产业、研究开发机构、科学技术工作者、科学技术普及、科学技术进步的保障条件及科技奖励与处罚作出了全面的规定和规范，为依法兴科，全面推进全省科技进步提供了法律依据。1998 年出台《浙江省专利保护条例》，省政府制定出台《关于技术要素参与分配的若干规定》等一系列政策，为加强知识产权保护，保护科技人员的合法权益，营造良好的科技进步环境奠定了法制基础。2004 年，省人大常委会通过《浙江省促进科技成果转化条例》，规范科技成果转化各主体的权利义务，加速科技成果的转化和产业化。

作为改革开放先行地，资源禀赋先天不足的浙江，依靠市场先发和体制改革一路"开挂"前行，但同时也存在一些明显的短板。其中，科技创新能力不强就是比较突出的一根"软肋"。2003 年，时任浙江省委书记习近平同志在主持召开省委十一届四次全会作出"八八战略"决定时，把科教人才工作作为重要组成部分，强调积极推进科教兴省、人才强省建设。2006 年，在习近平同志主持下，全省召开自主创新大会，出台《加快提高自主创新能力　建设创新型省份和科技强省的若干意见》，从全局上为浙江走好创新发展之路打通了"任督二脉"。各地积极贯彻落实,先后引进共建浙江清华大学长三角研究院、中科院材料所、浙江加州纳米研究院等一大批创新载体,结束了浙江没有中科院研究所的历史,有力扩充了各地科研力量,增强了各类创新主体的科技创新能力。在这一系列政策举措的推动下,全省科技进步与创新步伐普遍加快,科技实力和竞争力显著增强。

从 2003 年开始,省科技厅会同省农办、农业厅,从浙江大学、省农科院等涉农高校院所抽调 100 名具有中级以上专业技术职称和实践经验的科技人员下派到全省 100 个欠发达乡镇蹲点工作。2005 年,省委办公厅下发《关于全面推行科技特派员制度的通知》,全面在浙推行科技特派员制度,率先在全国实现了每个乡镇都有一名科技特派员的工作格局。农村科技特派员下乡后,手把手帮助农民,传授先进适用农业技术,因地制宜开发各种经济作物,提高种植业、养殖业和农村产品加工水平,对欠发达乡镇农民脱贫致富起到了很大的促进作用。

"八八战略"引领浙江以创新驱动高质量发展,站上了"12345"的历史新坐标:"1"是浙江国家实验室实现"从 0 到 1"重大突破,"2"是国家大科学装置和国际大科学计划两类"大国重器"加快实施,"3"是研发投入、科技企业数、高新技术产业"3 个大幅提升","4"是区域创新能力综合排名连续两年居全国第 4 位,"5"是企业创新能力、主持的国家科技奖数、国家创新型城市和县(市)数、研发活动人员、科技体制改革等 5 个方面走在全国前列。

四、文化事业　明显增强

1978 年以前,浙江文化受"文化大革命"影响,破坏较为严重。随着经济、社会等领域的拨乱反正,我省文化领域的改革发展也不断深入，对文化在经济社会发展中的地位、作用的认识进一步提高，对文化建设与发展的重视度不断提高，积极探寻文化发展规律，努力创新文化发展内容，推进文化发展形态从封闭转向开放，努力实现文化的大发展大繁荣。

1976 年后特别是中共十一届三中全会以后，浙江社会科学事业开始复兴并迅速发展。1979 年 12 月，重建浙江省社会科学研究所，1984 年 3 月扩建为浙江省社会科学院。高等院校为使教学、科研同步进行，也纷纷建立了一批研究所（室）；省级党政机关为适应社会主义建设事业发展的需要，相继建立了调查研究室、科学咨询机构和研究中心。1987 年，成立浙江省哲学社会科学学会联合会（后改称浙江省社会科学联合会）。

中共十一届三中全会召开以后，在社会主义建设和改革开放事业蓬勃发展的同时，社会科学的学术活动，也充分发展。浙江学术思想空前活跃，学术研究和学术交流的内容和形式都有长足的进步。浙江的哲学社会科学工作者在经历了“文化大革命”的破坏和劫难之后，以极大的热忱积极投入学习、宣传、研究“实践是检验真理的唯一标准”，反对“两个凡是”[1]的错误。全省各地区学会、科研单位、党校、大专院校以及实际工作部门都曾先后举办过有关真理标准问题的学习班、讲习班、报告会、讨论会等。所有这些活动，不仅从根本上端正了社会科学工作者从事社会科学研究的指导思想，也打破了了多年来在历次运动中形成的研究禁区、思想藩篱，鼓舞了人们追求真理、探讨问题的勇气。[2]

---

[1]　“两个凡是”，即 1977 年提出的“凡是毛主席作出的决策，我们都坚决拥护；凡是毛主席的指示，我们都始终不渝地遵循”。

[2]　《浙江省哲学社会科学志》编辑部编：《浙江省哲学社会科学志》，浙江人民出版社 1999 年版，第 489 页。

在活跃、宽松的学术氛围中,浙江产生了许多学术名家。2006 年,选出第一批中国社会科学院学部委员 48 人,浙江籍 2人;荣誉学部委员 95 人,浙江籍 11 人。2010 年选出第二批中国社会科学院荣誉学部委员 38 人,浙江籍 3 人。学术研究领域不断拓展,内容不断深化,涌现了不少颇有创见的成果。浙江学者在马克思主义哲学、经济学、历史学、政治学、法学、社会学、文学、教育学、管理学、心理学、新闻学、考古学、敦煌学等诸多领域,也多有建树,成绩斐然。①

文学艺术绚丽多姿。改革开放后,全省文学创作逐步活跃、蔚成大观。作家协会等作家队伍组织机构逐步建立健全,作家重获人身自由和创作自由,文学秩序得以回归。1978 年《东海》复刊,1981 年创办《江南》,《杭州文艺》复名为《西湖》,都专注于发表小说、诗歌、散文、戏剧剧本。随之兴办的文学刊物由省城向各地蔓延,各市、地公开发行的文学刊物,一时如雨后春笋,为作家营造良好的创作环境,扶植、培养大批新进作家。小说、诗歌、散文、报告文学、杂文、戏剧影视文学、儿童文学、翻译小说都表现出新鲜的活力,作家们发挥以往"浙军"固有的优势,创作成果如杂树生花,纷繁耀目。文学理论批评空前活跃,研究的视角和方法形成多元化的格局。1983 年李杭育以吴越文化为背景的《沙灶遗风》、1985 年张廷竹以自卫反击战为题材的《他在拂晓前死去》,相继获得当年度全国优秀短篇小说奖。浙江的中篇小说异军突起,佳作迭出,如《没有门牌的小院》《土地与神》《五十四号墙门》等。长篇小说不断有新作问世,王旭烽创作了"茶人三

---

① 参见《浙江通志》编纂委员会编:《浙江通志·哲学社会科学志》,浙江人民出版社 2018 年版,第 12—15 页。

部曲"，其中的《南方有嘉木》与《不夜之侯》，获得第五届茅盾文学奖。余华的《活着》《许三观卖血记》《兄弟》等三部长篇小说，具有超前意识和现代主义的特性，奠定了他在中国当代文学中的地位。

80年代中期起，浙江诗歌创作发生了重大转化。由于我国整个文学思潮的嬗变以及西方现代主义文学思潮的涌入，现实主义与现代主义并存、互动，诗人开阔了思维空间和创作视野，诗歌流派逐步从单一走向多元，除了现实主义诗派以外，还出现了"南方生活流派""东海诗群""北回归线先锋诗派""野外诗群"等，以及一些自然形成的，颇具地域特色、风格相近的诗人群落。[①]

"文化大革命"结束后，浙江的舞台艺术获得新生，各专业文艺院团恢复演出。至1978年底，浙江已有139个专业文艺表演团体。随着改革开放的不断深入，文化持续发展，舞台艺术盛景重现。20世纪80年代初开始戏曲普查，在这一轮普查中，一些濒临灭亡的古老剧种重获生机。"文化大革命"中，昆剧再次濒临绝境，艺人星散。以后有所复苏。1999年"永昆传习所"成立。2000年，传习所改编的《张协状元》获得广泛赞誉，赢得"一出戏救活一个剧种流派"的美名，2002年，获得中国戏曲界最高专家奖——中国戏曲学会奖。《公孙子都》入选2006—2007年度国家艺术精品工程十大剧目。甬剧《典妻》、绍剧《于谦》《真假悟空》等新编剧目都有着较高的艺术质量。

1979年，浙江越剧一团的《胭脂》赴北京参加国庆三十周年

[①] 参见《浙江通志》编纂委员会编：《浙江通志·文学志》，浙江人民出版社2021年版，第5页。

献礼演出,获文化部颁发的剧本一等奖和演出二等奖。1983 年 11 月,浙江小百花演出团首次赴港演出。1984 年,省文化厅抽调了全省越剧表演的优秀年轻演员组建浙江小百花越剧团,创作演出了《西厢记》《五女拜寿》《陆游与唐琬》《红丝错》《藏书之家》等优秀剧目,赢得戏迷们的喜爱。1997 年 4 月,文化部艺术局、浙江省文化厅联合举办"浙江越剧小百花全国万里行"巡演。在两个多月时间里,省、市、县 7 支小百花队伍,携 20 台剧目,先后跨越 12 个省市的 52 个市(县)演出,行程 2.68 万千米,演出 186 场,观众达 27 万余人次,可谓越剧发展史上一次创举。①

改革开放以来,多元与创新成为浙江美术发展的关键词。接踵而来的艺术新思想,改造、融合了过去的传统,催生、开创了新的风格,也奠定了浙江当代美术的主体面貌。浙江美术界、文艺界摒弃"文化大革命"时期扭曲的现实主义或"伪现实主义",重新树立现实主义的思潮,形成现实主义绘画创作的多元化变革的新面貌。一度被冷落的倾向于印象派风格的老画家,焕发新的创作活力。1985 年,浙江的"85 新空间"展览和"池社"的艺术活动成为全国新潮美术运动的重要组成部分。在 20 世纪 80 年代末 90 年代初兴起的"新学院"艺术运动中,浙江成为主要的活动中心。

美术教育取得了丰硕成果。1993 年,浙江美术学院更名为中国美术学院,是中国美术教育与研究的重镇。历经 80 余年的发展,成为引领中国美术发展的核心力量,聚集和培养了 20 世纪中国乃至国际有影响力的众多杰出艺术人才,创造了一个又

---

① 参见《浙江通志》编纂委员会编:《浙江通志·舞台艺术志》,浙江人民出版社 2021 年版,第 14 页。

一个艺术高峰。①

1983年5月,省委、省政府决定撤销省出版事业管理局,成立浙江省出版总社;1987年7月又建立浙江省新闻出版局,与省出版总社合署办公,进一步加强对出版工作的领导和管理。2000年底,出版联合集团在出版总社基础上成立。20世纪80年代,浙江人民美术出版社、浙江科技出版社,浙江文艺出版社、浙江少年儿童出版社、浙江教育出版社、浙江古籍出版社、浙江摄影出版社先后成立。浙江大学、浙江美术学院(后更名为中国美术学院)和杭州大学也都有了自己的出版社。90年代,宁波出版社和杭州出版社相继成立,加上1978年列为专业出版单位的西泠印社,到90年代初,全省形成专业分工比较明确、各具特色和小而专的出版社群体。

1979年,省出版局根据中共十一届三中全会精神,针对浙江实际情况,积极支持出版社冲破"三化"方针,探索"立足本省,面向全国"的出书路子。浙江人民出版社据此出版了长篇翻译小说《飘》。《飘》上册出版后,在社会上掀起轩然大波。1980年6月13日,邓小平在会见美国费城坦普尔大学代表团时说:"你们有一本小说叫《飘》,是写南北战争的,小说写得不错。中国现在对这本书有争论,有人说这本书的观点是支持南方庄园主的。我们翻译出版了这本书。出版了也没有关系嘛,大家看一看,评论一下。"邓小平的谈话,肯定《飘》的出版没有错,从此统一了认识,结束了这场争论,地方出版社"立足本省,面向全国"的出书方针确定了下来。地方出版社出书方针的调整,是一次重要的

---

① 参见《浙江通志》编纂委员会编:《浙江通志·美术志》,浙江人民出版社2019年版,第13—16页。

转折,为地方出版社松了"绑",调动了出版工作者的积极性。浙江出版先行一步,为全国出版事业的探索前进作出重要贡献。

在出版社体制改革的同时,图书发行体制改革也同步进行。1982年,在全国首创出版社与新华书店的"联合寄销"发行模式,打破几十年一贯制的"征订包销",对缓解"出书难、卖书难、买书难"的矛盾起到积极作用。1984年起,允许出版社自办发行,允许成立集体、个体书店,发展供销社发行网点,开展二渠道批发,图书市场进一步活跃。1999年12月,省新华发行集团组建(后更名为省新华书店集团),至2003年,全省新华书店实现连锁经营。①

中共十一届三中全会后,浙江报业迅速复苏。报纸打破过去单一型结构,形成了以党委机关报为核心,多层次、多样化、复合型的新格局。1979年,《舟山日报》复刊,这是浙江首家复刊的地区级报纸。1980年,《吴兴报》复刊,这是首家复刊的县报。之后,全省各级各类报纸纷纷复刊或创办。1987年创刊的《钱江晚报》,是1949年后浙江第一家晚报。1993年11月1日创刊的《杭州日报·下午版》为全国第一家下午版报纸。新时期新形势,省、市(地)机关报纸,围绕党的中心工作,针对不同时期社会热点,相继拓宽报道面,农业、渔业、公交财政、科教文卫、海洋开发和农村扶贫等重要议题,无不涉及。尤其是围绕着经济建设这一中心工作,重点反映各个领域改革创新和对外开放的经验及成就。为了吸引读者,报纸编排形式也与时俱进,力求创新。

经过发展,浙江报业规模迅速扩大。2000年6月,浙江日报

---

① 参见《浙江通志》编纂委员会编:《浙江通志·出版志》,浙江人民出版社2021年版,第7—17页。

报业集团成立，旗下拥有《浙江日报》《钱江晚报》《经济生活报》（后改出《今日早报》）《美术报》《平安时报》《家庭教育导报》《共产党员》杂志、《新闻实践》杂志和浙江在线互联网站，"六报两刊一网站"优势互补，形成一个崭新的报业格局。随后，杭州日报报业集团、宁波日报报业集团相继成立。这些都标志着浙江省报业体制改革迈出了实质性的步伐。①

20世纪80年代中，浙江广播步入多功能开发之路。20世纪90年代以来，省电台除新闻综合主频率之外，经济、文艺、外语、音乐调频、城市之声、交通之声等专业频率的开办，以及主持人主持的板块节目的诞生，大量听众参与的谈话节目的面世，形成广播系列化、专业化开发的高潮。1983年，省广播事业局改建为省广播电视厅，从职能、人力、财力等多方面强化省委、省政府对全省广播电视宣传和事业建设的领导与支持。到1995年，全省新建的电视台已达73座。随着省电视台的节目上卫星，浙江电视的覆盖面扩大到全国及其周边几十个国家和地区。到2000年，浙江城镇居民和大多数农村，都可以收看到15套以上的电视节目。2001年12月，浙江广电集团成立。此后，杭州、宁波等市级广播电视集团挂牌经营。②

1984年浙江将乡镇、街道文化站确定为全民所有制文化事业单位，定编定职能定任务，是全国最早启动文化站建设的省份之一。1978年全省共有乡镇文化站1049个、文化馆76个、公共图书馆63个、博物馆19家，到1987年全省乡镇文化站3526个、

---

① 参见《浙江通志》编纂委员会编：《浙江通志·报业志》，浙江人民出版社2021年版，第12—14页。

② 参见《浙江通志》编纂委员会编：《浙江通志·广播电视电影志》，浙江人民出版社2020年版，第5—8页。

文化馆 93 个、公共图书馆 80 个、博物馆 40 家。

浙江历史悠久且绵延不断,留下了十分可观的文物遗存。"文化大革命"期间,浙江文物事业遭受冲击,许多珍贵文物被毁,大量重要遗迹被破坏。1970 年 5 月,国务院成立"图博口领导小组",文物管理机构开始恢复。1974 年起,浙江省级财政核拨 23 万元用于省级文物单位的保护维修,并逐年递增。中共十一届三中全会召开后,文物事业获得真正发展。1979 年 2 月,省委决定恢复浙江省文物管理委员会,同年 5 月,浙江省文物考古所和浙江省文物商店成立。1983 年,设立浙江省文物局。

为恢复文物工作秩序,省政府在 1981 年 4 月出台《关于加强文物保护的通告》,提出加强文物保护管理、制止文物破坏的 8 条措施。1988 年 11 月,省第七届人民代表大会常务委员会第六次会议通过《浙江省文物保护管理条例》,这是浙江第一个地方性文物法规。1999 年,《浙江省省级文物保护专项资金管理办法》出台,并设立省级文物保护专项资金。各类地方性法规和规范性文件的出台,为促进浙江文物保护事业有序发展和文物保护法规体系建设奠定了坚实基础。进入 21 世纪,浙江文物事业经费不断增加,为文物工作的开展提供了强有力的经济支撑。2001 年,全省文物事业经费首次超过 1 亿元;2010 年,增加到 10.3 亿元。

改革开放后,浙江不可移动文物保护基础性工作迅速恢复并不断加强。1981 年,省政府重新调整公布 104 处级文物保护单位。1982 年 2 月,杭州飞来峰造像、宁波天一阁、余姚河姆渡遗址被国务院公布为第二批全国重点文物保护单位;4 月,启动浙江省第二次全国文物普查,历时 5 年;11 月,杭州、绍兴被国务院公布为第一批国家历史文化名城。截至 2010 年底,全省有全国重点文物保护单位 132 处,居全国第 5 位,省级文物保护单位 382 处,市县级文物保护单位 3800 余处。杭州、绍兴、宁波、临海、衢州、金华 6 座城市被公布为国家级历史文化名城,中国历史文化名镇、名村总数达 30 个;省级历史文化名城 11 座,省级历史文化街区、村镇（保护区）78 个。这些不可移动文物资源,相较于 21 世纪前,不仅在数量上有很大的增长,保护对象与范围也由原来的古遗址、古墓葬、古建筑、近现代重要史迹及代表性建筑等类型,拓展到工业遗产、文化景观、文化线路等新类型,基本构成完善的不可移动文物保护体系,保护力度不断加大。

　　20 世纪 80 年代开始,浙江考古重大发现和重要成果层出不穷。1998 年,慈溪上林湖寺龙口越窑遗址发掘,再现越窑从唐末五代到两宋时期发展演变的历史轨迹,是越窑遗址考古的重大发现。2001 年,萧山跨湖桥遗址发现的独木舟是国内最早的独木舟;雷峰塔遗址及地宫考古发掘,是浙江佛教考古一次有重大影响的考古活动。余姚河姆渡新石器时代遗址的发掘、余杭良渚文化遗址群的调查与发掘、南宋龙泉窑遗址的勘探与发掘获得"20 世纪中国百大考古发现"殊荣。这一系列耀眼的发掘成果,不仅向世人充分展示了浙江考古事业的成就,也丰富了浙江历史文化的内涵。①

　　同时,文化产业开始起步,音像业、娱乐业相继进入市场,录像放映厅、歌厅、舞厅、音乐茶座等大众参与型的新的娱乐方式相继面世,成为广大群众追求的文化时尚。民办文化从无到有。

_____

① 参见《浙江通志》编纂委员会编:《浙江通志·文物志》,浙江人民出版社2021 年版,第 9—13 页。

民办文化与民营经济一样,是改革开放以来浙江文化发展的标志性成就之一。改革开放以来,浙江利用民营经济发达的优势,通过法律保障、政策推动、典型示范、市场管理、信息提供、重点扶持等方式,努力营造良好的发展环境,引导民营资本进入文化领域,民营文化产业和产业区块异军突起。培育了一批如横店集团、宋城集团、杭州金海岸娱乐有限公司等重点民营文化企业。

五、体育战线　成绩亮眼

体育事业是我国社会主义物质文明、精神文明和政治文明建设的重要组成部分,关系到人民健康、民族兴盛和国家荣誉。浙江省委、省政府高度重视、支持体育事业的发展,勉励体育健儿努力为国、为省争光,关心人民群众的身体健康,对体育事业的投入逐年增长,体育事业取得了突飞猛进的发展,体育健儿在国内外赛场摘金夺银,屡创佳绩,从上世纪六七十年代的中下游水平,一跃跨进全国前十位行列。1995 年 7 月 25 日,浙江省体育运动委员会颁布了《浙江省贯彻全民健身计划纲要的实施意见》,提出了分三个五年计划实施的具体要求,从此,群众体育蓬勃发展。2002 年 6 月 28 日,浙江省第九届人民代表大会常务委员会第三十五次会议通过了《浙江省实施〈中华人民共和国体育法〉办法》,体育法制建设跃上新台阶。

习近平同志在浙江工作期间,亲自谋划、亲自部署、亲自推动体育强省建设,先后 16 次对体育事业发展作出重要指示批示,要求各级党委、政府及体育部门动员全省人民来关心体育、参与体育,为城乡开展丰富多彩的体育活动提供便利,不断满足人民群众的体育需求,引导人民群众追求健康和谐、积极向上的生活方式和精神境界。从"体育强县（市、区）创建"到"体育现代化县（市、区）创建"，以及"健康浙江""乡村振兴""未来社区""美丽城镇"，创新开展全民健身活动，快乐体育提升了全省群众的身心健康与愉悦感。

竞技体育成绩屡创新高。1984 年洛杉矶奥运会，吴小旋在女子小口径标准步枪 3x20 比赛中技压群芳，成为第一位摘取奥运桂冠的中国女运动员，书写中国体育新篇章。1988 年汉城奥运会，楼云成为第一位连续两届问鼎奥运赛场的中国运动员。1991 年第三届世界田径锦标赛，黄志红成为第一位在田径顶尖赛事登上冠军领奖台的中国运动员。1995 年，马晓春为中国围棋夺得首个世界职业围棋赛冠军。2000 年悉尼奥运会，占旭刚打破了举重界奥运国手只能夺一冠的"魔咒"，又一次在举重赛台独占鳌头。2004 年雅典奥运会，孟关良/杨文军在皮划艇男子500 米划艇决赛中，成为第一对夺得水上项目奥运冠军的中国运动员。2012 年伦敦奥运会孙杨勇夺男子 400 米自由泳金牌，将中国男子游泳长时间无缘奥运金牌的尴尬史画上了句号。

第三节　发挥人文优势　推动文化繁荣

一、守正创新　描绘文化大省宏伟蓝图

浙江有着深厚的文化底蕴，在各个历史阶段，为浙江社会持续的繁荣发展提供了有力的文化支撑。改革开放以来，历届浙江省委、省政府重视文化建设，始终坚持用文化引领前进方向、凝聚奋斗力量、激发创造活力，对文化建设作出了一系列重大部署，为浙江文化发展指明方向。

改革开放初期,浙江主要精力是搞经济建设,文化建设处于从属位置,文化功能偏重于社会教化与舆论导向,对满足人的多方面、多层次精神需求的功能被忽视,文化活动的内容和形式等较为简单。站在世纪之交的时间节点上,新的机遇与挑战日益呼唤打造新的文化支撑力。"文化的力量,或者我们称之为构成综合竞争力的文化软实力,总是'润物细无声'地融入经济力量、政治力量之中,成为经济发展的'助推器'、政治文明的'导航灯'、社会和谐的'黏合剂'。"①正是基于这样的认识,进入20世纪以来,浙江又一次发挥了敢为天下先的精神,率先提出"建设文化大省"的奋斗目标,在文化顶层设计上层层推进,引领了浙江文化发展的新阶段、新浪潮。

1999年,浙江在全国较早提出了建设文化大省的目标和任务。2000年12月,中共浙江省委常委会讨论通过《浙江省建设文化大省纲要(2001—2020年)》,对文化大省建设建设作出全面部署,确立此后20年浙江文化建设的基本框架和发展蓝图。2003年7月,省委召开十一届四次全会,提出进一步发挥"八个方面的优势",推进"八个方面的举措"的"八八战略",明确把发挥浙江的人文优势、加快建设文化大省作为"八八战略"的重要内容,加以推进实施。"八八战略"为浙江经济社会文化发展描绘了一张发展蓝图,成为指引浙江历届省委省政府改革开放的总钥匙、总纲领。同年,浙江省被中央确定为文化体制改革综合试点省,省委省政府迅速制定文化体制改革综合试点总体方案,成立试点领导小组,推进文化体制和机制改革。

---

① 习近平:《干在实处 走在前列——推进浙江新发展的思考与实践》,中共中央党校出版社2006年版,第289页。

党的十六大以来，全国上下形成文化和政治、经济、社会四位一体全面协调发展的社会共识，浙江文化大省建设步伐随即提速。2005年，省委召开十一届八次全会，作出《关于加快建设文化大省的决定》。《决定》明确提出，要从增强先进文化凝聚力、解放和发展文化生产力、提高社会公共服务能力入手，增强文化软实力，重点实施文明素质工程、文化精品工程、文化研究工程、文化保护工程、文化产业促进工程、文化阵地工程、文化传播工程、文化人才工程等"八项工程"，加快建设教育强省、科技强省、卫生强省、体育强省等"四个强省"，争取使浙江成为全民素质优良，社会文明进步，文化事业繁荣，文化产业发达，教育科技文化卫生体育事业主要发展指标全国领先的文化大省。

2008年6月，省委、省政府出台《浙江省推动文化大发展大繁荣纲要（2008—2012）》，延续重点实施文化建设"八项工程"，提出加快建设社会主义核心价值体系、公共文化服务体系、文化产业发展体系等"三大体系"。2011年11月，省委通过《关于大力推进文化强省建设的决定》，加快从文化大省向文化强省迈进。党的十八大作出"加快社会主义文化强国建设"决策部署以来，省委省政府按照习近平总书记对浙江"更进一步、更快一步，继续发挥先行和示范作用"的新要求，加快推进文化强省建设。

二、盛世修典 赓续历史文脉

浙江坚持古为今用、守正出新，持续推进传统文化的传承、保护、利用和发展，吴越文化、南孔文化、和合文化、阳明文化等优秀传统文化品牌更加响亮，浙学文化内涵与时代精神交相辉映，使优秀传统文化赓续接力、文化创造源泉充分涌流，浙江文化发展欣欣向荣。

钩沉历史文脉。2005 年 8 月 30 日，省委办公厅、省政府办公厅印发《关于成立浙江省文化研究工程指导委员会的通知》，习近平同志亲自担任浙江省文化研究工程指导委员会主任。第一期方案确立了"浙江当代发展研究"和"浙江历史文化研究"两条研究主线，分设"今、古、人、文"四大板块，即浙江当代发展问题研究、浙江历史文化专题研究、浙江名人研究、浙江历史文献整理。2006 年 5 月，习近平同志为浙江文化研究工程成果文库作总序。《序言》指出，实施浙江文化研究工程，其任务是系统研究浙江文化的历史成就和当代发展，深入挖掘浙江文化底蕴、研究浙江现象、总结浙江经验、指导浙江未来的发展。2006 年，《〈四库全书〉的影印出版》《浙江通史》《浙江文献集成》《义乌商圈》等项目立项。2007 年，"宋画全集整理""浙江文化名人系列研究""浙江改革开放 30 年系列研究"等项目立项。浙江文化研究工程系统梳理浙江文化传承脉络，深入挖掘浙江文化厚实底蕴，成果逐步汇成有中国气派、浙江特色的当代"浙学"品牌。

"盛世修志，志载盛世。"浙江是"方志之乡"，拥有光辉灿烂的修志传统以及众多佳作名志。通志是全面系统、客观准确记载一省历史与现状的资料性文献。明代嘉靖《浙江通志》是浙江最早的通志，雍正《浙江通志》素以体例精严、内容丰赡而为世所重。民国时期曾有两次纂修通志之举，皆因时局不稳而未克成大业。改革开放以来，浙江经济发达、文化繁荣，省市县三级地方志事业蒸蒸日上。浙江省委省政府高度重视通志工作，经过数年谋划，终于 2011 年 9 月 23 日正式启动编纂工作，规划 113 卷，1 亿字，纵贯古今、横陈百科，全面记述浙江人民所创造的辉煌业绩和奋斗精神，意义深远。

延续文化根脉。浙江是华夏文明发祥地之一，勤劳智慧的浙江人在生产生活实践中，创造了丰富多样的非物质文化遗产。浙江是中国"非遗"资源大省之一，而且种类繁多，分布区域广泛。2000年，《浙江省建设文化大省纲要（2001—2020年）》提出重视文化遗产保护和开发利用，积极发掘民俗文化、民间艺术资源，制定民族文化产业的保护和扶持政策。2006年，省政府印发《关于进一步加强文化遗产保护的意见》，明确文化遗产保护对象包括物质文化遗产和非物质文化遗产。2007年，颁布《浙江省非物质文化遗产保护条例》，浙江省"非遗"保护工作进入有法可依、依法行政阶段。浙江省"非遗"保护传承成果斐然，在"非遗"传承人记录工程、"非遗"数字资源社会化、助力"非遗"经济等方面卓有成效。浙江拥有世界级"非遗"项目10项、国家级"非遗"项目217项，数量位居全国前列。积极申报世界文化遗产，推进历史文化名城名镇名村、历史文化街区保护和城市特色风貌管理，传统村落在新时代焕发新活力。

三、文化惠民　完善文化服务设施

公共文化服务，是指由政府主导、社会力量参与，以满足公民基本文化需求为主要目的而提供的公共文化设施、文化产品、文化活动以及其他相关服务。公共文化服务水平不仅是衡量一个国家、一个地区文化发展水平的重要指标，也是现代社会文明的一个重要标志。推动文化大省建设，最根本的就是要让广大群众充分享受文化发展的各项成果，有效保障人民群众的基本文化权益。

2000年12月，《浙江省建设文化大省纲要（2001－2020年）》明确提出要"正确处理文化事业和文化产业的关系，对不同的文化类型，采取不同的政策和管理办法。加大公共财政对公益性文化事业的投入"。初步形成了一手抓公益性文化事业,一手抓经营性文化产业的文化改革发展战略。2003 年 6 月,浙江省被确定为全国两个文化体制改革综合试点省份之一。是年 8 月,《浙江省文化体制改革综合试点总体方案》出台。在文化体制改革综合试点中,浙江省在全国率先打破大包大揽的"文化事业"发展模式,适应多种所有制经济发展的格局,围绕市场的"优势"和"缺陷"重构公益性文化事业,充分调动全社会参与文化建设的积极性。浙江各地纷纷为文化项目举办公开推介会,尝试"公益文化社会办"的路子。政府从大包大揽中解脱出来后,集中更多的财力、物力,用于图书馆、文化馆、博物馆等应大力扶持的公益性文化单位。2004 年 1 月 1 日,浙江博物馆在全国省级博物馆中率先向公众常年免费开放,原来门票收入的缺口,免费开放的成本支出,全部由财政补足。[①]

2004 年,浙江成为全国第 4 个生产总值突破万亿元的省份。经济的快速发展,为全面改善城乡"文化民生"、实现文化惠民打下了坚实基础。2005 年 7 月 29 日,省委十一届八次全会通过《关于加快建设文化大省的决定》,第一次明确地使用"社会公共服务""公共文化服务体系"等新的关键词,来建构有关公益性文化事业的叙述框架。不仅浙江省"覆盖全社会的比较完备的公共文化服务体系"的蓝图得到了清晰的呈现,而且表达了市场经济条件下建设公共文化服务体系的全新理念,即"充分发挥公共财政的支撑作用,探索形成政府主导、社会参与、市场运作的公

---

① 陈立旭:《从传统"文化事业"到"公共文化服务体系"——浙江重构公共文化发展模式的过程》,《中共宁波市委党校学报》2008 年第 11 期。

共事业发展新格局"①。先后出台《关于加快构建现代公共文化服务体系的实施意见》《浙江省公共文化服务保障条例》等一系列文件,在顶层设计上突出政府主导、社会力量参与,加大惠民力度。兜底式实施公共文化服务"十百千"工程,以"标准化"树起服务的"硬杠杠"。全省各级财政对公益性文化事业的投入力度逐年加大,2007 年首次突破 20 亿元大关,2010 年达到 37.25 亿元;从 2006 年到 2010 年,年均递增 23.00%。且显著加大了长期以来公共文化服务短板的农村文化投入。浙江省文化事业费所占财政支出比重在这一时期连续多年居全国第一位。正是由于大力度的投入,全省开始逐步形成省、市、县三级公益性文化设施网络体系。从加大公共文化事业投入力度到有效吸引民间资本,从公共文化服务标准化、均等化到数字化共建共享,浙江城乡的公共文化设施建设和公共文化服务水平,开始跃居全国前列。

浙江省博物馆、浙江自然博物馆、中国丝绸博物馆,这三座省级博物馆占据着浙江文博系统博物馆体系的龙头地位,它们各具特色,互为补充。改革开放后,社会经济快速发展,公众文化需求不断提高,为博物馆事业提供了前所未有的发展空间。20 世纪 80 年代,众多市县级博物馆成立。90 年代以来,一批综合性和专题性博物馆建成开放。2000 年,《浙江省建设文化大省纲要(2001—2020 年)》明确要求"新建一批现代化博物馆,鼓励发展特色博物馆,积极扶持民办博物馆,形成门类齐全,布局合理,具有浙江特色的博物馆体系"。在这一方针引导下,浙江的博物馆事业迸发出新的活力与生机,博物馆体系建设不断完善,

---

① 《浙江通志》编纂委员会编:《浙江通志·公共文化志》,浙江人民出版社 2021 年版,第 9—10 页。

门类呈现多样化，社会功能和公共服务不断提升。

在城市，社区文化家园、城市书房等场馆成为市民的"文化会客厅"；在农村，农村文化礼堂承载起农民的精神家园。一张从省到村的五级公共文化设施网越织越密，以文化为纽带促进民心相亲，全省广泛开展"送文化""育文化""种文化""文化走亲"等活动。浙江省内的任何一家公共图书馆、文化馆、美术馆都对百姓免费开放。

四、精品迭出　发展文化产业

改革开放以来，浙江经济一直保持着快速发展的势头，但另一方面，浙江"发展中的问题"也逐渐暴露出来。就文化产业来说，产业结构层次不高，就业规模小，社会化、产业化程度低，技术含量不高的问题凸显。世纪之交，如何发展文化产业已经上升到浙江能否继续"走在全国前列"的全局性问题。早在1999年，浙江就提出"发展文化产业，建设文化大省"的目标。浙江省委、省政府认识到要充分利用和发挥浙江省文化底蕴深厚、文化资源丰富、文化需求旺盛和民间资本充裕等优势，紧紧抓住当前文化产业发展面临的重要机遇，加快建设具有浙江特色的文化产业发展体系。此后，在建设浙江文化大省战略中，发展文化产业被当作突破口和重要标志。正是基于这一战略地位，从提出建设文化大省目标伊始，浙江省委、省政府就形成了以体制改革推动文化产业发展的思路。

2003年，作为全国文化体制改革的试点省，浙江努力把培育文化发展主体作为微观层面的改革重点，按照"转出一批、改出一批、放出一批、扶出一批"的思路，通过调整结构、剥离资产、激活机制，培育出一大批具有活力和竞争力的文化主体。积极推进文化企业集团化建设，重点培育一批实力强、前景好的国有与国有控股文化企业，建立一批多媒体经营、跨地区发展的大型文化企业集团。利用浙江民营经济发达的优势，营造良好的发展环境，支持和引导民营资本文化领域，民营文化产业和产业区块异军突起。[①]

2005 年 7 月出台的省委《关于加快建设文化大省的决定》强调，要"培育一批高新技术文化企业"。同年出台的《浙江省文化产业促进工程》则进一步提出，要用高新技术提升文化产业的层次，使高新文化企业成为文化产业发展新的重要增长点，把浙江打造为全国文化产品的先进制造基地。《浙江省文化产业促进工程》还从"改造传统文化产业"和"发展新兴文化产业"这两个方面，提出推动文化产业转型升级的途径和方法。此后，"改造传统文化产业""发展新兴文化产业"，成为贯穿于浙江省推动文化产业转型升级的基本思路和做法。[②]

在文化产业发展方式战略理念和一系列有关政策措施引导和作用下，浙江文化产业转型升级步伐明显加快。2015 年，浙江文化产业增加值占全省 GDP 的 5.81%，成为国民经济的支柱性产业。文化产业区块如横店影视产业实验区、义乌文体专业市场、龙泉青瓷宝剑产业区、东阳木雕产业区等等，渐成规模，成为浙江文化产业发展的重要特点。国有文化企业，主要集中在新闻出版发行、广播电视电影、演出中介和场馆等行业。以体制改革促发展，组建文化产业集团，迅速增强了发展活力和经济实力。高新文化产业代表着新的发展方向，数字娱乐业初具规模，

---

①　潘捷军、汤敏、徐鹏：《从"文化大省"到"文化强省"——浙江文化建设的"新特点、新趋势、新突破"，《观察与思考》2012 年第 1 期。

②　陈立旭、陈希颜：《转变文化产业发展方式：浙江的探索与历程》，《中共宁波市委党校学报》2021 年第 3 期。

文化创意产业呈现良好的发展势头。① 之江文化产业带、横店影视文化产业集聚区等重大平台加快推进。中国国际动漫节、杭州文博会、义乌文交会等会展"金名片"享誉全球。浙江数字文化产业版图不断延展,数字出版、数字阅读、动漫游戏、短视频、网络文学、数字文博、在线演艺等新业态呈蓬勃之势。

五、立心铸魂　弘扬红船精神和浙江精神

1921 年 8 月初,中国共产党第一次全国代表大会在嘉兴南湖的一艘游船上胜利闭幕,庄严宣告中国共产党的诞生。这艘游船作为中国共产党的"母亲船",获得了一个永载史册的名字——红船。2005 年 6 月 21 日,习近平同志在《光明日报》上发表《弘扬"红船精神"　走在时代前列》一文,首次系统阐述了红船精神的历史地位、深刻内涵和时代意义,将红船精神概括为"开天辟地、敢为人先的首创精神,坚定理想、百折不挠的奋斗精神,立党为公、忠诚为民的奉献精神",强调红船精神同井冈山精神、长征精神、延安精神、西柏坡精神等一道,伴随中国革命的光辉历程,共同构成党在前进道路上战胜各种困难和风险、不断夺取新胜利的强大精神力量和宝贵精神财富。

2006 年 2 月 5 日,习近平同志在《与时俱进的浙江精神》一文中,深刻阐述了"求真务实、诚信和谐、开放图强"12 个字的精神价值和现实要求,成为浙江人干在实处、走在前列、勇立潮头的人文基因和精神密码。浙江精神既是浙江人民对昨天的总结和传承,更是对今天的鞭策和明天的期许,高度凝练了浙江人民

---

① 　陈立旭、汪俊昌等:《崇文育人看浙江》,浙江人民出版社 2008 年版,第240—241 页。

特有的精神气质、价值取向、生活理念,具有跨越时空的思想力量。植根于优秀文化传统的浙江精神,是浙江生生不息的创造力的精神源头,是凝聚和引领浙江人民团结奋进的精神旗帜,也是引领浙江创造伟大奇迹的精神力量。

红船精神与浙江精神具有高度的内在一致性。红船精神是中国共产党建党精神的集中体现,它展现了早期共产党人在建党实践中以及建党初期从事革命活动时的崇高理想信念和价值追求。"求真务实、诚信和谐、开放图强"的浙江精神是浙江人民在改革开放实践中形成的价值取向,反映了浙江人民在建设中国特色社会主义伟大事业中的精神风貌。①

2006年10月,党的十六届六中全会通过的《中共中央关于构建社会主义和谐社会若干重大问题的决定》,第一次明确提出了"建设社会主义核心价值体系"重大命题和战略任务。2007年10月,党的十七大提出社会主义核心价值体系是社会主义意识形态的本质体现,对构建社会主义核心价值体系做出战略部署。11月,浙江省委明确提出坚持以社会主义核心价值体系引领社会思潮。2008年7月,省委、省政府发布《浙江省推动文化大发展大繁荣纲要(2008－2012年)》,提出加快建设社会主义核心价值体系、公共文化服务体系、文化产业发展体系等"三大体系"。

党的十八大以来,浙江更加深入、更为广泛地开展红船精神研究、阐释、宣传,把浙江精神融入国民教育全过程,促进伟大建党精神、红船精神和浙江精神广为弘扬,优秀传统文化创新转化实现重大突破,浙学文化内涵与时代精神相得益彰,展现出一派人文精神标识鲜明、人民精神昂扬奋进的新气象。

---

① 彭冰冰:《红船精神与浙江精神的一致性》,《浙江日报》2019年9月10日。

主要参考文献

滕复、徐吉军等编著:《浙江文化史》,浙江人民出版社 1992
年版。

佘德余:《浙江文化简史》,人民出版社 2006 年版。

沈善洪、费君清主编:《浙江文化史》,浙江大学出版社 2009
年版。

万斌主编,卢敦基、何勇强副主编:《浙江文化概论》,浙江人
民出版社 2010 年版。

吴光主编:《中国地域文化通览·浙江卷》,中华书局 2014
年版。

金普森、陈剩勇主编:《浙江通史》,浙江人民出版社 2005
年版。

张伟斌、陈野主编:《浙江历史人文读本》,浙江古籍出版社
2013 年版。

冯天瑜、何晓明、周积明:《中华文化史》,上海人民出版社
2015 年版。

张岱年、方克立主编:《中国文化概论》,北京师范大学出版
社 2009 年版。

中华文化通志编委会编:《中华文化通志》,上海人民出版社2010年版。

欧阳雪梅主编:《中华人民共和国文化史(1949—2012)》,当代中国出版社2016年版。

中共浙江省委党史研究室:《中国共产党浙江历史》第二卷(1946—1978),中共党史出版社2011年版。

王嘉良主编:《浙江文学史》,杭州出版社2008年版。

顾志兴:《浙江藏书家藏书楼》,浙江人民出版社1987年版。

魏桥等:《浙江方志源流》,浙江人民出版社1988年版。

徐宏图:《浙江戏曲史》,杭州出版社2010年版。

陈野:《浙江绘画史》,杭州出版社2005年版。

张彬等:《浙江教育发展史》,杭州出版社2008年版。

王嘉良主编:《浙江20世纪文学史》,浙江大学出版社2009年版。

王文科、张扣林主编:《浙江新闻史》,浙江大学出版社2010年版。

周膺、吴晶:《杭州文化史》,中国社会科学出版社2020年版。

(法)程艾蓝著,冬一、戎恒颖译:《中国思想史》,河南大学出版社2017年版。

陈立旭、汪俊昌等:《崇文育人看浙江》,浙江人民出版社2008年版。

李泽厚:《美的历程》,生活·读书·新知三联书店2009年版。

鲁迅:《中国小说史略》,中国言实出版社2020年版。

袁行霈:《中国文学史》,高等教育出版社2014年版。

邓洪波：《中国书院史》，武汉大学出版社 2013 年版。

朱东润：《中国文学论集》，中华书局 1983 年版。

赵新：《中国古代诗歌发展研究》，中国大地出版社 2019 年版。

佘城：《宋代绘画发展史》，荣宝斋出版社 2017 年版。

朱仁夫：《中国古代书法史》，贵州教育出版社 2017 年版。

周贻白：《中国戏曲发展史纲要》，上海古籍出版社 1979 年版。

邵庆国主编：《宋代科技成就》，河南科学技术出版社 2014 年版。

吴怀祺：《宋代史学思想史》，黄山书社 1992 年版。

梁启超：《中国近三百年学术史》，商务印书馆 2011 年版。

向燕南：《中国史学思想通史（明代卷）》，黄山书社 2002 年版。

张绍勋：《中国印刷史话》，商务印书馆 1997 年版。

张仲谋：《清代文化与浙派诗》，东方出版社 1997 年版。

马天祥：《中国近代学术史》，武汉大学出版社 2007 年版。

潘承玉主编：《浙江通志·越文化专志》，浙江人民出版社 2021 年版。

《浙江通志》编纂委员会编：《浙江通志·哲学社会科学志》，浙江人民出版社 2018 年版。

《浙江通志》编纂委员会编：《浙江通志·美术志》，浙江人民出版社 2019 年版。

《浙江通志》编纂委员会编：《浙江通志·出版志》，浙江人民出版社 2021 年版。

《浙江通志》编纂委员会编：《浙江通志·图书馆志》，浙江人民出版社 2021 年版。

《浙江通志》编纂委员会编:《浙江通志·政府志》,浙江人民出版社 2021 年版。

《浙江通志》编纂委员会编:《浙江通志·报业志》,浙江人民出版社 2020 年版。

《浙江通志》编纂委员会编:《浙江通志·广播电视电影志》,浙江人民出版社 2020 年版。

《浙江通志》编纂委员会编:《浙江通志·文物志》,浙江人民出版社 2021 年版。

《浙江通志》编纂委员会编:《浙江通志·公共文化志》,浙江人民出版社 2021 年版。

《浙江通志》编纂委员会编:《浙江通志·教育志》,浙江人民出版社 2019 年版。

《浙江通志》编纂委员会编:《浙江通志·舞台艺术志》,浙江人民出版社 2021 年版。

《浙江通志》编纂委员会编:《浙江通志·科学技术志》,浙江人民出版社 2021 年版。

《浙江通志》编纂委员会编:《浙江通志·文学志》,浙江人民出版社 2021 年版。

《浙江通志》编纂委员会编:《浙江通志·非物质文化遗产志》,浙江人民出版社 2021 年版。

后　记

　　浙江文化源远流长、名人辈出、成果璀璨。如果说浙江文化是一条波澜壮阔的长河,我愿把这本《浙江文化简史》比作一朵浪花,浪花虽小,却是万古长河的微缩映照。

　　虽曰"简史",实乃贯古通今,含藏万有。内容不可谓不深广,写作任务不可谓不艰巨。我并非专业从事文化史研究,接到写作此书的任务,十分踌躇。全赖领导和师友们的鼓励鞭策,终于不揣浅陋,勉力为之。私心庆幸的是,浙江文化史研究成果丰富,资料浩繁。我只效"鹪鹩巢于深林,不过一枝;偃鼠饮河,不过满腹"之喻,即可满足写作所需。在此对前贤们的筚路蓝缕之功与卓越成就深表敬意与谢忱。

　　《浙江文化简史》为"浙江文化研究工程"项目、浙江省社会科学界联合会重点科普课题,在此感谢浙江省社科联的支持。感谢"浙江简史丛书"主持人潘捷军研究员的关心指导,感谢浙江省委党史和文献研究室包晓峰研究员、浙江工商大学宫云维教授审阅本书并提出精到的审稿意见。

　　本书由我和杭州电子科技大学范玉亮博士通力合作而成。我负责全书框架、导言、第一到第四章,第九、十章的撰写,以及全书统稿,范博士负责第五到第八章初稿撰写。

因学术水平所囿,本书不足之处所在多多,敬请方家批评垂训。

汤　敏

2024 年 3 月 10 日于杭州

图书在版编目(CIP)数据

浙江文化简史 / 汤敏,范玉亮著. —杭州:浙江大学出版社,2025.6
ISBN 978-7-308-24918-8

Ⅰ.①浙… Ⅱ.①汤… Ⅲ.①文化史－浙江 Ⅳ.
①K295.5

中国国家版本馆 CIP 数据核字(2024)第 087016 号

浙江文化简史

汤　敏　范玉亮　著

责任编辑	王荣鑫
责任校对	吴　庆
封面设计	周　灵
出版发行	浙江大学出版社
	(杭州市天目山路 148 号　邮政编码 310007)
	(网址:http://www.zjupress.com)
排　　版	浙江大千时代文化传媒有限公司
印　　刷	杭州宏雅印刷有限公司
开　　本	880mm×1230mm　1/32
印　　张	12
字　　数	290 千
版 印 次	2025 年 6 月第 1 版　2025 年 6 月第 1 次印刷
书　　号	ISBN 978-7-308-24918-8
定　　价	88.00 元